2018年上海市重点图书

隋淑光 著

量子世界里的“花果山”

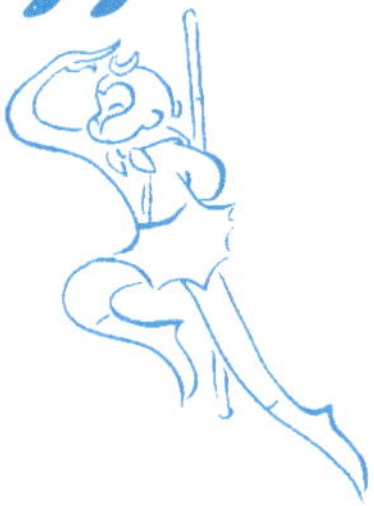

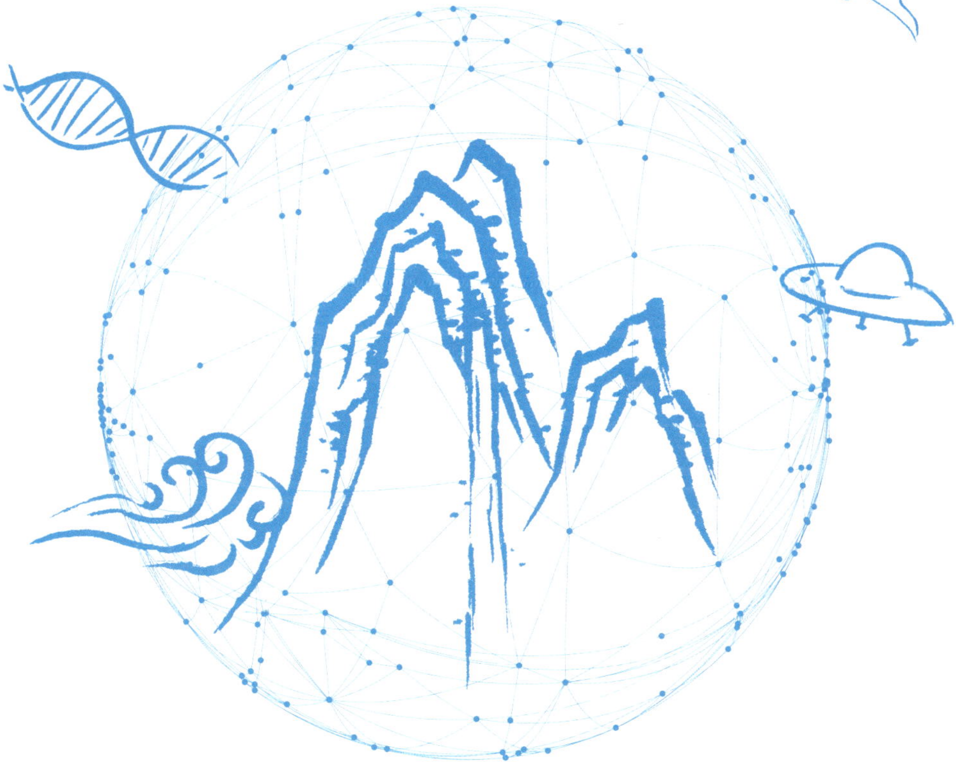

图书在版编目（CIP）数据

量子世界里的“花果山”/隋淑光著. -- 上海：上海教育出版社，2018.5
ISBN 978-7-5444-8352-0

Ⅰ. ①量… Ⅱ. ①隋… Ⅲ. ①中华文化－青少年读物 Ⅳ. ①K203-49

中国版本图书馆CIP数据核字(2018)第081649号

责任编辑　严　岷
封面设计　陆　弦

量子世界里的“花果山”
隋淑光　著

出版发行　上海教育出版社有限公司
官　　网　www.seph.com.cn
地　　址　上海市永福路123号
邮　　编　200031
印　　刷　启东市人民印刷有限公司
开　　本　700×1000　1/16　印张 15.25
字　　数　230 千字
版　　次　2018年5月第1版
印　　次　2018年5月第1次印刷
书　　号　ISBN 978-7-5444-8352-0/G·6909
定　　价　39.80 元

如发现质量问题，读者可向本社调换　电话：021-64377165

前言

收在这本书里的文章，按照侧重点不同，大致划分为“科学倒影”“文化流年”“史迹钩沉”“教育之思”和“高山仰止”五辑，以“科学倒影”中的《量子世界里的“花果山”》一篇作为书名。

不得不说书名有些惊世骇俗。而且书中相当一部分篇目，如《吴承恩的相对时空观》《“狭义相对论”视角下的“长生不老”》《冥府，古代想象中的高维空间？》《千里马、缩地法与虫洞》《吴承恩与达尔文，谁该向谁致敬？》《罗贯中与李汝珍的科学意识》《中国古代神话中的“克隆”意象》等，乍看都有荒诞不经的潜质：因为这很容易让人联想到“辉格史观”的印痕——不深入历史语境，站在当代的视角去衡量过去，在浩瀚的史料中寻章觅句，试图找出某些线索来证明自己的观点……

但是，“辉格史观”的写作方法实际上是我一直极力回避并时时用以自警的，之所以产生了这样一些篇目是源于在阅读中基于思考所形成的一些不成熟的体悟。

在写作时倾注了最多精力的是与科学、文化相关的篇目，就具体切入点来说，以“天上一日，下界一年”类比“双生子佯谬”，以“狭义相对论”阐释长生不老，以“缩地法”引入虫洞理论，借幽冥世界剖析高维空间，从“刑天舞干戚”聚焦克隆技术……进行这样一种奇特的嫁接固然有增强趣味性、改善阅读体验的原因，但更重要的是因为在阅读和写作中逐渐体悟到现代最前沿的科学理论与沉淀于古代文化作品中的一些思想认识之间，有可能表现出一定的“耦合性”。

“人生代代无穷已，江月年年望相似。”古人和我们面对的是同一个世界，面对同样的宇宙苍穹和山川湖泊，经历同样的星河轮转、四季更替、草木荣枯、生老病死，不难想象他们也会同样产生思考和困惑，同样萌生认识未知领域的愿望，萌发如屈原那样的《天问》。不过古人囿于认知手段，多采用想象、推测的方式来解释未知，具体说来就是逐渐积淀于浩如烟海的文化作品中的幻想和神话记载。而现代人则因为掌握了科学利器和先进的认知工具，可以通过观测、实验、数学计算等手段对未知给出更接近本真的解释。

比如说关于中国古代神话中的“克隆”意象的萌发，我的观点是在远古时代，在畜牧业尚不发达时，人们对畜力的应用还未成规模，对于水力、风力等自然力量的大规模借助还未能实现。斯时，人们瓮牖绳枢，胼手胝足，强健的身体在一定程度上成为生存的基础和保障，先是由此带来了对强健的肢体及其所拥有力量的崇拜，再由此诞生了强化肢体，乃至复制自身以增强力量的幻想。

而这种幻想有可能初萌于肢体受伤后能快速复健，抑或能正常生存的意愿。古人要应对恶劣的生存环境，如频仍的战争、日常为生的狩猎和耕作，以及莫测的自然灾害等，因此肢体受伤的几率很高，在当时的生存条件下，这或意味着死亡，或意味着生存能力的降低，因此人们幻想受伤的肢体能快速复健，遂有“蛇千年则断复续”（《搜神记》）、“刑天舞干戚”（《山海经·海外西经》）这样的摹想。

基于同样道理，人们在肢体力量有所不逮时，就幻想拥有超能力，如飞行能力、超强的体力和目力等，并幻想能对肢体和器官加以强化。如《山海经·大荒北经》中记载了“人身牛蹄，四目六手”的战神蚩尤。至《封神演义》《西游记》等神话小说，则摹想出了能变幻出三头六臂的哪吒、殷郊、孙悟空，有三只眼的杨戬、肋生双翅的雷震子等形象，以及利用一根毫毛变化出自身这样非常接近于生物克隆的神术。

正是基于上述认识，所以我在行文中反复表述这样的观点：想象是人类在未掌握科学利器前解读未知世界的一种愿望甚至可以说是一种工具。这代表了一种突破认知障碍的意愿……像呼风唤雨、遮天蔽日、变化隐身、筋斗云、避水火、长生不老、肋生双翅、变幻形体、三头六臂、利用一根毫毛变化出自身等想象，往往可以通过体察自然万物和世态人情而受到启发。例如，从鸟儿翩飞联想到筋斗云和肋生双翅；从“无心插柳柳成荫”，即植物细胞的全能性联想到利用一根毫毛变化出自身，从人的自然死亡萌生长生不老的意愿等……这既彰显了可贵的想象力，又和现代科学认知表现出了一定的契合。

基于这种体悟，我形成了书中的相当部分篇目。如果说本书有什么新的尝试的话，那么这可算其一。

此外，我在读书和撰文中还逐步形成了另外一些粗浅的认识，堂皇一点说就是建构了一些概念，这可算作第二个特质。其中比较典型的如关于中国古代神话体现出了从力量崇拜向“技术”崇拜延伸这一推断；基于《山海经》和《西游记》提析出“拟兽化”形象这一概念，并对古代文化作品中这一形象的嬗变加以厘清；溯源《西游记》人物的罪人形象并迁移于充军制度，等等。

就前者来说，按照茅盾先生的论断，神话的一个重要特点为“所叙述的是超乎人类能力以上的行事”。因此，可以说不同时期的神话表现了人们对斯时斯地“超乎人类能力”的想象和描摹。世易时移，对这种能力的认识必然有所不同。梳理我国神话从《山海经》到《西游记》和《封神演义》的发展路径，从中似可见一条从侧重力量崇拜向侧重“技术”崇拜延伸的脉络。

曾经有学者说过，中国神话“响彻着劳动创造的回音，它是劳动创造的生动记录”。这一论断用于衡量早期神话《山海经》尤为确切。解读《山海经》可以看出，书中有相当一部分记载是基于人们对改造自然的能力，以及具有这种能力的人物的想象和描摹。其中具代表性的有“女娲补天”“大羿射日”“夸父逐日”“鲧禹治水”“精卫填海”等。在当时的想象中，这种能力的最重要基础是对抗自然的力量和勇气，而且从中还可以看到射箭、奔跑等狩猎技能的影子。究其原因，当在于斯时人们由于改造自然能力的弱小，而表现出的对于力量的崇拜。

而从《西游记》到《封神演义》，则可以读取作者对这种“超乎人类能力”的界定已经逐渐淡出“力量”的范畴。神魔之间的斗法，“技术”成为决定胜负的更关键因素。这种“技术”具体表现为呼风唤雨、遮天蔽日、变化隐身等法术和种种具有神奇能力的法宝。比如说在《西游记》中，取经团队步履维艰、动辄遇险，无论是太上老君的坐骑青牛精，还是佛祖座下的老鼠精，乃至蜈蚣精，都可以凭借法宝和法术在与孙悟空的对垒中占尽优势。在晚于《西游记》出现的《封神演义》中，法宝和法术的优势愈发彰显，书中所描述的神魔斗法的过程，很大程度上就是对垒双方“新技术”的“开发利用”和互相压制的过程。

基于此，我推断这种变化的出现有其必然性，它代表了随着世易时移，人们为了克服自身能力局限，从对力量的崇拜转而寻求“技术”支持的愿望。“法宝”和“法术”其实可看作“技术”的一种变形，抑或是人们对未来“技术”的想象和描摹，是人们在仅凭人力无法达成愿望时，所幻想、虚拟，并希望拥有的“技术”。

除上述两点以外，如果说本书还有其他特质的话，那就是较多地体现了科学与人文融通的理念。自我尝试写作之初，就把自己定位为“科学与人文必将从分野走向整合的坚定支持者”，并努力践行。基于理科教育背景所接受的较严格的科研训练，以及基于个人兴趣对人文学科所进行的较广泛涉猎，使我拥有相对独特的视角，并以此尝试对中国古代文化作品做了稍微另类一点的解读。

目录

辑一 科学倒影

辑二 文化流年

辑三

史迹钩沉

辑四

教育之思

辑五

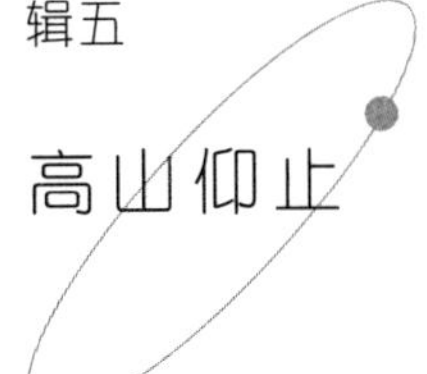

高山仰止

附录

读书札记

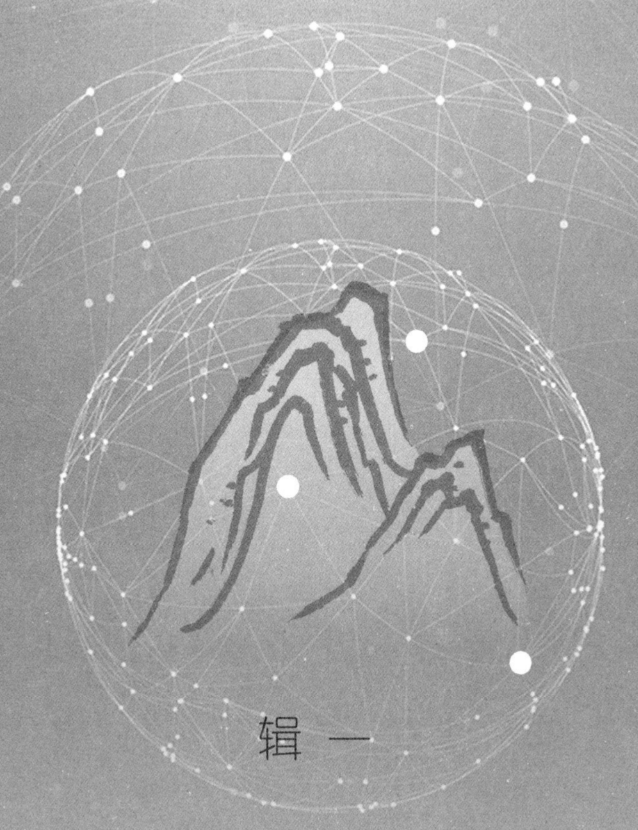

辑一

科/学/倒/影

吴承恩的“相对时空观”

在《西游记》中，孙悟空先后两次在天宫任职，两次去职。在他看来，两次居官的时间都不长，第一次仅十余日，即因嫌纱帽小挂冠而去；第二次则在历时半年左右后反出天庭。然而花果山众猴对他居官时间的感受则大有不同：

“一群猴都来叩头，迎接进洞天深处，请猴王高登宝位，一壁厢办酒接风，都道：‘恭喜大王，上界去十数年，想必得意荣归也？’猴王道：‘我才半月有余，那里有十数年？’众猴道：‘大王，你在天上，不觉时辰。天上一日，就是下界一年哩。’”

“四健将打扫安歇叩头礼拜毕。俱道：‘大圣在天这百十年，实受何职？’大圣笑道：‘我记得才半年光景，怎么就说百十年话？’健将道：‘在天一日，即在下方一年也。’”

原来，这种对居官时间的不同感受源自对“天上一日，下界一年”的时间不同步的界定，即时间在地球上流逝得快得多。这种界定已经非常接近于“狭义相对论”中对时间的论断：一直处于惯性状态（静止或匀速直线运动状态）的钟，时间走得最快。而地球，确实可以近似看作一个惯性系。

“狭义相对论”中有一个用来解释时间不同步的经典例子——“双生子佯谬”。这个例子指出：一对双生子，如果甲坐飞船到宇宙中去旅行，而乙一直留在地球上，那么当甲旅行回来后，会发现自己比乙年轻，因为二者所经历的时间不同。乙一直生活在地球上，并保持惯性状态，而甲去旅行，先要经历加速过程，返回时又要经历减速过程，因此并非一直处于惯性状态，所以甲的钟要比乙的钟走得慢。“双生子佯谬”和“天上一日，下界一年”的论述非常切合，调侃一点的话，可以说在某种程度上吴承恩错失了“双生子佯谬”。

对于孙悟空来说，这种时间的不同步是如何造成的呢？一种解释可能是这样：孙悟空往返于天宫，在途中必然经历加速和减速过程。另一种解释则是天宫与地球不同，它可能属于非惯性系，并非一直处于惯性状态。

早在《西游记》问世之前，我国古代典籍中就已有关于“时间不同步”的记载，如东晋天文学家虞喜所著的《志林》、北魏郦道元所著的《水经注》、南朝时梁代文学家任昉所著的《述异记》、唐代魏征等所著的《隋书·经籍志》、南宋时祝穆所著的《方舆胜览》等。以上种种记载中的人物主角均为晋代的王质。例如在《述异记》中这样写道：

“信安郡石室山，晋时樵者王质伐木至。见童子数人棋而歌，质因听之。童子以一物与质，如枣核，质含之不觉饥。俄顷，童子谓曰：‘何不去？’质起视，斧柯烂尽，既归，无复时人。”

唐代诗人孟郊根据这个故事写过《烂柯山石桥》一诗：“樵客返归路，斧柯烂从风，唯余石桥在，犹自凌丹红。”石室山位于浙江衢州市东南方，它因此被改名为烂柯山，现已为游览胜地。

但与《西游记》中不同的是，王质并未如孙悟空那样离开地球这个惯性系，他只是在山中遇仙，因此，在记述者心里，这种时间流逝差异更多的被归因于神道的力量。相比较而言，吴承恩已经有了在不同的空间中，时间流逝会有所不同的观念，这和对于王质的记载有了质的差异。

因为有了这种时间不同步的界定，在阅读《西游记》时就有可能产生一些有趣的联想，试举两例：

第一，猴类的平均寿命只有三十年左右，孙悟空第二次在天宫居官半年多，那么他重返花果山时会不会有“物是猴非”的感觉？关于这个问题，吴承恩在“第三回　四海千山皆拱伏，九幽十类尽除名”中已经作了很好的铺垫，可以完美地自圆其说：

“那判官慌忙捧笔，饱添浓墨。悟空拿过簿子，把猴属之类，但有名者，一概勾之。捽下簿子道：‘了账！了账！今番不伏你管了！’一路棒打出幽冥界……自此，山猴多有不老者，以阴司无名故也。”

第二，唐僧师徒取经备尝艰险，但是为取经事业付出更多的则是天上的神仙，他们一直在超负荷运转。孙悟空在加盟取经团队，成为体制内成员以后，似乎武功全废，战个黄鼠狼精、玉兔精什么的都需要神仙施以援手。取经团队共历时十四寒暑，路逢八十一难，平均下来，每年遭遇不到五次灾厄，其余时间应该还算安然。但是在天上的神仙看来，取经团队简直是状况连连，他们平均每天要出动四五次和妖精打架，当然是超负荷运转。好在他们忙碌的时间不长，前后只有两个星期而已。

吴承恩生于1500年，殁于1582年。《西游记》的最早版本一般认为出现于

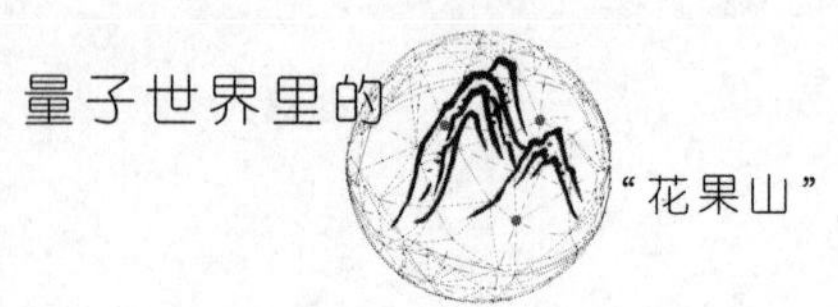

明万历二十年(公元1592年)。在这个时间段里,在欧洲,科学已经开始萌芽,一些偏重于宇宙和天体方面的重大科学理论被提出。例如,在1543年,哥白尼的《天体运行论》出版;在16世纪中期,布鲁诺的《论无限、宇宙和众多世界》问世;在17世纪初,伽利略制造了第一架天文望远镜,由此而奠定了近代实验物理学的基础……

处于同时代的吴承恩也关注到了宇宙和天空,他描摹的神话甚至在外观上已经有了“狭义相对论”的影子,但是他没有也不可能再前进一步。这种“错失”当然可以简单归因于受当时世界科学发展水平所限,以及人们对自然规律的认识仍然处于懵懂状态。但实际上由于中国古代读书人一直缺乏格物的传统,以及受明朝自建国以来所推行的科学愚民政策的影响,使得他的思维被禁锢在了神话范畴。因此这种“错失”无从避免,对于此我们只能说是可叹,远远没有资格惋惜。

(本文发表于《中国科学报》2014年6月6日)

《封神演义》之生物武器

成书于明代中期的《封神演义》向来以想象瑰奇著称，书中描摹的种种法术和斗法过程让人叹为观止。但是其中一些看似奇幻的想象又表现出了真实的一面，极具合理性和预见性。例如从对穿云关和潼关两场战争的描写，就依稀可见生物武器的影子。

书中第八十回写到，支持纣王的神道力量为阻挡西岐军队而在穿云关下摆设了“瘟癀阵”。书中未介绍此阵的具体情形，但用一首诗描述了其危害性：

“瘟癀伞盖属邪巫，疫疠阎浮尽若屠；列阵凶顽非易破，着人狂燥岂能苏。须臾偏染家家尽，顷刻传尸户户殂；只为子牙灾未满，穿云关下受崎岖。”

从“须臾偏染家家尽，顷刻传尸户户殂”两句来看，此阵应具有很明显的传染病特征。

“癀”字在汉语中的解释即为“牛马等家畜所患的炭疽病”。据现代医学研究，该病其实是一种人畜共患的急性传染病，由炭疽杆菌所致。其在临床上的主要表现为皮肤坏死、溃疡、焦痂和周围组织广泛水肿及毒血症症状，皮下及浆膜下结缔组织出血性浸润；血液凝固不良，呈煤焦油样；偶可引致肺、肠和脑膜的急性感染，并可伴发败血症。自然条件下，食草兽最易感染，人对这一病菌属于中等敏感。

把传染病引入战争，在中国古代战争史上并非没有先例。据《汉书》记载，汉武帝在晚年曾下了一道自我反省的诏书——《轮台罪己诏》。上面记载到，重合侯马通曾俘获了一名匈奴士兵，据俘虏供称：“闻汉军当来，匈奴使巫埋羊牛所出诸道及水上以诅军。单于遗天子马裘，常使巫祝之。缚马者，诅军事也。”其大意是，匈奴侦察到汉军来袭，就派遣“巫”，也就是从事细菌战作战的专职人员，把感染后的动物埋藏在汉军的必经之路上，以向汉军传播疾疫。就连向汉朝进贡的马匹、衣物也要由“巫”对其施加感染措施。这极有可能是中国历史上关于用生物武器进行战争的最早记载。而且从行文推断，匈奴意图扩散的疫病很可能就是炭疽。

《封神演义》第八十一回写到，潼关守将余化龙父子为阻挡西岐军，摆下了“痘阵”：

“话说余德……来至周营，站立空中，将此五斗毒痘，四面八方泼……周营众人，俱肉体凡胎，如何经得？三军人人发热，众将个个不宁，子牙在中军也自发热；武王在后殿自觉身疼。六十万人马俱是如此。三日后，一概门人众将浑身上下俱长出颗粒，莫能动履，营中烟火断绝。”

书中所说的“痘”即为天花，对高烧、发疹等感染初期症状的描述也非常切合。但是据现代医学研究表明，人感染天花病毒后的潜伏期平均为12天，因此书中所说的三日后发病当为小说家言。

在我国，天花为外来传染病。关于其发源和症状，晋代葛洪在《肘后备急方》中曾有记载：

“建武中于南阳击虏所得，乃呼为虏疮。”“比岁有病时行，仍发疮头面及身，须臾周匝状如火疮，皆戴白浆，随决随生。不即治，剧者多死。治得瘥后，疮瘢紫黑，弥岁方灭。”

但是这里所说的“建武”所指并不明确，因为在葛洪生活的年代之前曾有多位皇帝用过“建武”年号，如汉光武帝刘秀、晋惠帝司马衷等。有研究者根据这两句话，推断出这里说的“建武”为刘秀的年号，并推断天花大约在此时（公元1世纪）传入我国。虽然这一推断未必为确论，但是天花为外来传染病，且不晚于晋代传入我国则是公认的。

按照书中记载，余化龙父子死后，在“封神榜”上被列为“掌人间之时症，主生死之修短”的主痘碧霞元君之神，即痘神；其夫人金氏被封为卫房圣母元君，即所谓的痘神奶奶。后来，书中的说法延续到了民间生活，人们开始逐步认同金氏为痘疹娘娘，并对其加以崇拜。在《红楼梦》第二十一回中，有凤姐之女大姐儿患天花的情节，贾府采取的应对措施之一即为供奉痘疹娘娘。

把天花病毒引入战争，在古代战争史上也有先例。据历史学家考证，在16世纪初，殖民者征服墨西哥东海岸阿兹特克人居住的墨西哥城时，曾经以天花病毒为武器。当时在殖民者队伍中有一名来自古巴的黑人士兵感染了天花，于是殖民者蓄意将沾有病毒的衣物、毯子作为礼物送给了阿兹特克人。当地的土著居民祖祖辈辈不知天花为何物，当然体内也不具备抵御这种传染病的抗体。天花病毒遇到了适于繁衍的温床后恣意肆虐，城内很快疫病流行，死者如山积。几个月后，殖民者踏进墨西哥城，他们发现城中遍布尸体，马匹竟然无处驻足。

我国至少在明代隆庆年间就已采用人痘接种术预防天花，这一技术辗转流传，曾惠泽世界多国。直到1796年，英国乡村医生真纳发现种牛痘的危害性更小，这才逐步取代了人痘接种术。在《封神演义》中，西岐众将士则是受神农氏的指点，用升麻治愈了天花。这并非荒诞不经，升麻为菊科糙叶斑鸠菊属植物，具有抗炎作用，在其传统用途中确实有治疗天花的功效。直到现代，中医还会采用升麻葛根汤，对发疹初期的天花患者进行治疗。

由于牛痘接种术的推广，天花病毒的传播被逐步得到控制。1980年5月，世界卫生组织宣布人类成功消灭天花。这样，天花成为最早被彻底消灭的人类传染病，也是到目前为止，在世界范围被人类消灭的唯一一种传染病。

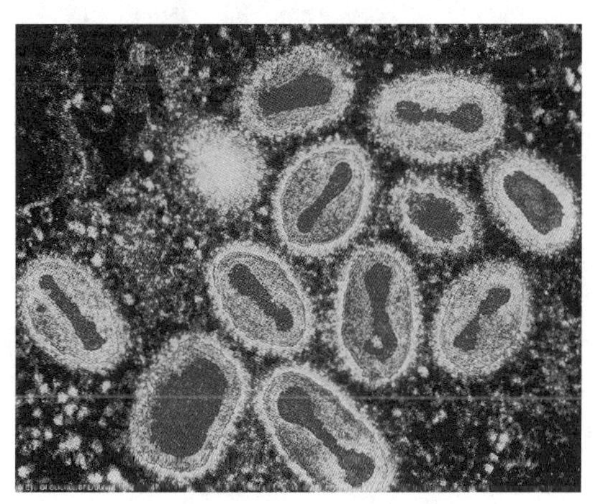
电子显微镜下的天花病毒

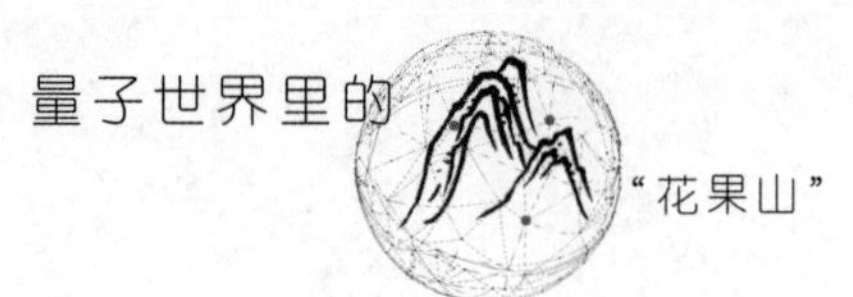

此后根据国际协定，全世界的天花病毒样本只能保存于美国疾病控制和预防中心(CDC)，以及俄罗斯国家病毒学与生物技术研究中心(VECTOR)两个实验室，并由世界卫生组织监督。但是在2014年7月1日，美国国立卫生研究院(NIH)的科学家在搬迁实验室时，意外地发现了6瓶被遗忘了数十年的天花病毒。这在当时曾唤起了人们的惊悚记忆，并将其比之为“被遗忘在瓶子里的魔鬼”。

（本文发表于《中国科学报》2015年5月8日）

“狭义相对论”视角下的“长生不老”

在“狭义相对论”中有“动钟变慢”的观点。根据这一观点，在处于任何一个惯性系中的观测者看来，相对于他运动的钟会变慢，而自己的钟却不会。对此也可以这么理解：一直处于惯性状态（静止或匀速直线运动状态）的钟，时间走得最快。

这一观点提出后曾引发了长期争论。当时，法国物理学家郎之万曾提出了一个解释时间不同步的经典例子——“双生子佯谬”，来供大家讨论。这个例子指出：一对双生子，如果哥哥坐飞船到宇宙中去航行，而弟弟一直留在地球上，那么当哥哥航行回来后，会发现自己比弟弟年轻，原因在于二人所经历的时间不同。因为地球可近似看作一个惯性系，弟弟一直生活在地球上，并保持惯性状态，而哥哥去航行，先要经历加速过程，返回时又要经历减速过程，因此并非一直处于惯性状态，所以哥哥的钟要比弟弟的钟走得慢。

我们把这个例子做一下延伸：如果哥哥经历足够长时间的宇宙航行，使他的钟持续保持变慢状态，那么在弟弟看来，哥哥的寿命会非常长；如果航行持续延长下去，按照极限的原理，弟弟眼里的哥哥会不会具有“长生不老”的色彩呢？

人类早已进行过多次宇宙航行，但是在从外太空返回的宇航员身上，“双生子佯谬”的效应并不彰显；而且据常理推断，即使我们经常进行变速跑，也不会因时间流逝变慢而变得比别人更年轻，其原因何在呢？原来，要明显地体现出“双生子佯谬”效应，必须具备一些比较极端的条件。首先来说，旅行时间要足够长；其次，飞行的速度要非常接近光速。

有科学家计算过，如果一艘飞船载着双生子中的哥哥去比邻星旅行，其“双生子佯谬”的效应如何。比邻星距离太阳系为 4.22 光年，科学家设想，如果飞船

先以相当于 $3g$ 的加速度(即地面上重力加速度的 3 倍)加速,此时哥哥会感受到超重现象,假如他原来体重为 80 公斤,此时会变为 240 公斤。但这尚属人可以较长时间承受的加速度,如果再大,其身体则难以承受。

以这样的加速度把飞船加速到接近光速的 25 万千米每秒后,关闭发动机,飞船做惯性飞行。快接近比邻星时,飞船反向加速,逐步使速度降到零。在比邻星附近的行星降落并进行探测后,飞船再以同样的方式先加速,再改做惯性飞行,然后再减速返回地球。计算表明,弟弟会认为飞船往返用了 12 年时间,而哥哥则觉得自己只飞行了 7 年。所以回到地球上的哥哥会比弟弟年轻 5 岁。

如果认为这一例子中的“双生子佯谬”效应还不够明显,则可以让飞船到银河系中心附近旅行一次。太阳系到银心的距离约为 2.8 万光年,飞船以相当于 $2g$ 的加速度加速,进行如到比邻星那样的飞行过程。经计算表明,哥哥觉得完成此次飞行用时 40 年。如果他 20 岁时开始航行,60 岁时返回,觉得弟弟应该还健在,但是实质上早已沧海桑田、世事变迁。因为在地球上的人看来,飞船足足经历了 6 万年航行。由上述两个例子可以看出在极端条件下的“双生子佯谬”效应。

让我们进一步想象,假如真的有这么一个群体:他们生活在外太空,具有接近光速的飞行速度;他们的身体承受力非常强,在启动飞行时能承受以数倍重力加速度进行加速;他们生活的地方之间距离遥远,要经常性地进行远距离的飞行，那么在地球人看来，在某种程度上他们是否已经具有了“长生不老”的特质呢？

当然，在现实世界中，这样的群体是不可能存在的，如果说有的话，那也只能是存在于《西游记》《封神演义》等神话小说中的神仙群体，是如孙悟空这样的形象。他们“长生不老”的原因似乎可以用“双生子佯谬”加以解释。

以孙悟空为例，按照小说描述，他的飞行本领非凡，一个筋斗就有十万八千里。一个筋斗须臾间就可完成，因此可以推断，其飞行速度当为数万公里每秒，相当于光速的几分之一。他曾经服食蟠桃和太上老君的金丹，在老君的八卦炉中历经七七四十九天煅炼而毫发无损，可以说是具备了金刚不坏之躯，因此承受数倍重力加速度当不在话下。他在天上受封为齐天大圣之后，“无事闲游，结交天上众星宿，不论高低，俱称朋友”。我国古代把天空分为若干区域，即三垣二十八宿。三垣指的是北极周围的紫微垣、太微垣、天市垣；二十八宿指的是在黄道和白道附近的二十八个区域，即东方七宿、南方七宿、西方七宿、北方七宿。星宿的划分类似于现在的星座，孙悟空日日遨游于其间，应该是长时间进行加速运动和减速运动。

由此看来，在他的身上“双生子佯谬”效应会非常彰显，无怪乎当他在天上居官半年左右后反出天庭时，花果山众猴对他居官时间的感受迥然不同，这或许是神仙群体长生不老的真谛？

“四健将打扫安歇叩头礼拜毕。俱道：‘大圣在天这百十年，实受何职？’大圣笑道：‘我记得才半年光景，怎么就说百十年话？’健将道：‘在天一日，即在下方一年也。’”

曾有众多读者对取经团队跋山涉水，历经十四寒暑才辛辛苦苦取回真经有所不解，认为既然孙悟空一个筋斗云就有十万八千里，猪八戒、沙僧同为被贬的神仙，具有同样不凡的飞行本领，为何不携带唐僧飞往灵山，瞬息间取经而回呢？相信不惟是读者，以猪八戒好吃懒做的性格，在负荷沉重的行李时也不会无此遐想。

关于这一问题，从书中的记载也可见端倪，比如说在途经流沙河时，孙悟空面对浊浪滔天、浩渺无际的河水悚然而惊，说到：“师父啊，真个是难，真个是难！这条河若论老孙去呵，只消把腰儿扭一扭，就过去了；若师父，诚千分难渡，万载难行。”其言下之意就是唐僧为肉体凡胎，不能承受飞行。用科学的观点来解释，当是不能承受数倍的重力加速度，因此取经团队难以取巧，猪八戒也只能任劳任怨地把沉重的行李挑到西天。

（本文发表于《中国科学报》2015 年 5 月 22 日）

罗贯中与李汝珍的科学意识

医药学家、炼丹士葛洪为晋代的道教领袖。他在炼丹的过程中发现对丹砂(硫化汞的天然矿石)加热,可以炼出水银,而水银和硫磺化合,又能变成丹砂。他还发现,用四氧化三铅可以炼得铅,用铅也能炼成四氧化三铅。因此有些学者据此称他发现了化学反应的可逆性,称其为化学家,并将其所撰写的阐述神仙家理论、炼丹理论,以及记载神仙方术等的《抱朴子》一书誉为中国为世界科技花园贡献出的一颗璀璨明珠。

囿于当时的认知水平,其实《抱朴子》一书中的记载未免泥沙俱下,多有不实之处。例如书中记载了一种方术:"丹水出丹鱼,先夏至十日夜伺之,鱼皆浮水,赤光如火。取其血涂足,可步行水上不溺。"其大致意思是说,在丹水(今河南宛丘内乡县的丹江)里出产一种红色的鱼——丹鱼。如果在夏至前十天的夜里捕捉到它,把鱼血涂在脚底上,就可以凭空产生足够大的浮力,在水面上行走而不沉溺。

罗贯中肯定是读过《抱朴子》,也许还亲身实践过这一方术并且效果不佳。因为他在其所著的中国小说史上第一部长篇神魔小说《三遂平妖传》中,借书中人物之口对这一方术进行过批评。书中记载到,访求仙术的蛋子和尚慕名来到丹水畔,按照方术所记载的时间捕到了丹鱼,然而他没有亲身尝试,而是在一位渔夫身上先做实验。渔夫在脚底涂上鱼

罗贯中雕像

血后下水，当然不出意外地“扑通一声没头沉下”，爬上岸来后与他理论不休，无奈之下蛋子和尚只好取出二钱重的一块银子，送与渔夫买酒压惊才作罢。有意思的是，罗贯中还借书中人物之口感叹了一番：“蛋子和尚叹口气道：古人云‘尽信书不如无书……’”

李汝珍在《镜花缘》中也记载了一个关于力学的事例：落第举子唐敖搭乘妻兄林之洋的船，与多九公等结伴出海经商兼游历，途经一个人迹罕至的海岛，遂上岛游玩，然后经历了一系列奇遇。比如说他发现了一株“蹑空草”，吃了以后可以平步青云，两脚登空。林之洋因此怂恿他去采摘生长在极高树上的叫“刀味核”的果实。唐敖道：“小弟撺空离地不过五六丈，此树高不可攀，何能摘他？”林之洋出主意：“俺才想个主意，妹夫撺在空中，略停片时，随又朝上一撺，就如登梯一般，慢慢撺去，不怕这核不到手。”唐敖依言去尝试，当然不出意外地坠落下来。李汝珍于是借多九公之言阐述了一番力学道理：“你在空中要朝上撺，两脚势必用力，又非脚踏实地，焉有不坠？若依林兄所说，慢慢一层一层撺去，倘撺千百遍，岂不撺上天么？安有此理！”

按照力学分析，最初唐敖身处空中，其所受的力是平衡的。如果此时要往上蹦跳，则通过腿部的肌肉张紧收缩再放开，产生一个力。这个力通过脚施加在支撑物上，方向向下，而支撑物则对脚施加一个向上的支持力。此时人受到两个力作用，一是重力，一是支持力，当支持力大于重力时，人就产生了向上的加速度，就可以跳起来。但唐敖此时脚踩在虚空中，无从接受支撑物施加的外力，当然无法上升。这背后其实蕴涵着一个力学原理：能决定物体运动状态的是物体所受的外力，当外力的合力不为零时，就可以改变物体的运动状态。

上述两处情节，想来并非是闲笔。罗贯中和李汝珍虽然撰写的是神话小说，并且二人肯定没有接受过力学教育，但是对文中提到的两处情节并没有信口敷衍以猎奇，而是根据自身的生活经验，对违背力学原则的说法进行了澄清，从而表现出了一定的科学意识。

无独有偶，中国古代虽然并未发展出成系统的力学，但是一些学者的观点中却不乏符合力学原则的论述，例如宋代思想家吕祖谦曾说过“举千斤之重者，不能自举其身”。这句话其实和上文说明了同一个道理：人要举起自己，就必须使自己受到向上的作用力，即保证所受外力大于自身所受的重力。但人在自举其身时，所施加的力始终是自身内部的作用力，而非外力，因此不管力气多大，都不能举起自己。

颇有意味的是，在现代的一些武侠小说类创作中，却反而不如古代神话小说对此思考得缜密，出现了许多视力学原则为无物的描述。这在梁羽生、温瑞安、古龙等先生的众多作品里都有体现，例如：

“（冰川天女）左脚脚跟与右脚一碰，箭一般的倒射回去……”（梁羽生，《云海玉弓缘》）

“他左足忽踩自己的右足足踝之上，于是便升上了一步。然后右脚又踏在左脚足踝上，于是再高升一步。如此互踩而上，一口气升了十六八步……两人如此节节上升，离地又五丈有余，其势依然未消……”（温瑞安，《惊艳一枪》）

“小高没有被她拖下去，反而又向上拔起，以右脚垫左脚，借力使力，又向上拔起丈余……”（古龙，《英雄无泪》）

在受众面同样大的评书里，这种违背基本力学原理的所谓轻功，也成了行走江湖人士的必备技能。例如在《白眉大侠》中这样描述：

“这人也用的轻功提纵术。当他蹦起来一丈多高，左脚一蹬右脚的脚面，往上拔了一截，然后右脚一蹬左脚的脚面，又拔了一截，这才跳上擂台……”

看来，对于这样的描述，真的适用于多九公的评论：“慢慢一层一层撺去，倘撺千百遍，岂不撺上天么？安有此理！”单就这一点来看，武侠小说被称为“成人的童话”还是很有道理的，因为它还真不适合处于求知阶段的孩子阅读。

（本文发表于《中国科学报》2015年6月12日）

吴承恩构建的动物分类体系

在《西游记》的第一回中记述到，美猴王每日率领众猴朝游花果山，暮宿水帘洞，嬉戏宴乐，忽然有一日萌发了关于生死的忧患意识，因此众猴劝慰道：“大王好不知足！我等日日欢会，在仙山福地，古洞神洲，不伏麒麟辖，不伏凤凰管，又不伏人王拘束，自由自在，乃无量之福，为何远虑而忧也？”少年时每读书至此，就会心生疑惑：按照文中意思推断，猴类当是属于麒麟和凤凰管辖的，这一丛林法则出于谁的安排？以美猴王桀骜不驯的性格，为何要接受这种安排？相信众多读者也应不无疑惑。

原来，这一安排源自中国出现较早的一种动物分类体系——“五虫说”。根据《说文解字》中对“虫”的解释：“有足谓之虫”，因此“五虫说”中的“虫”，泛指所有动物。关于“五虫说”记载，最早见于成书于约公元前1世纪的《大戴礼记》中的“易本命”篇：

“有羽之虫三百六十，而凤凰为之长；有毛之虫三百六十，而麒麟为之长；有甲之虫三百六十，而神龟为之长；有鳞之虫三百六十，而蛟龙为之长；倮之虫三百六十，而圣人为之长。此乾坤之美类，禽兽万物之数也。”

这一分类体系把动物分为五类：羽虫，指的是禽鸟类，其中以凤凰为首；毛虫，指的是兽类，其中以麒麟为首；甲虫，指的是有甲壳的动物，其中以龟为首，后世多称甲虫为介虫；鳞虫，指的是鱼类、蛇等体表覆盖有鳞片的动物，其中以龙为首；倮虫，后世也称作嬴虫，倮通裸，倮虫即指体表无毛覆盖的人类及蛙、蚯蚓等，其中以人为首。

根据这一分类体系，关于《水浒传》中一处疑问也由此得到了解答：书中常用“大虫”一词来形容剽悍威猛的人物，例如人们熟知的“母大虫顾大嫂”“病大虫薛永”等。这里所说的“大虫”并非现在所理解的昆虫、甲虫类，而是中国古代某些时期对老虎的另一称谓。在书中就多次出现了“吊睛白额大虫”“锦毛大虫”等说法，在《西游记》中也是如此。

现代通常使用的生物分类方法是采用生物之间各种不同的特征，如结构、功能、行为、营养、遗传等，并以生物进化的已知历史为依据来分类，所使用的分类单位包括：界、门、纲、目、科、属、种，处于不同分类单位中的生物是按照其亲缘和进化关系来安排的。生物分类的基本单位是种，种与种之间至少有一个特征不同。而在“五虫说”中则主要依据动物的外部特征，特别是体表的特征来区分。

囿于当时的认知水平，“五虫说”当然是比较粗疏的，多有错讹，而且其中加入了想象色彩。比如说，该体系把每一类中的动物数主观设定为360种，但实际上目前科学家已经描述了多达200万种不同的生物，其中动物就约有150万种，而且还有越来越多的生物被逐步发现；把龟归入甲壳类动物，而按照现代分类体系，其属于爬行类动物；把属于脊索动物门、两栖纲、无尾目、蛙科的两栖类动物蛙，和属于环节动物门、寡毛纲、正蚓属的陆生动物蚯蚓同归入倮虫类，并和人类并列，这当然谬以千里；此外，“五虫说”以并不存在的凤凰、麒麟和龙分别作为不同类别之首，无疑是出于臆想。

当然，该体系也具合理之处，比如说其关于毛虫类的划分，就接近现行分类体系中的兽类，这一类动物均属于脊椎动物中的哺乳纲，是由爬行类进化而来的；此外，其关于羽虫类的划分接近脊椎动物中的鸟纲，等等。

吴承恩在《西游记》中，把这一分类体系运用到了极致并有所扩展。书中运用“五虫说”，并融合神话传说，构建了一个涵盖人间、地府、天宫和西天佛国的动物分类体系。

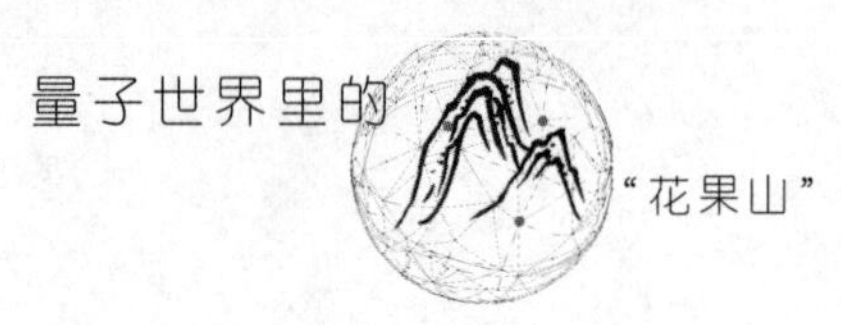

但值得注意的是，书中多处提到了关于物种的划分，但是对“五虫说”中的五类，说法不尽统一，似乎吴承恩本人对此也不甚了然。例如在第三回中这样写道：“那判官不敢怠慢，便到司房里，捧出五六簿文书并十类簿子，逐一查看。裸虫、毛虫、羽虫、昆虫、鳞介之属，俱无他名。又看到猴属之类，原来这猴似人相，不入人名；似臝虫，不居国界；似走兽，不伏麒麟管；似飞禽，不受凤凰辖。”这里用裸虫、昆虫取代了倮虫和甲虫。文中还出现了猴属、臝虫和人，从文意判断，他们似乎均单列为一类。

同在这一回中的后文这样写道：“原来那谛听是地藏菩萨经案下伏的一个兽名。他若伏在地下，一霎时，将四大部洲山川社稷，洞天福地之间，嬴虫、鳞虫、毛虫、羽虫、昆虫、天仙、地仙、神仙、人仙、鬼仙可以照鉴善恶，察听贤愚。”这与前文又不尽相同。

文中表述得最为明确且清楚的一处是在“第五十七回　真行者落伽山诉苦　假猴王水帘洞誊文”中，借如来之口所进行的阐释：“周天之内有五仙，乃天地神人鬼；有五虫，乃嬴鳞毛羽昆。这厮非天非地非神非人非鬼，亦非嬴非鳞非毛非羽非昆。又有四猴混世，不入十类之种。”这里用昆虫类取代了甲虫类，把五类动物和天仙、地仙、神仙、人仙、鬼仙共分为十类，而人仍被归入嬴虫类。这应该是吴承恩心目中构建的关于《西游记》的最权威的动物分类体系。

吴承恩与明代医药学家李时珍所生活的年代大致相同，前者为公元1500年—1582年，后者为公元1518年—1593年。1596年，也就是李时珍辞世后的第三年，《本草纲目》在金陵正式刊行。在书中，李时珍依据外形及用途将植物分为五部：草部、谷部、菜部、果部和木部，并细分为山草、芳草等三十大类；把动物也分为五部：即虫部、鳞部、介部、禽部和兽部；人单属一部，即人部。这是我国又一部在世界上较早地体现了生物分类的著作。吴承恩无缘得见此书，因此他所构建的动物分类体系，仍然把人归入嬴虫之列。

（本文发表于《中国科学报》2015年6月19日）

《封神演义》与《镜花缘》：中国科幻的先声

在《列子·汤问》中记载了这样一个故事：在周穆王巡狩途中，有位叫偃师的艺人进献了一个会走路、能唱歌的人偶，人偶被设置为男性，制作精巧，碰触他的下巴“则歌合律”，碰触他的手“则舞应节”“千变万化，惟意所适”，尤为奇特的是人偶竟然表现出了情感意识——向观舞的周穆王姬妾眉目传情……为平息周穆王的愤怒，偃师把人偶拆散给他看，原来人偶用“革、木、胶、漆、白、黑、丹、青”粘合涂饰而成。周穆王因而赞叹道：“人之巧乃可与造化者同功乎？”

古人的奇幻想象力让人叹为观止，然而这一记述毕竟是单纯基于想象，既无法从科学原理上给出可自圆其说的解释，又无从据此形成实物，尤其是关于其表现出情感意识这一点，即使在现代科技条件下也属难能。因此这只能称之为想象中的人偶形象，尚不足以认定为机器人的雏形。

这种奇幻想象固然可贵，但是不需要多少理性的思考。中国古代的神话记载、神话小说、神魔小说中的想象大多数未脱这一窠臼。无论是《山海经》中的飞车，“豹尾虎齿”的西王母、“四目六手”的蚩尤等种种人兽合一形象，《西游记》中的隐身变化、飞天入海、用毛发变幻成自身、变化成三头六臂、可任意变化大小的金箍棒，《封神演义》中的肋生双翅、地遁术、捆仙绳、打神鞭等法术和法宝，莫不如此。

《山海经》描述飞车不需要考虑动力学因素；吴承恩描摹用一根毫毛变成自身、变化三头六臂不需要基于克隆技术和器官移植技术，写金箍棒变化大小、任意改变形状，不需要考虑质量密度比、形状记忆等因素。因此这种想象相对容易，基本上是如同阿Q般的“我喜欢谁就是谁，想要什么就是什么”的主观因素在起作用，正如鲁迅所说的：“描神画鬼，毫无对证，本可以专靠神思，所谓‘天马

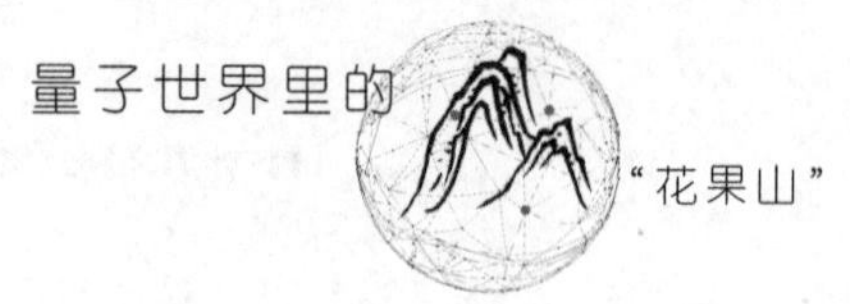

行空'地挥写了”。

与这种天马行空式主观想象相对应的是科幻想象，科幻想象的承载体主要是科学幻想小说。按照《辞海》的定义，“科学幻想小说（简称科幻小说）是以幻想的形式，表现人类在未来世界的物质精神文化生活和科学技术远景，其内容交织着科学事实和预见、想象。通常将‘科学’‘幻想’和‘小说’视为其三要素。”“幻想”指的是其与神话小说、神魔小说同样具有超现实的一面，但两者的分水岭在于科幻小说要描写科技领域内尚未出现的一些奇迹，并且这些奇迹应是以科学上的某种新发现、新成就为根据而进行的科学预见，其一般具备科学原理，具备能实现或部分实现的理论基础。因此说科幻想象是负载着科学思考和科学知识的想象，这种想象如同戴着镣铐起舞，并不自由。

纵观中国古代的神话记载、神话小说、神魔小说，最早表现出一定科幻色彩的极有可能是《封神演义》中的“生化战争”元素，从其中的“瘟部中四个行瘟使者”传播瘟疫，以及在穿云关及潼关布设“瘟癀阵”和“痘阵”这三回战争中，依稀可见生物武器的影子。这种想象和描摹并非出自臆想，其基础是中国古代医学对炭疽和天花等传染病的传播和诊治等知识的积淀，及匈奴在与汉朝战争中对炭疽病菌应用的先例。

《镜花缘》的作者李汝珍生活的年代为约公元1763年—1830年。斯时，随着西方自然科学知识东渐，使他已经表现出了一定的科学视野和科学素质。比如说他在书中描述服食后可以平步青云、两脚登空的奇异植物“蹑空草”时，并没有在玄幻的道路上一意孤行，而是借助粗浅的力学认识解释了为什么人在不脚踏实地的情况下，不能一步步“撺上天”。

此外，从书中描述可见：在数学方面，他已经掌握了较精准的圆周率数值，并能用之求圆的周长：“古法不准，今定（直）径（为）一（则）周（长为）三一四一五九二六五甚精……”；掌握了当时中国名之为“铺地锦”的，由古阿拉伯人发明的乘法计算方法，以及类似于解一元一次方程的“差分法”。

在物理方面，他掌握了物质密度概念、体积概念，以及通过两者求物质质量的方法：“白的（玛瑙）方一寸重二两三钱；红的（玛瑙）方一寸重二两二钱，今对方三寸,照立方积二十七寸算的。凡物之轻重,各有不同,如白银方一寸重九两,红铜方一寸重七两五钱,白铜一寸重六两九钱八分,黄铜一寸只重六两八钱";掌握了光速比声速快,以及声速的数值等知识,并能应用于计算:"但这雷声倒可算知里数……(闪后十五秒闻雷)……定例一秒工夫,雷声走一百二十八丈五尺七寸。照此计算,刚才这雷应离此地十里零一百二十八丈。"

类似的科学知识铺垫,使李汝珍具备了进行科幻想象的基础,《镜花缘》中的一些元素也因此表现出了较浓郁的科幻色彩,其中最具代表性的是关于飞车的想象和描摹。按书中记载,飞车最初由"奇肱国"首创,后来"周饶国"得其术后制造尤为精巧:"可容二人,每日能行二三千里,若遇顺风,亦可行得万里。"关于该车的外形、构造和飞行机理等,书中这样描摹:

"那车只有半人之高,长不满四尺,宽约二尺有余;采用柳木如窗棂式做成,极其轻巧;周围俱用鲛绡为幔;车内四面安着指南针;车后拖一小木如船柁(舵)一般;车下尽是铜轮,大小不等,有大如面盆的,有小如酒杯的,横竖排列,约有数百之多。虽都如同纸薄,却极坚刚。"

由此可见该车具备通过指南针确定航向、通过舵调整航向等现代飞行器的基本元素。

这里所说的"铜轮",推测应该是齿轮,和飞行的动力有关。飞车配有三把钥匙,"一是起匙,一是行匙,一是落匙",起飞时"将钥匙上了,运动机关""只见那些铜轮横的竖的,莫不一齐乱动:有如磨盘的,有如辘轳的,好像风车一般,个个旋转起来。转眼间离地数尺,直朝上升,约有十余丈高……"由此可见,飞车的动力机制应该是通过旋转钥匙来张紧弹簧装置,由此带动极薄的、类似螺旋桨的轮片旋转,从而产生气流,作为向上的升力和前进的动力。此外飞行时还辅之以自然风力:"车之正面有一鲛绡小帆",飞行中"如遇顺风,将小帆扯起,尤其迅速",在调整航向时"要车头向左,将柁朝右推去;向右,朝左推去……"

李汝珍描摹的飞车在结构、形制、机关、驾驶、飞行等方面已经和现代飞行器非常接近,只是囿于当时的认知程度,他无从想象出发动机这种动力结构,但是他所设想的通过弹簧装置带动轮片旋转也具有相当的合理性。这种负载着科学知识的想象，使得他的描摹有别于《山海经》中记载的飞车，以及《墨子》《鸿书》等记载的鲁班研制的木鹊、木鸢，遑论神话小说中描述的魔幻式飞行。同样，许仲琳在《封神演义》中关于“生化战争”的想象也因此与魔幻斗法产生了界限分明的区分。基于此，或许有理由将二者视为中国科幻的先声。

（本文发表于《中国科学报》2015 年 8 月 14 日）

千里马、缩地法与虫洞

《三国演义》《水浒传》和《西游记》三部小说，前两部涉及军事战争，后一部描述在妖氛弥漫的取经路上远距离跋涉，因此书中人物或者因为军情传递、羽书如雪，或者为了捕捉战机，或者为了长途跋涉、除魔降妖，都面临克服远距离交通的问题。

在现代交通工具如火车、飞机、汽车问世之前，远距离交通一直是人们面临的难以逾越的障碍。据记载，在清初，五世达赖喇嘛进京朝觐，自 1652 年正月从拉萨启程，于 1652 年 12 月份抵京，行程近 11 个月。在清末，林则徐由北京至广州，据其日记记载，行程近三个月。这还是在享受当时最便捷的交通设施的情况下所进行的旅行，至于贫寒庶民之家，“古道西风瘦马”，朝登紫陌，暮踏红尘，行程自然耗时更长、更艰辛。比如说，当年曾国藩从湘乡进京应试，一路步行，行程达八十余天；徐霞客壮游一生，履及当时除四川外的两京十二省之地，艰辛的旅程使他在最后一次出游归途中“两足俱废”，被用肩舆抬回江阴的家中后，已经“不能肃客，惟置怪石于塌前，摩挲相对”。

在这种交通条件下，代步的马，特别是品质优良、行进速度快的马就成了非常宝贵而实用的交通工具。是以我国古代向来有对“千里马”的向往，并由此延伸出以“千里马”和“伯乐”来比拟人才以及人才发现者。在这一比拟的背后，映射的是当时人们所面临的远距离交通窘境。而在现代，在远距离交通已经不成为障碍的情况下，人们是无论如何不会想到用飞机、高铁来形容一个人的才智的。

在这三部小说中，作者是如何解决远距离交通问题的呢？首先来说，三部书中对日行千里的良马都情有独钟：《三国演义》中描摹了吕布和关羽先后骑乘

的日行千里的“赤兔马”、飞跃檀溪的“的卢马”，并用“人中吕布，马中赤兔”来描述人与马的上佳组合；《水浒传》中则有“金毛犬”段景住从北地盗来的，大金王子骑坐的“雪练也似价白，浑身并无一根杂毛。头至尾，长一丈，蹄至脊，高八尺……一日能行千里”的“照夜玉狮子马”，由于这匹马过于珍贵，竟被“曾家五虎”劫夺，梁山群雄由此与曾头市对峙，晁盖不幸中箭身亡，酿成了一匹马所引发的血案，并进而引发了梁山的权力更迭；而在《西游记》中，唐僧骑乘的竟然是由龙王敖闰的玉龙三太子变化成的白龙马，作者意在强化其品质之优良。

此外，由于《水浒传》中具有一定神话元素，而《西游记》为神话小说，因此两书的作者也设置了一些基于想象的解决远距离交通问题的方法。其一是通过修行异能获得如孙悟空那样“一个筋斗十万八千里”的飞行本领，这实质上是通过提高速度来克服距离障碍。其二，则是利用法术来拉近两地之间的距离。这在《西游记》中表现为孙悟空所拥有的神术“缩地法”，在《水浒传》中则表现为“神行太保”戴宗所拥有的法术“甲马”，两者其实同出一辙。

在中国古代神话中，“缩地法”为化远为近的神仙之术。晋代的葛洪在其所著的《神仙传·壶公》中记载：“费长房有神术，能缩地脉，千里存在，目前宛然，放之复舒如旧也。”《六甲天书》《底襟集》等书中则较详细地介绍了“缩地法”的施法过程：让施法人在两腿上各拴一个甲马，口念缩地咒“一步百步，其地自缩。逢山山平，逢水水涸……”就可以日行千里。

在生活于明末清初的学者孙云球身上曾经发生过一个所谓的“缩地法”事例。孙云球，江苏吴江人，生于明崇祯初年，卒于清康熙年间。他致力于制造发明，曾经制过自鸣钟、自然晷、各种眼镜，还研制成了千里镜。据《镜史》记载，他所制的眼镜极受欢迎：“四方闻声景从，不惜数百金重价以购”，这在当时产生了广泛的影响。有一次他陪友人登上虎丘台远眺。友人慨叹目力不能穷尽远景，他于是拿出千里镜供友人赏玩，友人见楼台塔院和周围山峰全部迫近眼前，大为讶异，称孙云球掌握了“缩地法”。当时的人们囿于知识视野，当然不会明白迫近的远景只是景物所成的虚像，而误认为孙氏在一定程度上实现了“缩地”，一时风闻四方。

实际上“缩地法”只是一种神话想象，把三维空间中的两地距离“化远为近”并不可行。那么小说和《神仙传》中记述的“缩地法”是否就全属荒诞不经呢，那倒也未必尽然。如果我们基于天体物理学理论对其原理进行一下延伸想象的话，不妨假设它是通过寻找到存在于同一空间中的两地之间的捷径，来实现对距离的跨越。这和科学家所提出的关于“虫洞”的设想有相近之处。

虫洞指的是宇宙中可能存在的连接两个不同时空的狭窄隧道，其可大大拉近距离很远的空间两点的距离。1935 年，爱因斯坦及其助手罗森在用广义相对论推导出的一个时空模型中，发现在我们的宇宙之外竟然还存在另一个宇宙，而且这两个宇宙之间有一个通道。当时“虫洞”和时空隧道的名称还没有出现，爱因斯坦和罗森称其为“喉”，后人也称其为“爱因斯坦—罗森桥”。但他们经研究发现，只有超光速运动的物体或者信号才能穿越这个通道，而相对论禁止超光速运动，因此“喉”无法成为两个宇宙间的真实通道。1957 年，美国物理学家惠勒和他的学生米斯纳，首次用“虫洞”这个名称来描述时空通道，但他们研究的仍是不可穿越的时空通道。

在对广义相对论的进一步研究中，科学家们逐渐认识到，我们观察和描绘的膨胀宇宙不过是众多宇宙中的一个，可能存在多个宇宙。这些宇宙之间可能有管道相通，也有管道的两个开口位于同一个宇宙中。这些管道就是“虫洞”，是在宇宙膨胀的过程中产生的，有可能保留到今天。

1985 年，美国天文学家萨根在科幻小说《接触》中首次描述了穿越时空隧道的星际旅行。这激发了他的朋友、著名相对论专家索恩的兴趣，后者开始了对虫洞的深入研究，并发表了名为“时空中的虫洞及其在星际旅行中的用途”的论文，首次给出了对可以穿越的时空通道的研究。此后，有关这方面研究的论文大量涌现。这些研究发现，广义相对论允许可以穿越的虫洞存在，也就是说根据其理论，通过时空通道跨越两地距离实际上是可行的。但是也有物理学家认为，一些其他物理定律，比如热力学定律可能限制其存在。

虫洞想象图

基于这样的前提，“缩地法”就具备了一定可行性。在掌握科学技术这一利器之前，古人面对地球上遥远距离的跨越，就如同现代人曾面对浩渺无际的宇宙间距离那样茫然。他们当然无从用科学理论来解释“缩地法”，但是能提出这一设想就已经彰显了可贵的想象力，从这一点来说，或许不能将其全然归之为荒谬。

（本文发表于《中国科学报》2015 年 10 月 23 日）

漫话神话世界中的通讯方式

偶然路过住处附近一家属于全国武林餐饮连锁企业的“风波庄酒家”，看到门口贴出一张歇业启事，书云：“江湖风波恶，本庄已闭关修炼，有事请千里传音1391700……”读后会心一笑，这则启事可谓融武侠元素与现代气息于一体，古意盎然且颇有趣味。

查阅了一下手边的资料，“千里传音”这一神奇技能，极有可能滥觞于还珠楼主所著的神话巨作《蜀山剑侠传》。还珠楼主（公元1902—1961年）本名为李善基，后改名为李寿民，在1949年再度改名为李红。他虽然只接受过私塾教育，却对佛道、医卜、星象等涉猎颇深，援笔为文，胸罗万象，笔挟千钧。其成名作《蜀山剑侠传》被赞为“开创了世界上亘古未有，最异想天开的奇幻世界：海可以煮沸，地可以掀翻，山可以移走，人可以化兽，天可以隐灭无迹，陆可以沉落无影，天外还有天，地底还有地，水下还有湖沼，石心还有精舍，灵魂可以离体……”

“千里传音”只是书中众多奇幻想象中并不起眼的一个微末分支，却影响了梁羽生等新派武侠小说名家。有人的地方就有江湖，有江湖的地方就有风波，就有了人事纠纷，自此以后，在波诡云谲、快意恩仇、剑气纵横的武侠世界里，银鞍照白马，飒沓如流星的风尘儿女们便有了便捷可靠的即时通讯方式。

在《蜀山剑侠传》出现之前，在吴承恩、许仲琳等所营造的光怪陆离的神话世界里，有什么便捷可靠的远距离通讯方式呢？仔细想了想，似乎阙如。稍与此接近的可能是“顺风耳”和“千里眼”。在《封神演义》中记述了高明和高觉兄弟，二人本是棋盘山上的桃精和柳鬼，拥有很多异能。高明能眼观千里，人称千里眼，高觉能耳听八方，故名顺风耳；此外在《西游记》中同样也有“千里眼”和

“顺风耳”两位神将趋奉于天庭。但是上述异能只是局限于远距离收集信息方面，至于如何进行远距离信息传递，在吴、许二人营造的神话世界里，似乎都没有解决这一问题。

因此，我们可能会惊诧于吴氏和许氏摹想出的基于瑰奇想象力的种种异能，如呼风唤雨、遮天蔽日、变化隐身、筋斗云、避水火、刀枪不入、长生不老、肋生双翅、变幻形体、三头六臂、利用一根毫毛变化出自身等法术，以及种种神奇法宝，但是细究起来，又可能会惊诧于在这个看似无所不能的神异世界中，其通讯方式之落后。

如果细究底里，不妨说孙悟空的取经之路始肇于因通讯方式落后所造成的信息不对称：

“（孙悟空准备前往瑶池蟠桃会上大快朵颐的途中路遇赤脚大仙）那赤脚大仙觌面撞见大圣，大圣低头定计，赚哄真仙，他要暗去赴会，却问：‘老道何往？’大仙道：‘蒙王母见招，去赴蟠桃嘉会。’大圣道：‘老道不知。玉帝因老孙筋斗云疾，着老孙五路邀请列位，先至通明殿下演礼，后方去赴宴。’大仙是个光明正大之人，就以他的诳语作真，道：‘常年就在瑶池演礼谢恩，如何先去通明殿演礼，方去瑶池赴会？’无奈，只得拨转祥云，径往通明殿去了。”

试想，如果天庭有便捷可靠的通讯方式，哪怕不是如今所用的手机或微信等在线交流工具，大仙只要拥有“千里传音”术，向宴会承办部门进行一下求证，当可即时拆穿这一骗局。孙悟空无疑也会及时止损，免去镇压于五行山下五百年的牢狱之灾以及十万八千里的艰辛旅程。

此外，从玉皇大帝求助于如来佛祖擒拿孙悟空一事来看，按书中描述，当时采用的通讯方式是“遂传旨着游奕灵官同翊圣真君上西方请佛老降伏。那二圣得了旨，径到灵山胜境，雷音宝刹之前，对四金刚、八菩萨礼毕，即烦转达……”由此可见连贵为天庭最高行政长官玉皇大帝和作为西天最高统治者的佛祖之间都没有便捷的联系方式。至于到了取经途中，因通讯方式落后所造成的不便和工作效率低下愈发彰显。

因为没有便捷的通讯方式，孙悟空每次遇到困难就上天入地，四处求援。比如说他为了寻求医树的仙方，踏遍海岛仙山：“三藏道：‘你往何处去求方？’行者道：‘古人云，方从海上来。我今要上东洋大海，遍游三岛十洲，访问仙翁圣老，求一个起死回生之法，管教医得他树活。’”猪八戒为了请被贬谪的孙悟空出山，也要万里迢递身赴花果山。孙悟空为了查找某个妖精的来历，要奉玉帝旨意，责成负责官员对每个岗位逐一查找。按照“天上一日，下界一年”的时间流逝速度来推断，这其实很不经济。按照孙悟空的说法就是，等到有了着落，有可能小妖精都已经生下来了。

当然，也正是因为信息不畅，书中也得以营造了多处故事情节。其中比较典型的是观音菩萨收服沙僧、猪八戒、龙王三太子这些情节，因无法及时沟通取经人这一信息，书中衍生出了孙悟空与三人相斗的大段篇幅，从而增添了戏剧性。

《蜀山》一书中对“千里传音”有过这样的记述：“有一天妹子在桂屋中，忽听家师那里呼唤，叫妹子一人前去，不要别人知道。这是一种千里传音，别人是听不见的……”“才放她逃去，只两句话的工夫，已出三百里外。我用千里传音，她二次应声相答时，少说也有八九百里远近……”

从中可以看出传音术的几个特质：其一，只有接收对象能听到传来的信息，因此这种信息传输的指向性很强，很可能是点对点传输；其二，传输来的信息是无声的，或者说不在普通人耳朵所能接收的声波频率内，可能只有通过修行异能才能接收；其三，传音术的传送距离至少近千里。

看到这三个特质，我们会想到什么，毫无疑问应该是无线电发报。电报是一种最早用电的方式来传送信息的、可靠的即时远距离通讯方式，由莫尔斯于19 世纪 30 年代发明，并最先在英国和美国发展起来。到 20 世纪初，开始使用

无线电拍发电报，电报业务基本上已能抵达地球上大部分地区。据资料记载，还珠楼主19岁时随母亲移居天津，在《大公报》供职，兼作家庭教师，23岁入傅作义幕，有一个时期还曾任天津电话局局长秘书。因为有了这段从业经历，因此他对于电报应该并不陌生。这有可能是他能摹想出传音术的原因之一。

基于此，我们不妨再推断一下在吴承恩、许仲琳营造的神话世界里通讯方式落后的原因。呼风唤雨、遮天蔽日、变化隐身、筋斗云、避水火、刀枪不入、长生不老、肋生双翅、变幻形体、三头六臂、利用一根毫毛变化出自身等法术，以及种种具有神奇能力的法宝，这些想象固然奇幻，但是往往可以通过体察自然万物和世态人情而受到启发。例如，从鸟儿翩飞联想到筋斗云和肋生双翅；从“无心插柳柳成荫”，即植物细胞的全能性联想到利用一根毫毛变化出自身，从人的自然死亡萌生长生不老的意愿，等等。而对远距离通讯方式的摹想，则必须以对电学、磁学等现代物理学知识的认知为前提，并非单纯靠奇幻的想象力就可完成，因此在吴氏、许氏营造的神话世界里，不具备产生的可能。

（本文发表于《中国科学报》2015年11月20日）

大羿射日与“三体问题”

据学者考证，古本的《山海经》里曾经记载了羿射日的传说，但今本不存，而且其中所记载的羿并非通常所认为的后羿，而是大羿。前者是夏太康时期人物，后者则生活于帝尧时代。《淮南子·本经训》中，以古本《山海经》为蓝本，对这一传说做了总结：

“逮至尧之时，十日并出。焦禾稼，杀草木，而民无所食。猰貐、凿齿、九婴、大风、封豨、修蛇皆为民害。尧乃使羿诛凿齿于畴华之野，杀九婴于凶水之上，缴大风于青邱之泽，上射十日，而下杀猰貐，断修蛇于洞庭，禽封豨于桑林。万民皆喜，置尧以为天子。”

其大体意思是说：在尧的时候，天空出现十个太阳，因此禾苗草木枯焦。于是尧命羿射落其中的九个，从此大地上风调雨顺，万民乐业。

刘慈欣先生所著的科幻小说《三体》，以距离太阳系最近的恒星半人马座 α 星为故事背景，描述了居于该恒星系统一颗行星上的“三体文明”所经历的，等同于传说中我国古代先民所经历的生存窘境：受三颗无规则运行的恒星——“太阳”影响，该文明历经两百余次毁灭与重生，被迫另觅适宜的生存地，目标则为地球，进而两个文明激烈碰撞、相互绞杀、艰难求存，铺陈了一幅跨度达 1800 多万年的，关于地球、太阳系、银河系，乃至宇宙毁灭的末世图景。

如同古代传说和小说中所记述的那样，一颗行星围绕着多个“太阳”运行的情况其实是宇宙中的常态。根据天文学研究结果，银河系主要由恒星组成，在其可见区域中包括不少于 2.19 亿颗恒星。这些恒星常常聚集成团，有的是两颗星聚在一起形成双星；有的是三颗聚在一起成为三合星，或者是三颗以上聚在一起形成聚星。比如说半人马座 α 星就是一颗三合星，由 A 星、B 星和 C 星组成；还有的是由几十颗、成百上千颗，甚至几万、几十万颗恒星聚集成星团。像太阳系这种只有一颗恒星的系统是较为少见的。

这些双星、聚星、星团作为一个个单元，既围绕着它们的共同重心旋转，同时与单独存在的恒星一样，还围绕着银心公转，不同的恒星系统，其运行轨迹差异巨大：如果是双星系统，其被赋予初始运动后，两颗恒星会在各自引力的作用下，相互围绕着对方旋转，最终运行轨迹会固定下来。如果该恒星系统中有行星的话，它可能会绕着相隔非常近的两颗恒星一起旋转，也有可能绕着间隔很开的双星当中的一颗恒星旋转；如果是三合星或者聚星、星团，其被赋予初始运动以后，则会进行复杂的、毫无规律可言，因而也无法预测其轨迹的运动。如果该恒星系统存在行星，则其运行轨迹会随之多变，温度也会因受多个“太阳”的影响而剧烈变化。

比如说在刘慈欣先生构设的“三体文明”中，有时行星会围绕一个“太阳”旋转，此时气温相对恒定，被称为“恒纪元”；当另外一个或两个“太阳”运行到一定距离内，其引力会将行星从它围绕的“太阳”夺走，使其在三个“太阳”的引力范围内游移不定，此时就称为“乱纪元”；再经过一段不确定的时间后，行星会再次被某一个“太阳”捕获，暂时建立稳定的轨道，重新进入“恒纪元”，如此周而复始。因此三体行星时而面临严寒，时而经受酷热，时而化为焦土，无遮蔽的一切生命将灰飞烟灭。该文明就在“恒纪元”与“乱纪元”的交错中历经毁灭与重生的两百余次轮回。

“三体文明”所面临的生存窘境是基于天体力学中的基本模型——“三体问题”而构设的，即探究三个质量、初始位置和初始速度都为任意的可视为质点的天体，相互之间在万有引力作用下的运动规律问题。现在已知其不能精确求解，即无法预测所有“三体问题”的数学情景，只有几种特殊情况已研究。在刘慈欣先生创作《三体》时，尚未发现在半人马座 α 星有行星存在。但有报道称，2014 年欧洲科学家曾发现半人马座 α 星有一颗质量与地球相近的行星，命名为半人马座 α 星 Bb。如果这颗行星上真的有文明存在的话，那么其无疑将面临小说中那样的生存窘境。

根据《山海经》中的记载，先民们时时看到“十日并出”。按照天文学理论推断，这其实是不可能的。因为十颗恒星组成的聚星，其运行轨迹更为复杂，应该会有在不同时段看到一个至十个太阳的多种可能。先民们所面临的其实是“十体问题”，即在三维空间中给定十个质点，如果在它们之间只有万有引力的作用，那么在给定它们的初始位置和速度的条件下，求解它们会怎样运动。可以肯定地说，十体的运行轨迹远较三体运动复杂，遑论星团的 N 体运动。

汉代《嫦娥奔月画像石》(画中嫦娥人首蛇身，左侧圆形示月亮，内有蟾蜍图案)

根据古代传说，在大羿射落九日之后尚有嫦娥奔月的余波。这一记载最早见于《淮南子·览冥训》："譬若羿请不死之药于西王母，姮娥窃以奔月，怅然有丧，无以续之。"嫦娥是中国上古时期神话中的人物，传说中是三皇五帝之一帝喾（天帝帝俊）的女儿，也是大羿的妻子。其本称为姮娥，因西汉时为避汉文帝刘恒的讳而改称嫦娥，又作常娥。这一记载是中国，也极有可能是世界上最早的关于人类离开母星，移居外星球这一愿望的表达。

颇有意味的是，中国古代先民虽然已经通过想象完成了移居外星球的"思维准备"，但在《山海经》中面对生存窘境，却未表达出如"三体文明"那样选择逃离母星的愿望，而是基于对力量的崇拜，摹想出射落九日的情节。这虽然并不现实，但无疑彰显了无比瑰奇的想象力以及挑战自然的非凡勇气。

（本文发表于《中国科学报》2016 年 2 月 5 日）

冥府,古代想象中的高维空间?

在东、西方文化中都摹想出了冥府的概念,并把这一概念定义为另一个空间,认为人类死亡之后,其灵魂不灭,并汇集于此,在这里进行如同生时的一切活动。比如说,希腊神话中的哈迪斯既指掌管冥界事物的冥王,又是冥府的名称。这一神话体系认为冥府位于西方,在瀛海奥克阿诺斯的彼岸,是鬼魂居住之所;奥西里斯则是埃及神话中冥府的统治者。这一神话体系认为死亡并不是生命的最终结束,而是达到永生的途径,逝者将在奥西里斯统治的另一个世界复活,并永远生存;在东方,如日本文化中则摹想出了“黄泉国”这一人死后所生活的地下世界。

在中国古代文化中,则把人类死亡后其灵魂所停留的空间称为阴间或者冥府、阴曹地府。大量的神话和宗教典籍中对此都有记载,在受众面较大的古典小说中,《西游记》和《聊斋志异》中对此的描摹最为详备。比如说在《西游记》中,用两回书、近万字详细地描述了唐太宗李世民死后游历阴间的经过,内容涉及冥府的地理概况、机构设置、官制、运作机制、价值取向等;此外书中还铺叙了孙悟空得道以后被拘往冥府的情节。《聊斋志异》中的《席方平》《陆判》《锦瑟》等篇目,其故事主线也与冥府相关。

通过中国古代典籍来看,古人早就认识到了我们所生活空间的三维性特点，并对其进行了抽象。比如说《管子》中表达的“四方上下曰合”，“合”即为抽象意义的空间概念；《淮南子・齐俗训》云“往古来今谓之宙，四方上下谓之宇”，“宙”和“宇”分别表示时间与空间，等等。但是神话和宗教中的空间概念却并不局限于现实的三维空间，至少还要下达幽冥之地。人们认为这一空间与现实空间是重合的，甚至包含现实空间，但生活在现实世界中的人们却无法感知它。至于古人是否认为它是超越现实空间的高维空间，这一问题无从索解，但是有一点是肯定的：人们因赋予了其神秘性、超乎现实空间的能力，以及因果报应等因素，而对其充满敬畏感。

高于我们所生活的现实世界的空间到底是什么样的？从高维空间看三维空间又会如何？目前对此的认识尚不甚了然，但是人们基于从三维空间看二维空间的体会，进行了揣测，比如说有这样一个耳熟能详的类比：我们想象在三维空间中的一张二维平面画中生活着二维扁片人，不管这幅画多么丰富多彩，但其中的二维人只能看到周围世界的侧面，在他们眼中，周围的人和事物只是一些长短不一的线段而已。只有当其从画中抽身出来，进入三维空间，再审视那幅画，才能看到画的全貌。也就是说，人们推测从高维空间看低维空间，应该能获得在低维空间中所观察不到的更丰富的信息。

此外,人们揣测高维空间拥有对低维空间占绝对优势的干预能力,并用这样的类比来进行说明:一只蚂蚁在平展的二维纸面上爬行,在它的视野中世界是如此宽阔平坦,一望无边。但是这个世界是一个纯粹的二维世界,只有前后左右,没有上下这一概念。处于三维空间的人不仅可以洞悉其每一个行为,还可轻易地干预它。比如说,假如人突然把一片树叶放在蚂蚁的面前,对于蚂蚁来说,这就是一次不知从何而来,完全没有预兆的凭空出现的干预行为,超出了其认识能力和理解能力。假如蚂蚁拥有思维的话,它会不会认为这很神奇?

这两个类比,与刘慈欣先生在其科幻小说《三体》中摹想的,人类从三维空间进入四维空间的感受相同:在小说中,"万有引力"号战舰受命追击叛逃至太空的"蓝色空间"号,后者因偶然的机会进入了"四维空间"的碎块,人们发现在观察处于三维空间的物体时,能够看到无限的细节:

"任何东西都不可能挡住它后面的东西,任何封闭体的内部也都是能看到的""所有的遮挡和封闭都不存在,一切都暴露在外""'蓝色空间'号飞船像一幅宏伟的巨画舒展开来,他们可以一直看到舰尾,也可以一直看到舰首""他们能够看到每一个舱室的内部;可以看到液体在错综复杂的管道中流动,看到舰尾核反应堆中核聚变的火球……"

此外,书中还提到,"蓝色空间"号对于"万有引力"号,拥有了如同生活在三维空间的人干预生活在二维空间中的蚂蚁般的优势,战舰上的士兵可以从四维空间凭空出现在"万有引力"号上,很轻易地对其进行打击。

从这两个类比,我们似乎还可以看到我国古代文化中所摹想的冥府与现实空间之关系的影子。幽冥世界被人们赋予了来去无踪,可以轻易进入现实空间,以及对其近乎无限的认识能力和干预能力,是以古人常以"人间私语,天听若雷;暗室欺心,神目如剑"的惴惴感来面对它。

《聊斋志异》中"陆判"一篇,讲述的是书生朱尔旦与冥府陆判官倾心交往的故事。文中有这样一处情节:朱尔旦文思不畅、属文迟钝,陆判不仅能通过洞悉其五脏六腑,明了其原因在于心脏的"毛窍"堵塞,还在冥间万千心脏中捡取上佳的为其更换,从而使朱尔旦文思精进。这样的情节无疑是基于幽冥世界近乎无限的认识能力和干预能力来设置的。再如“李伯言”一篇，讲述的是李伯言在死后至冥府代行三天的阎王职责，在审理案件时刚萌生袒护亲属的念头，立时“殿上火生，焰烧梁栋”，鬼吏告诫他：“阴曹不与人世等，一念之私不可容。急消他念，则火自熄。”文中还借李的朋友之口表述：“闺房一语，遂播幽冥，可惧哉！”由此可见幽冥世界对现实世界的认识能力不局限于观察事物的细节，甚至还可抵达人的观念和心理活动。

《聊斋志异》中的其他篇目如《王六郎》《婴宁》《聂小倩》《鲁公女》等也表达了幽冥世界对现实世界的认识能力和干预能力：或解人危难，或延人寿命，或助人复仇，或预卜吉凶等。类似的例子在其他神话志怪小说和传奇话本中也俯拾皆是，例如明代周朝俊所著的《红梅记》，主人公即为戏曲曲目中人们耳熟能详的死后化鬼复仇的李慧娘。

物理学者李淼认为《三体》中所描摹的人从三维空间进入四维空间并不现实，其理由之一在于人的身体是由分子、原子构成的，而分子、原子之所以成为分子、原子是因为原子核与电子之间具电磁力，但分子、原子进入四维空间就不存在了，人当然也会随之解体。在中国古代文化中则认为人是通过“物质形态转化”才得以进入幽冥空间，即所谓的“聚则成形，散则为灵”。不惟人，实物也是如此，如《西游记》中记述了一个叫相公的虔心向善的老者，但有积蓄就买“金银纸锭，记库焚烧”，这些焚烧后的纸锭经过“物质形态转化”后得以进入冥府，所以其“在阳世间是一条好善的穷汉，那世里却是个积玉堆金的长者”。

曾有学者说过，幽冥信仰是中国民俗信仰的重要内容，它渗透在民众的思想意识里，人们试图解释它，利用它，以致成为幻想艺术的再造物，使中国文化领域出现了色彩斑斓的幽冥幻想文化现象。我们不能断言古人所摹想出的幽冥空间具有“高维空间”的特质，但是可以肯定的是，人们基于丰富的想象力，并借助神话传说等扩张了空间观。这一扩张的空间观既然有虚构和幻想的成分，对其特质的设定必然会高于现实空间。或许正因如此，其似乎在一些特质上与现代物理学所认知的高维空间表现出了一定的契合。

（本文发表于《中国科学报》2016年3月4日）

科幻向左,穿越往右

近年来,网络小说中的穿越题材热潮方兴未艾。这类小说在结构设置上,往往是安排主人公因某种际遇从其生活的年代离开,穿越时空至另一个时代,并且通过在穿越的时空、人物之间设置矛盾冲突,从而引出故事。

我国穿越题材小说的发端并非自今日起,陶渊明笔下的“桃花源”和唐代传奇小说可能是其源头。而真正成型且篇幅较大的第一部穿越小说,则应该是明末清初小说家董说所撰写的《西游记补》。该书共十六回,大致情节如下:唐僧师徒离开火焰山后继续西行,孙悟空在途中化斋时,其神魄被妖怪鲭鱼精所迷,遂进入了其所幻造的“青青世界”。在这里,他为了借驱山铎驱逐妖魔、铺平取经路,而往返奔走找寻秦始皇的踪迹(驱山铎是传说中的一种神钟,形状又如铎,可以驱山,为秦始皇的宝物),却跌落到了“万镜楼台”。此后他通过楼台上的镜子,先后进入了“古人世界”和“未来世界”。在两个世界里他经历了时空变幻,忽而从小说背景所设定的唐代穿越到秦末,化身为虞姬与楚霸王周旋,以探询秦始皇的踪迹;忽而又穿越到了若干年后的宋代,暂摄阎罗王之职,并审判、刑讯秦桧。接着他从镜子里跳出来,又在小月王的王宫和“青青世界”有了许多经历,最后,在虚空主人的呼唤下醒悟。

该书被称为《西游记》的三大续书之一(另两部为《续西游记》《后西游记》),作者借用原书中的部分人物和情节进行二次创作,表达描摹社会世相、揭露和讽刺现实的主旨,类似于今日所称的“同人小说”。作者董说生活于明末清初,其人洪才河泻,对经史、天文、象数、地志、律吕、医卜、方言、音韵、释老等均有涉猎。从书中一处情节可以想见其知识视野:“孙悟空在西行路上看到了一座鲭鱼精所幻化的城池,城头旗帜写着‘大唐’二字,遂暗中思量:我们走上西方,却为何走下东方来也？……我闻得周天之说，天是团团转的。莫非我们把西天走尽，如今又转到东来？”悟空的这一设想是不是有些眼熟？它和麦哲伦的航海船队从西班牙出发，沿着同一方向航行，环游地球一周后又回到西班牙，从而证明了地球是圆的这一实践如出一辙。

至清末民初时，又有吴趼人所著的《新石头记》和陈冷所著的《新西游记》两部穿越小说问世。前者讲述贾宝玉穿越时空来到20世纪初，不惟到上海、南京、北京、武汉等地游历，见识了火车、轮船、电灯等大量电气化的新事物，还乘坐潜水艇由太平洋到大西洋，由南极到北极绕地球一周，途中多有曲折离奇的遭遇，为高度发达的西方科技文明所震撼，并自信将来有一天中国也能达到如此成就；后者则讲述唐僧师徒四人穿越到20世纪初的上海，面对与现代物质文明的碰撞，显得愚笨而又无所适从。

这两部书的诞生应该和当时的社会背景有关。两书中人物所处的时代均被置换为内忧外患、衰颓已极的近代社会，均揭示了当时复杂、丰富、多变、动荡的社会特征和文化特征，均表达了对现代文明和新时代面貌的向往。正如有学者所言，作者的心理一目了然：在西学东渐的时代背景下，渴望兴新学、改革维新、富国强民，体现出了一种心理补偿和价值满足。

自20世纪80年代起，则先后有李碧华的《秦俑》、席绢的《交错时光的爱恋》和黄易的《寻秦记》问世。至21世纪初，随着网络文学的兴起，穿越题材小说风起云涌，渐成燎原之势。

厘清了穿越小说在中国的发展脉络，笔者觉得也许可以根据小说所穿越去的年代这一角度将其分为两类，即回过往和到未来。当今流行的穿越小说多是向过往穿越，主人公或去清宫，或往三国，或回明朝。且其情节模式较为单一，多以情爱为故事主线，主人公在穿越的时空中或收获缠绵悱恻的爱情，抱得美人归，或凭借现代管理知识经商致富，或赢得宫廷斗争，宠冠后宫，总而言之穿越者均是成功者。

在1961年，我国一位著名作家撰写了一部以“穿越”为故事背景的小说。作品完成后，因其内容与当时现实生活的反差过大而难以出版，束之高阁17年后方得付梓。在那个特定的年代，书甫一问世即如狂飙天降，累计印数达数百万册，其衍生品连环画和影视作品等风靡全国，所引发的阅读狂潮和热议，涤荡着社会文化、教育、生活的各个方面。其影响延续至今天，惠泽了几代读者，何啻数亿人。此后作者又陆续推出了续作和再续作。在2002年，三作合为一册，荣膺第十三届中国图书奖。就以穿越为故事背景的小说来说，其成就称得上是高山仰止，前无古人，而且相信今后也很难有超越者。

这位作家的名字叫叶永烈，没错，这本书就是《小灵通漫游未来》。它无疑是穿越向未来的代表作。其实，获得第73届雨果奖的《三体》所设置的故事背景也是未来，时间跨度达1800余万年。在穿越的大背景下，它们更适切的名字是科幻小说。创作于100多年前的《新西游记》《新石头记》也表现出一定的科幻色彩。

103 大门紧闭着。当我们的飘行车开近时，它自动打开了，我们车子一进去，它又自动关上。小虎子贴着我耳朵说："农厂厂长是个大好人。我们来，特别是你来，他准会请我们吃一个好东西。"

《小灵通漫游未来》连环画

穿越小说和科幻小说有可能殊途同归吗？据学者研究，国外的穿越小说有一个显著的特点，即随着科技的发展，作者笔下的穿越手段不断更新换代，当科技元素出现在小说里时，穿越小说正式进入科幻小说的行列。但从我国当前兴起的穿越热潮来看，两者却泾渭分明，几乎所有的穿越小说都朝着言情方向一骑绝尘。

在20世纪80年代，武侠小说热兴起，但有井水处就有人手不释卷，曾有智者忧虑其挤占了包括古典四大名著在内的经典文本的空间。而随着穿越小说的兴起，武侠小说的位置又被置换，遑论经典文本。如果说武侠小说营造的是成人童话，让人在高于现实的空间里圆一个白雪红尘、游剑江湖、快意恩仇的英雄梦；穿越小说则更为虚妄，在某种程度上可以说其引导人在臆想的空间里，在精神上圆一个无往不利的财富梦、权欲梦和情欲梦。这当然和当今社会强调个

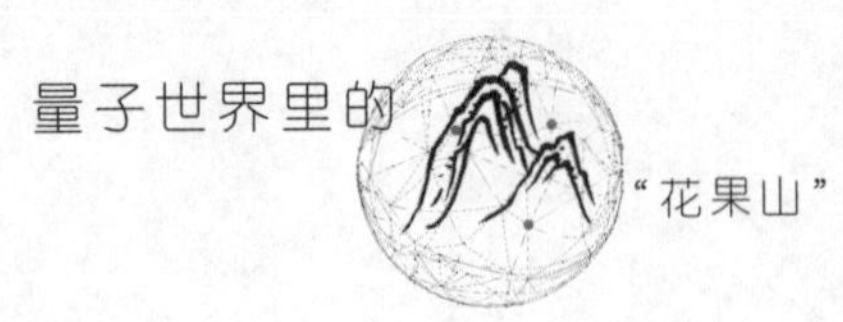

人价值，年轻人的自我意识高涨，拥有强烈的成就欲，渴望成功有关；但是，这种愿望以虚妄的过去为依托，又从一个侧面反映出年轻人对把握自身命运、实现自我价值的无力感，以及面对现实的怯懦，因而使得这种渴望表现出更多意淫的成分。

援笔为文，以时空变幻为创作基点，科幻向左，穿越往右。前者离不开科学想象、科学视野和理性思考，写得严谨的后者则需要想象外加考据。比较起来，可能前者更难，而后者相对容易，特别是一些不那么严谨的穿越小说，在某种程度上简直可以如阿Q般“我要什么就是什么，我喜欢谁就是谁”。在当前大环境下，穿越文也许有生存空间，但还是祈愿科幻作品更多一些，无他，因为其有助于磨炼我们看清未来的眼睛。

（本文发表于《中国科学报》2016年5月13日）

"御田胭脂米"背后的遗传资源

《红楼梦》第七十五回中记述了贾母的一顿日常晚餐，在铺叙了诸般菜式之后，写到尤氏捧过一碗红稻米粥。令人称奇的是贾母只吃了半碗即停箸不食，吩咐将粥给病中的王熙凤送去。

据文中可推断，贾母有此举动无疑是因为此粥珍贵难得，在锦衣玉食的贾府中，即使以当家人王熙凤之尊也不能日常食用。后文又提到贾母命尤氏陪膳，见她所吃的是白米饭，因此发问"怎么不盛我的饭？"，由此引出了服侍丫头、鸳鸯和王夫人的一番回答："老太太的饭完了。今日添了一位姑娘，所以短了些。""如今都是'可着头做帽子'了，要一点儿富馀也不能的。""这一二年旱涝不定，庄上的米都不能按数交的。这几样细米更艰难，所以都是可着吃的做。"

由此可见，专供贾母日常食用的并非寻常"白米"，而是由田庄特供的"细米"，至于"这几样细米"到底为何呢？书中第五十三回记述了宁府庄头乌进孝在年终进献的租赋账单，其中提及"御田胭脂米二担，碧糯五十斛，百糯五十斛"。由此可推断，所谓"细米"当为此数种，"红稻米"当是"御田胭脂米"。这从书中第四十二回中也可得到佐证：刘姥姥二进贾府，辞行时平儿打点送她的礼物，提到"这两条口袋是你昨日装果子的，如今这一个里头装了两斗御田粳米，熬粥是难得的"。

书中上述文字貌似闲笔，其实大有深意，"红稻米"冠以"御田"的名字，昭示其与宫廷皇家密切关联，事实也正如此。检点《红楼梦》全书，可发现只在由曹雪芹撰写的前八十回中有此三处提及"御田胭脂米"，而在高鹗续写的后四十回中阙如。如果细究底里，则可以说，非曹雪芹不能如此行文，因为"御田胭脂米"与曹氏息息相关，却与高鹗的生活经历相去甚远。

清帝康熙画像

据农史学家考证，所谓的“御田”是由“玉田”演变而来；“御田胭脂米”为清帝康熙所培育。康熙因感于民生之艰，“自幼喜观稼穑，所得各方五谷之种，必种之，以观其收获”。据《康熙御制文集》四集卷三十一记载，其在丰泽园中种有数块水田，播撒的是河北玉田县的稻种，该种在每年九月份成熟。但是某年六月，他在巡行阡陌时发现有一株水稻“高出众稻之上”，并且“(籽)实已坚好”，于是“收藏其种，待来年验其成熟之早否。明年六月时，此种果先熟。从此生生不已……”文集中还记述了这种稻米的色香味和命名：“其米色微红而粒长，气香而味腴，以其生自苑田，故名御稻米……”

康熙培育这一品种的过程历时漫长而又颇为曲折，远非文集中寥寥数语所能概括。他获得稻种后先自行试种了10年左右，一直未对外界播扬。此后渐为人知，曾有直隶等地的大员向康熙申请种植，未获允准。又历经十余年后，康熙在承德避暑山庄试种，因其成熟期短，可于“白露”前收获，所以也获得成功，从此改写了我国长城以北地区不能种稻的历史。此后开始在京津地区进行小范围试种，至康熙五十四年，即曹雪芹诞生前后，他决意向南方推广，意在借助南方气候温暖之优势发展双季稻：“若更一岁两种，则亩有倍石之收，将来盖藏渐可充实矣。”

有两个人物对在南方地区推广“御稻种”发挥了关键作用：苏州织造李煦，乃是曹雪芹的舅祖；江宁织造曹頫，乃是曹雪芹的叔父，也是“嗣父”。李煦先行试种，当时历经颇多挫折，康熙不仅详尽指示机宜，还遣富有经验的老农前往指导，终获成功。曹頫在种植时因有经验可资借鉴，所以较为顺利。从此“御稻种”逐渐流布于江南，稻农欢欣踊跃，闻风求种，视若珍宝。此后数年康熙去世，雍正即位，李家和曹家相继获罪被查抄，所积存的“御稻种”被雍正指示变卖，由此在江南地区逐渐式微。曹雪芹在江南生活到约 14 岁，恰历经家庭和“御稻种”推广由盛而衰的全过程，后迁居京华，在“著书黄叶村”时，将其作为“燕市悲歌哭遇合，秦淮风月忆繁华”的情结之一，沉淀在了书中。

康熙培育“御稻种”的契机源于一株天然杂交稻，如果具体点说，其实是基于天然的遗传资源。众所周知，选育良种要靠生物基因的多样性。当前纵然科技已高度发达，但尚不能创造基因，而只能在生物体之间转移、复制或修饰基因。丰富的生物基因存在于多种多样的物种中；基因多样性越丰富，改良或选育新品种的潜力就越大。同康熙的奇遇相同，袁隆平先生的水稻育种工作也得益于一株天然杂交稻的启发。先生早年立志以农业科学技术抗衡饥饿威胁，开始从事水稻雄性不育试验，1970 年 10 月 23 日，在海南省崖县南红农场荔枝沟村的一片沼泽地里，发现了一棵野生雄性不育株，这就是著名的“野败”，它对培育第一个雄性不育系和保持系，继而育成恢复系，直至 1973 年实现“三系”配套发挥了至关重要的作用。

在人类发展史上，果腹一直是一个大问题，美国历史地理作家、著名学者房龙曾经说过：“人类的历史就是一部因饥饿而觅食的记录。”这部记录中不无荒诞和悲凉。在冯小刚执导的电影《1942》中，描述了贪官向饥民推销所谓的“吃一颗七天不饿”的“特效救荒丸”，试图发不义财的情节，这当是对真实历史过往的映照；实际上在古代种种笔记小说中，就有诸多关于“不饥丸”“不饥秘方”的荒诞记述，例如：“黑豆淘净，蒸极透，晒干，如是三次、九次更妙，磨细末。柿饼煮烂去蒂、核。与豆末等分，捣丸，鸡子大，每细嚼一丸，津液咽下，勿用汤水，可终日不饥。”

在小说《镜花缘》中，作者也阐发了如何疗饥以及对神奇稻种的想象：“闻得海外鹊山有草，青花如韭，名‘祝余’，可以疗饥”“那米有三寸宽，五寸长”“曾吃一个大米，足足饱了一年”“那米宽五寸，长一尺。煮出饭来……吃过后满口清香，精神陡长，一年总不思食”“当年宣帝时背阴国来献方物，内有‘清肠稻’，每食一粒，终年不饥……”不惟中国，关于果腹的神奇想象也贯穿于西方文化中，比如电影《魔戒》中，“护戒小分队”从精灵族那里获赠了少量食用就可长时间耐饥饿的“精灵饼干”，这其实是“不饥丸”的变型。

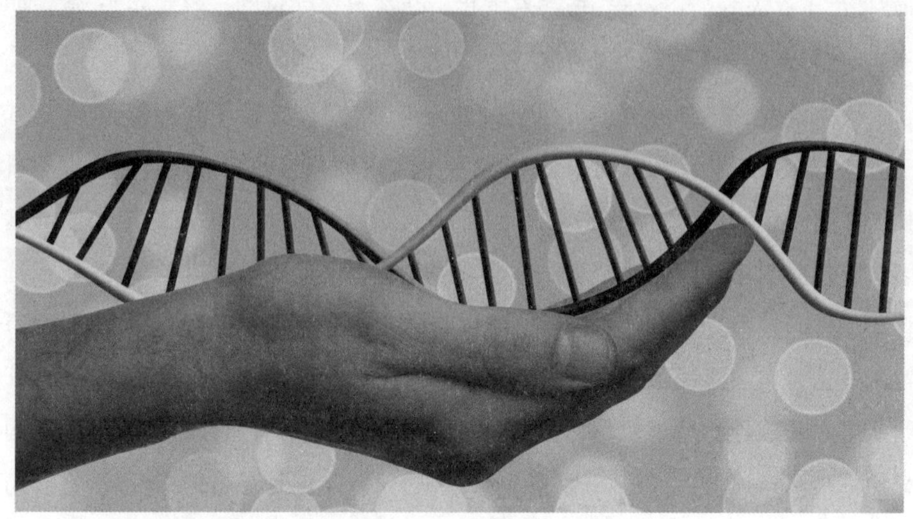

人类曾经和正在面临的问题还不只是果腹，因为我们的生存处境面临着越来越严重的多方面恶化，除了随着人口增长，对食品、能源等需求大幅度增加，从而超出地球的承载能力以外，还面临环境破坏、全球暖化、新的病毒催生等种种难题。我们拥有应对未来种种不测的“诺亚方舟”吗？如果说有的话，丰富的遗传资源宝库可能是其一。清点一下人类社会发展的积淀，有两大财富不容忽视，其一是物质精神文明，其二则是物种资源。前者是人类依靠文化、科技力量创造出来的，而后者则完全是大自然的恩赐。抗御病毒，解决人类各种疑难病症，甚至应对各种未来难题的希望很可能就存在于多样性的基因中。

当前，由多种渠道引发的生物多样性的丧失正一点点蚕食着人类的遗传资源宝库。我们能否尽可能多地保留它，能否在其丧失殆尽之前破译它的秘密，无疑是值得关注的问题，因为每消亡一个物种，我们就永远失去了一项应对未来的选择。

（本文发表于《中国科学报》2016 年 8 月 26 日）

指尖上的“黑洞”

在小说《西游记》第七回中，孙悟空第二次大闹天宫，铁棒指处，众神披靡，玉帝遂遣使往灵山胜境搬请佛祖如来相助。如来与孙悟空赌赛，如果悟空一个筋斗能翻出他的手掌即为赢，彩物为一套大房子：“不用动刀兵苦争战，就请玉帝到西方居住，把天宫让你；若不能打出手掌，你还下界为妖，再修几劫，却来争吵。”

书中这样描述赌赛：“如来伸开右手，却似个荷叶大小。那大圣收了如意棒，抖擞神威，将身一纵，站在佛祖手心里，却道声：‘我出去也！’你看他一路云光，无影无形去了。”众所周知，光速为三十万千米/秒，孙悟空所驾的“筋斗云”速度为十万八千里，一个筋斗须臾间就可完成，因此其速度惊人，与光速相去不远。但是纵然悟空飞驰电掣，如“风车子一般相似不住，只管前进”，最终却没能翻出如来的手心，其原因何在？书中对种种神异技能和法宝的来龙去脉均有所交代，能给出相对“合理”的解释，比如说避水诀之于避水，避火诀之于避火，定颜珠之于肉身不腐，定风珠之于避风，芭蕉扇之于灭火，运用三昧真火锻成的金刚之躯之于刀枪不入，等等，唯独对赌赛中的玄妙未给出提示。

曾有众多“西游迷”求索这一问题。有人将其归因于如来佛的手掌巨大，但

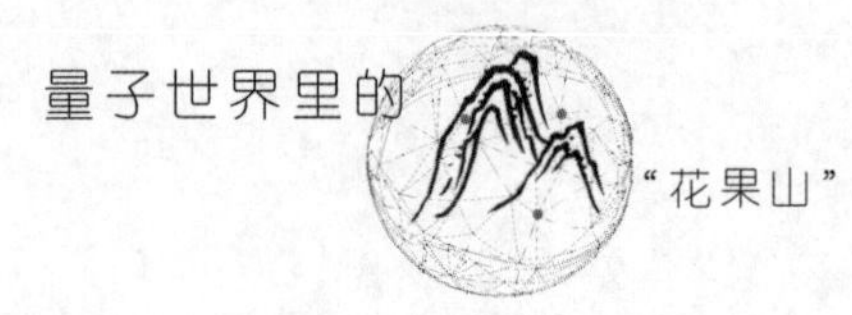

书中明确交代了只有“荷叶大小”;有人将其归因于如来佛设置了幻象,但是悟空分明修炼得火眼金睛,以善能识别假象著称,而且手指上的尿渍和“齐天大圣到此一游”的字迹,表明飞行阶段真实地处于手掌的空间;更有读者脑洞大开,认为尿渍和字迹是悟空返回途中,如来匆忙在手指上做的假,从而联想到悟空应该写长篇大论,例如就“上前一小步,文明一大步”敷衍成万字长文云云……总而言之,这一问题似乎无从索解,“孙猴子跳不出如来佛的手掌心”以谚语的形式成了定论。

按照书中设置的前提条件,似乎可以将这一疑问简化为一个现代物理学问题,即在一定空间内,何以物体以接近光速在其中飞行而不能挣脱。并且刘慈欣先生所著的科幻小说《三体》第三部“死神永生”中,有处情节可以对解答这一疑问带来一些启示。

小说中摹画了人类世界、地球,以及整个太阳系遭遇的末日场景:某外星高级文明飞行器上一名居于最底层位置的“清理员”,承担他们所认为的微不足道的“清理工作”——清除宇宙中已经发展出高级文明的其他星球,在不经意一瞥中看到了已经被摧毁的三体行星的残迹,进而注意到曾与三体行星有过通讯联系的地球,在百无聊赖中想顺便清理掉,于是他哼着歌曲,用“力场触角”拿起用于清理的武器——“二向箔”,漫不经心地掷向太阳系。

根据书中描述,二向箔是“长方形膜状物,长八点五厘米,宽五点二厘米,比一张信用卡略大一些,极薄,看不出任何厚度,表面呈纯白色,看上去就是一张纸条”。这其实是一小片被封存的二维空间,将引发整个太阳系不可逆转地从三维向二维跌落,在八到十天内变为一幅巨大的、厚度为零的图画。人们试图驾驶飞行器逃离跌落区,但是“逃离,就像在瀑布顶端附近的河面上划船,除非超过一个逃逸速度,否则不论怎样划,迟早都会坠入瀑布,就像在地面向上扔石头,扔多高总会落回来”。书中设定的逃逸速度为光速,当时人类尚未开发出光速引擎,纵然飞行器全力加速,但无法挣脱跌落区的束缚,纷纷跌落并融入画中,末世降临。

这一诡奇的情节或许是所有科幻小说中最为沉重、最为绝望、最让人有无力感的场景，像几句歌词写到的：“……世界是如此的小，我们注定无处可逃。”其后果也可能很严重，据报道已有外国读者因此如书中的主人公罗辑那样患上“星空恐惧症”：“……他知道，从这一刻起，星空在自己的眼里已经是另一个样子，他不敢再抬头看了……”

虽然上述情节在很大程度上基于科学幻想，但对逃逸速度的描述与物理学理论不悖。逃逸速度指的是某个物体能摆脱某个引力场的引力束缚，飞离这个引力场所需的最低速率。不同引力场的逃逸速度不同，比如说地球的逃逸速度为 11.2 千米/秒，也称第二宇宙速度。对照这一情节可见，按照现代物理学观点，“为何孙猴子跳不出如来佛的手掌心”这一问题，可以归因于筋斗云的速度达不到挣脱如来掌心的逃逸速度。

除了第二宇宙速度，物理学上还定义了第一、第三、第四宇宙速度。第一宇宙速度是指飞行器绕地球作圆周运动（如人造地球卫星）时必须具备的速度，又称环绕速度，为 7.9 千米/秒；第三宇宙速度又称脱离速度，是指在地球上发射的飞行器能摆脱引力束缚，飞出太阳系所需的最小初始速度，约为 16.7 千米/秒；第四宇宙速度是指在地球上发射的飞行器能摆脱银河系引力束缚，飞出银河系所需的最小初始速度。但由于人们尚未知道银河系的准确大小与质量，因此其数值只能粗略估算为 110～120 千米/秒。以上所说的宇宙速度，均指的是从地球上发射飞行器而言，如果从其他天体上发射，其数值则不同。比如说太阳的逃逸速度约为 618 千米/秒，就是说，假如在太阳上发射飞行器，它的速度至少须达到 618 千米/秒，才能脱离太阳的引力场。

最大的逃逸速度，是挣脱黑洞的速度，要大于光速。黑洞是现代广义相对论所认为的，宇宙空间内存在的一种超高密度的天体，其时空曲率大到光都无法从其“视界”（引力场的一个封闭边界）逃脱。因为宇宙中没有任何物体的速度超过光速，这表明，包括光在内的任何物质和辐射只要进入黑洞的“视界”，都有去无回。《三体》中所摹想的跌落区，由太阳系从三维跌落二维形成，厚度为零，因而拥有了超高密度，这或许是其引力场大小与黑洞相近的原因。孙悟空以接近光速飞行而不能挣脱如来的手心，表明如来实际上是营造了一个指尖上的、相当于“黑洞”的引力场，而并非其手掌大到没有边界。悟空受修为所限，即使重复赌赛，结局也无从改变。

黑洞想象图

人如果进入黑洞，会发生所谓的“意大利面条化”效应，这是由于人身体各处所受到的引力大小有差别而造成的，这种引力差称为潮汐力。假如一个人头朝上、两脚朝下飞向黑洞，由于脚离黑洞更近，它受到的引力将大于头部受到的引力，潮汐力将导致人被拉长、撕碎。而孙悟空由于曾偷吃太上老君的金丹，又被老君“运用三昧火，锻成一块，所以浑做金钢之躯”，因此虽然不能从如来营造的近似于黑洞的引力场中抽离，却能全身而返。

（本文发表于《中国科学报》2016 年 10 月 28 日）

《西游记》所摹想的人类拓展空间

曾有人归纳了几个最具备自现代穿越往古代特质的中外人物，吴承恩居其一，他所表现出的穿越特质主要体现在《西游记》一书的瑰奇想象中。举其小者，他以精骛八极、心游万仞的想象力描摹了众多神奇法术，其中依稀可见现代科技的影子。比如说以一根毫毛变化出众多分身之于克隆技术，哪吒变化三头六臂之于器官移植，“天上一日，下界一年”之于“双生子佯谬”，等等。举其大者，则可以说《西游记》中设定的故事空间在一定程度上体现出了与人类拓展空间的契合。

人类的活动范围是不断拓展的，用历史的眼光看，自人类诞生到现在，其活动空间可以划分为三个递进阶段：其一是陆地阶段，这占了人类发展史的大部分时期。在此阶段人们主要从陆地上索取各种资源，进而为了生存和发展，不同族群和国家在陆地上展开竞争和战争，以获取最大的生存空间。其二是海洋阶段。随着科学技术的飞速提升，人类的目光转向了海洋。典型的标志是海上交通工具的便捷和完善，以及海洋经济的发展等。其三是太空阶段。随着陆地和海洋资源的日益枯竭以及环境的恶化，太空已经成为人类日益重视的新发展空间。

但是，受科学技术手段的限制，截至目前人类只是对陆地进行了过度的开发和利用，对海洋和太空的利用和认识尚远远不足。例如从深海探测来说，人类科技发展到现在，尚只是借助潜航器深入了局部海域。1995 年，日本缆控式潜艇“海沟”号曾深达“挑战者深渊”，下潜深度达 10911 米，这是人类对深海探测的最高纪录；我国自主研制的“海斗”号无人潜水器最大潜水深度曾达 10767 米。从对地球以外空间的探测来说，所取得的成就包括多次登上月球，探测器登陆过金星、火星、土卫六、小行星，到达过木星轨道；在太空中设立了空间站以进行科学研究等。但从总体来看，人类对这两大空间的深度认识和利用尚在路上。

但是在《西游记》中，吴承恩却摹画了一个空间上涵盖太空、海洋河流水系、陆地地表及地层深处，在层级上包括天宫、人间、幽冥之地的体系，并且构设了在不同空间生活的族群。

具体说来，在书中天空被设定为神仙的居住空间。这一设定的基础是道教神话传说以及我国古代天文学认知等。我国古代天文学家为观测日、月、五星（金星、木星、水星、火星、土星）运行而把天空划分为二十八个星区，用来说明日、月、五星运行所到的位置。书中据此创设了玉皇大帝生活的天庭，以及拱卫天庭，掌管二十八个星区的神仙，即二十八宿，如角木蛟、亢金龙、危月燕、室火猪、昴日鸡等。其中最为读者熟知的是昴日星官，在书中他的真身是一只威武雄壮、锦绣斑斓的大公鸡。此外还在日、月、五星上分别设定了太白金星、嫦娥等神仙居民。

此外，书中把以海洋为主体的各种水系设定为以龙王为尊的水族居住空间。书中既提到了居住于海洋中，安富尊荣的东海龙王敖广、南海龙王敖钦、西海龙王敖闰、北海龙王敖顺，也提到了地位稍低的泾河龙王、祭赛国的万寿龙王家族，以及地位等而下之，生活在乌鸡国水井里的寒蹇落魄的井龙王，待罪于鹰愁涧的敖闰的玉龙三太子等。按照书中设置，水族对海洋等水系的“利用”达到了极致，但有水泽处就有龙王，他们的职能是“主司雨泽”，但是地位不一，构成了一个庞大的水族社会。

在中国古代文化中，把人类死亡后其灵魂所停留的空间称为阴间或者冥府、阴曹地府。《西游记》中也将此设置为故事呈现的另一背景空间。比如说在第十回、十一回中，用近万字详细地描述了唐太宗李世民死后游历阴间的经过，内容涉及冥府的地理概况、机构设置、官制、运作机制、价值取向等；此外书中还铺叙了孙悟空得道以后被拘往冥府的情节。

有学者认为，中国古代神话体系的一个特质是人类的意志和精神力量在其中占据主导地位，即神是为人类服务的。比如说在创世神话中，盘古为人类开辟天地，又支撑于其间，待天地构成牢固后，躯体化作人间万物；女娲既抟土以造人又补天排洪、斩除恶龙猛兽，从而使人间成为宜居乐园；神农氏则尝百草以造福祉于人类等。这也体现于《西游记》所涉及的道教神话体系中，玉皇大帝掌控神、仙、佛、圣、人间、妖魔、地府的一切，“天神有过则谪其位，地祇有过则降其职，仙佛有过则坠其尘，鬼祟有过则灭其迹，君王有过则失其国，臣僚有过则加其刑，仕人有过则削其名，庶人有过则掠其福”。但就具体职能执行者来说，龙王司雨泽，阎王掌世间轮回果报，土地神和城隍主政一方等，总体而言均服务于人类的意志。

因此，从《西游记》对故事空间的设定或许能读取出特殊意义。比如说并非所有神话体系中的神仙都居住于天空，古希腊神话中众神的居住之所就是奥林匹斯山之巅。中国和古希腊作为东西方两大文明古国，都创生了丰富的神话传说，它们其实铭刻着两个文明初创时先民的蹒跚足迹，但是两个神话体系一将众神设置于山巅，一将众神设置于太空，相比较而言，或许后者表现出了一种向地球以外空间瞩目的意识。基于此，或许有理由认为《西游记》或者说其背后依托的中国古代神话的故事空间，寄托着一种向地球深处和地球以外空间拓展的愿望。

在《西游记》成书的时代，虽然人类的科技水平尚不足以染指海洋和地下，遑论太空，但是作者思维与中国古代神话幻想的迭加已经开始碰触这些区域，具体体现在吴承恩笔下的就是已经满布文明扩张的足印。《西游记》是古代神话小说，或者说是具有那个时代特征的“科幻”小说，其中一些关于法术的想象在今天看来已经不再神奇，但是对人类拓展空间的想象已经达到极致。众多现代科幻小说对人类拓展空间的描摹尚未超出其设定，甚至可能对未来的科幻小说也属难能，至于当前人类拓展的步武更远远不及。

（本文发表于《中国科学报》2017 年 4 月 21 日）

原生动物、三体人与人体休眠

说起原生动物，人们可能感觉比较陌生，但是如果说起草履虫，很多人可能就耳熟能详了。所谓的原生动物，是一类由一个细胞构成的动物，但是这个细胞的复杂程度是多细胞动物的一个细胞所不能比拟的，它含有各种功能性的“小器官”，因此能进行相似于多细胞动物的运动、摄食、消化、生殖等全部生命活动。

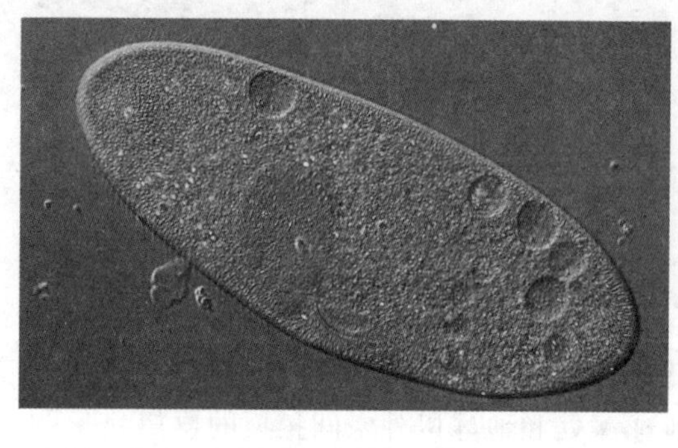
光学显微镜下的草履虫

虽然名为动物，但是原生动物体积非常微小，大多以微米计，肉眼是看不到的。原生动物中有一个类群叫纤毛虫，草履虫就是其代表动物之一。记得读大学时老师讲过一个事例，说是有中学教师见惯了硕大的草履虫教学挂图，从未见过实物，因此对其体积产生了误判，觉得至少应该有鲤鱼大小，于是提着水桶来实验室讨要标本：“老师，请送我两只草履虫。”

之所以想到原生动物，是因为近来再次研读科幻小说《三体》，貌似又有新的发现：刘慈欣先生构设的三体人，在一些生理特质上表现出了与原生动物极大的相似度，如果这种构设不是完全来自作者天马行空的想象，那么或许可以判定其在电力工程师、科幻作家、网络游戏玩家之外的另一个标签——原生动物学爱好者？

《三体》以距离太阳系最近的恒星——半人马座 α 星为故事背景，描述了居于该星系一颗行星上的“三体文明”所经历的生存窘境：受三颗无规则运行的恒星——“太阳”影响，三体行星时而面临严寒、时而经受酷热，时而化为焦土，无遮蔽的一切生命将灰飞烟灭。该文明就在“恒纪元”与“乱纪元”的交错中历经毁灭与重生的两百余次轮回。

根据小说描述，与生存危局相适应，三体人进化出了两点特质。其一，“脱水功能”。三体人随时可以将自己体内的水分完全排出，变成干燥的纤维状躯体，以躲过完全不适合生存的恶劣环境。并且此过程是可逆的，在环境改善之后，只要经过加水浸泡过程，纤维状躯体又会还原。其二，特殊的“生殖方式”。根据书中设定，三体人的寿命一般在七十万至八十万个“三体时”，衰老、失去工作能力者将被强制脱水，然后付之一炬。“逃脱这种命运的唯一途径是与一名异性组合。这时，构成他们身体的有机物质将融为一体，其中三分之二的物质将成为生化反应的能源，使剩下的三分之一细胞完成彻底的更新，生成一个全新的躯体；之后这个躯体将发生分裂，裂解为三至五个新的幼小生命，这就是他们的孩子，他们将继承父母的部分记忆，成为他们生命的延续，重新开始新的人生。”

这两点特质表现出了与原生动物纤毛虫的极高相似度。首先来说，一些种类的纤毛虫在生命活动受到阻碍的时候，往往发生形成包囊的过程（从外观上看是变成一个小球体）。在此过程中个体由活动状态变为静止，细胞团缩化并逐渐失去某些结构，尽可能地把细胞质内的水分排到体外，细胞质因此变得非常致密，同时分泌物质形成外壁——包囊壁。与三体人一样，纤毛虫形成包囊一般与栖息环境的变化，或与其本身生理状态的转变有关，环境温度的突然变化、食物不足是形成包囊的主要原因。在生存条件得到改善的情况下，比如获得了温度和 pH 适宜、氧气充足的液体环境等，一般会引起解脱包囊过程。在原生动物学研究中，把包囊称为休眠细胞，把这一生理过程称为休眠和解脱休眠。对照刘慈欣先生的摹想，可发现把这些名词迁移到三体人身上无疑也很合适。

其次，纤毛虫普遍发生称作“接合生殖”的有性生殖过程。在这一过程中，符合接合条件的两个个体以局部或全部身体结合在一起，成为接合对，并进行核的交配、受精、分裂以及细胞质融合等过程，然后接合对分开，成为两个全新的年青生命体。在这全部过程中，新个体是在消耗老个体的基础上产生的，而且不必经历类似高等动物的育雏、哺乳等阶段，甫一出生，其运动、摄食等能力就优于亲体。从小说来看，三体人幼小生命的诞生建立在父母死亡的基础上，无疑也不需要哺乳抚育，并且一出生就继承了父母的部分记忆，这种原始的生殖方式反而极大地提升了其应对生存危局的能力。

与三体人相对应，关于地球上的最高等动物人类如何应对生存危局，小说中也给出了回答——同样是休眠，但是需要借助技术手段。患不治之症想去未来求医，或者想要跨越当前的生存危局而寄希望于未来，甚至想要应援未来者，都可以借助特殊的冷冻设备进入休眠，时间跨度至少可达数百年。

在我国古代神话小说中，也有关于人类如何应对生存危局的类似摹想，比如说《西游记》中提到了“定颜珠”。书中有两处涉及，分别是唐僧的生父陈光蕊和乌鸡国王，两者均因落水而亡，身体均由龙王用至宝“定颜珠”定住而不损坏，在机缘合适时获得了重生。这种应对生存危局的方式似乎也应归属于休眠。

从科学角度讲，所谓的休眠，实质上是某些动物适应环境，以维持生存的一种独特生理过程。在自然界环境恶化，并由此而引起食物或水缺乏时，某些动物出现活动减弱、不食少动、处于昏睡状态的生理现象。处于休眠状态的动物呼吸和心率减慢、体温降低、反射活动和基础代谢率下降，总之一切生命活动都降至最低限度，仅仅依靠体内贮存的物质来维持生命。

近来许多媒体报道了关于中国首例冷冻人的新闻，并由此引发了众多关于法律和伦理方面的争论。实质上这种争论有些为时过早，因为目前人体冷冻是可以做到的，在技术上是指在极短的时间内，将人体冷冻到零下 196 摄氏度，寄希望于在未来能通过先进的医疗科技将其解冻后复活。但是从当前的冷冻技术来看，当人体温度降到零下 5 摄氏度时，细胞内的水分就会冻结并形成冰晶，这些冰晶会穿透细胞膜，导致严重的组织损伤。就是说在冷冻过程中构成人体的基本单位就已经遭受了严重损伤，遑论将人体完好无损地唤醒并恢复正常功能。因此目前这种技术在很大程度上应归属于储藏范畴，尚不能说是休眠。

如果人体休眠技术成真，将会带来什么？我们可以对此展开无尽的想象。记得当时阅读《三体》中关于休眠的情节时，最触动心弦的是这样两句话："人体休眠使人实现了时间上的直立行走。""如果千秋功罪真有人评说，现在已经可以派一个人去解释岁月造成的误会。"从这个角度看，如果美梦成真，那么不仅解释历史造成的误会能延伸到现实世界，而且历史也会因此不再成谜，不再是任人妆扮的小姑娘，这无疑让人充满期待。

（本文发表于《中国科学报》2017 年 8 月 25 日）

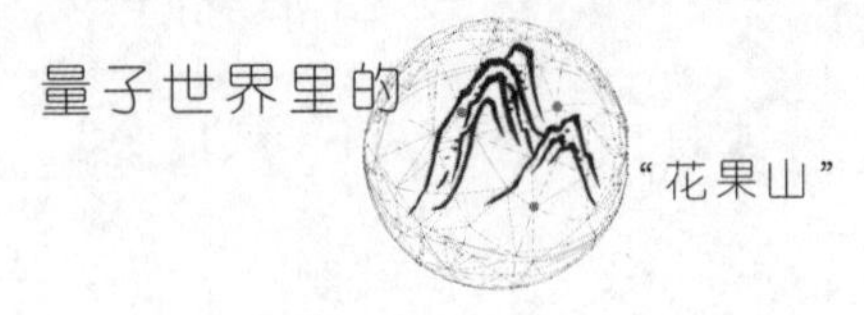

量子世界里的“花果山”

近来重读儒勒·凡尔纳的科幻名作《海底两万里》，萌生了这样一个想法：过去、现在和未来的读者面对同一部科幻作品的感受应该是不同的。以《海底两万里》为例，无疑，书甫一问世时，读者会对作者摹想的“鹦鹉螺”号潜艇，及尼摩船长周游海底的瑰奇经历感到无比震撼，但随着时间推移，潜艇等航行器问世，人类穿行海底由幻成真，纵然书的魅力未减，但其所带来的震撼度会渐行渐弱。时至今日，书中的科幻色彩近乎被时间涤荡殆尽，科幻不再为科幻，而近于写实；终将有一日，人们将拥有更高远的科技视野，导致写实沦为对过往的追溯。正所谓“昨日之新乃今日之陈，而今日之新又为明日之陈”，这或许是科幻作品的终极宿命。

恐怕神话作品也不能外。以小说《西游记》为例，在现代科学视域里，书中一些曾带有奇异光环的想象已经逐渐被解构。比如说三头六臂之于器官移植技术，用毛发变幻出自身之于生物克隆术，任意变形的金箍棒之于形状记忆合金……但是细究起来，仍有一些技能处于现代科学定律的解释能力之外，或者说人们对其仍处在认知途中，比如说孙悟空跨越空间障碍的飞行本领。

孙悟空一个筋斗可飞行十万八千里，一个筋斗须臾间就可完成，因此可以推断，其速度当为数万公里每秒，相当于光速的几分之一，这并不足以让人惊骇。因为对人体来说，只要是做匀速运动并且沿着一定的方向，所能承受的运动速度并不存在极限，理论上人体可以承受接近光速的飞行。在现实世界中，“阿波罗 10 号”飞船从月球背面绕过时，其飞行速度就已经达到了 39897 公里/小时。让人难以索解的是孙悟空启动飞行几乎不需要耗时，瞬间就能由静止达到光速的几分之一，并且能在瞬间由运动变为静止。这在现实世界中是无法实现的，因为快速地加速或减速的这种变化对人体有致命危害。

在物理学上，用 g 来表示地球表面附近物体受地球引力作用在真空中下落的加速度，g 的方向是竖直的，对站立于飞行器中的人体来说，其作用力方向相当于从头到脚或者相反：当飞行器减速时，加速度为负值，人体将承受过载，此时血液从身体各处向头部集中，导致头部产生涨感，航天员会满脸涨红，眼球充血。反过来，血液会从人的头部向脚部集中，航天员将会出现缺氧症状，导致视力模糊甚至短暂失明。

刘慈欣先生在科幻小说《三体》中摹想了快速加速过程对未受保护的航天员所造成的伤害：

“舱中所有的人都被滑挤到球形的底部，然后，超重的魔鬼之手把他们的身体像揉一堆湿泥人般揉成一团，没有人来得及发出惨叫，只能听到血液、内脏被挤出和骨骼被压碎的声音，后来，这一堆骨肉被血淹没了，超重快速沉淀了血液中的杂质，使其变得异常清澈，强大的重力使血泊的液面像镜面般平整和纹丝不动，像是固态，其中已经完全看不出形状的一堆骨肉和内脏仿佛被封在晶莹的红宝石中……”

据科学研究，人可以较长时间承受的加速度为 $3g$，如果再大则有致命危险，因此航天员在加速或减速飞行过程中通常会采取平躺的姿势以缓解其造成的伤害。

我们来进行一个计算，假定一艘飞船以相当于 $3g$ 的加速度加速，那么由静止加速到光速的三分之一需要约 944 小时。即使假定孙悟空因服食了太上老君的金丹以及经过三昧真火的煅炼而拥有了金刚不坏之躯，能承受相当于 $300g$ 的重力加速度，也需要加速 9 小时多才能达到这个速度，和“须臾”相去甚远。当然我们也可以假定孙悟空能无限地承受加速飞行，比如说 $3000g$ 乃至 $30000g$，但是这种假设会使答案越发趋近神话的解释范畴，而离牛顿的经典物理学定律越行越远。

假如我们执意要以科学的视角来进行解答，或许可以把孙悟空跨越空间障碍的飞行本领置于量子理论范畴来考虑。根据量子力学理论，如果我们把视野

爱因斯坦

缩小到粒子层面，会发现微观世界的定律与宏观世界截然不同。在微观世界里，两个粒子靠近就会彼此纠缠，产生联系，即使把它们分置于间隔遥远的位置，比如说地球和月球，还是会产生纠缠作用。

这种作用就是爱因斯坦所认为的十分荒唐的"幽灵般的远程作用"。但是有报道称科学家利用这种远程连带关系已经完成了对光子的瞬间移动实验。实验过程大致如下：首先生成一对纠缠光子，将其一置于实验室，另一传送到144公里之外，然后引入第三个光子，也就是研究人员想要瞬间移动的光子，并让它与留在实验室中的光子相互作用，此后研究人员比对这两个光子的量子态，利用"幽灵般的远程作用"，让144公里之外的光子的量子态变得和第三个光子一模一样，这就相当于瞬间实现了对第三个光子的移动。

人体也是由粒子组成的，因此有科学家想象如何利用这一原理实现对人体的瞬间移动：在移动起始处设置一座粒子舱，在终点处设置另一座与其有纠缠关系的粒子舱。人走进舱里接受对粒子的扫描，同时位于终点处的舱接收扫描信息，并用来比对两组粒子的量子态，通过量子纠缠作用，使舱中的粒子建立起与人体粒子相同的量子态，然后实现对人体的重组。而位于起始处的人体在接受量子态扫描的过程中被摧毁。根据量子理论，无论是瞬间移动粒子还是人体，转移的都不是物质本身，科学家称其为"量子态隐形传物"。当然这一过程仅处于设想阶段，在理论和操作层面都面临巨大障碍。

如果我们细究底里，就会发现《西游记》中屡屡出现这样的描述："那大圣收了如意棒，抖擞神威，将身一纵，站在佛祖手心里，却道声：'我出去也！'你看他一路云光，无影无形去了。""他就使一个性子，将身一纵，说一声：'老孙去也！'三藏急抬头，早已不见，只闻得呼的一声……"从中可以看出，孙悟空在进行所

谓的飞行启动时，留给旁观者的信息只有光和声，然后就倏忽不见，调侃一点说的话，这几乎是在暗示一个接受量子态扫描及机体被摧毁的过程。

吴承恩并非是瞬间移动这一想象的始作俑者，我们或许可以从唐传奇中追溯其源头。比如在《聂隐娘传》中，作者用“人莫能窥其用，鬼莫得蹑其踪。能从空虚之入冥，善无形而灭影”来描述妙手空空儿拥有的神术，大意是说“非但人不能看见他是怎样变化的，鬼神也不能捕捉他的踪迹，他能以空虚状态进入幽冥空间，并善于用无形攻击有影的世界”，这已经是非常接近瞬间移动的描述。

此外，《聊斋志异·狐嫁女》一篇中记述了这样一个故事：山东某书生夜宿荒宅，适逢狐狸嫁女场面，遂藏匿起一只金爵，多年后始知这是狐狸从河北某富家摄来的，遂有“始知千里之物，狐能摄至”的惊叹。神话小说、神异故事和民间传说中给这一想象起了个和“量子态隐形传物”有些相近的名字，即我们耳熟能详的“隔空摄物”。

想象是人类在未掌握科学利器前解读未知世界的一种愿望甚至可以说是一种工具。无论是唐传奇还是吴承恩、蒲松龄的想象，都代表了一种突破认知障碍的意愿（比如空间障碍），如同人们利用量子理论摹想“量子态隐形传物”一

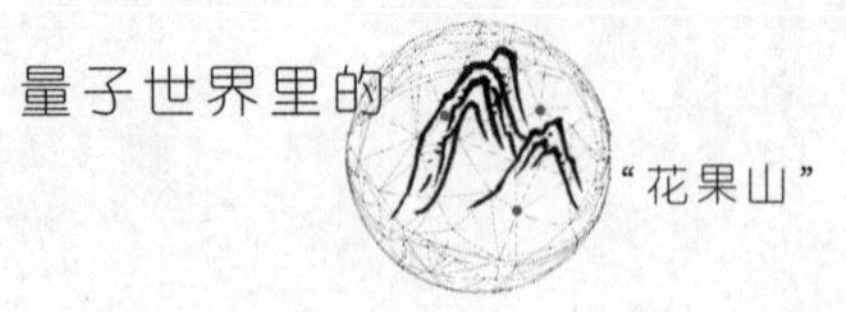

样，纵然不完美，但无疑弥足珍贵。

从用经典物理学解释宏观世界的运动规律，到用相对论和黑洞理论解释宇宙和空间，再到用量子力学尝试解释微观世界，人类对客观世界的认知永远在路上。“一千个人眼中有一千个哈姆雷特”，如果说对一部文艺作品的解读取决于读者的知识结构、阅历和艺术感受力，那么对客观世界的解读程度则取决于掌握了怎样的科学认知工具，它决定了我们眼中的客观世界是什么。量子力学仍处在不断发展完善中，或许终有一天人们将可以用它来更全面深入地认识世界，《西游记》爱好者也可以用它来更深入地解读作品，从而营造量子世界里的“花果山”，但是它肯定不会是认识未知世界的终极工具。

（本文发表于《中国科学报》2018 年 2 月 2 日）

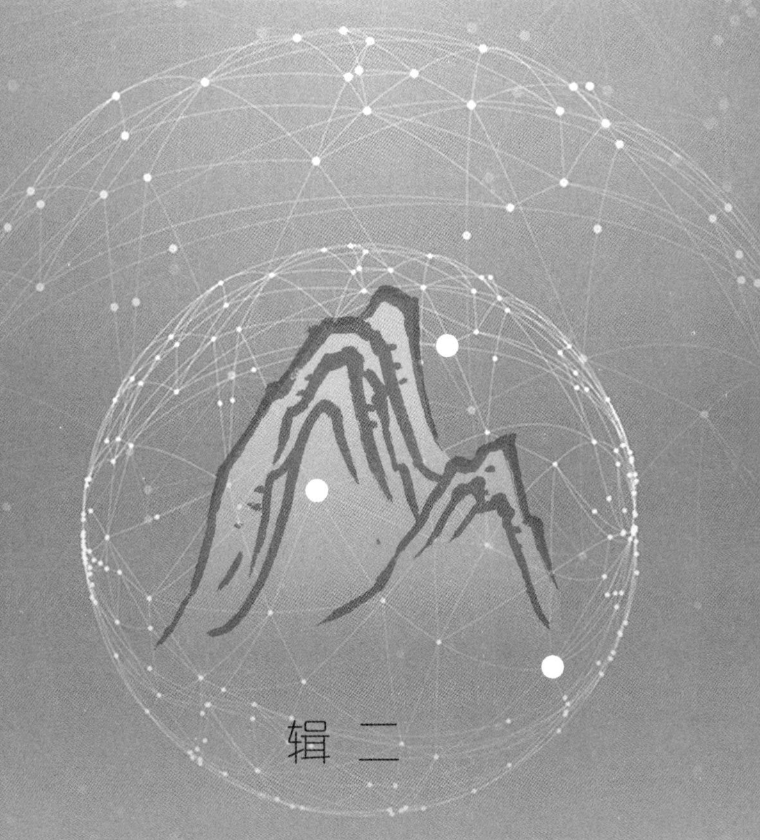

辑 二

文/化/流/年

基于舌尖的《水浒传》和《西游记》

在中国古典四大名著中，《红楼梦》《西游记》《水浒传》这三部中均设置有较多关于“吃”的情节，但又有所不同。其中《红楼梦》中所描述的是贵族阶层锦衣玉食的口腹之欲，而《西游记》《水浒传》则反映了中下阶层的饮食状况。在这两部书所设置的情境下，“吃”成了书中人物非常重要的诉求，同时也成了推动小说情节发展的要素。

在《水浒传》中，108 将虽然上应天星，但一旦跌落凡尘，繁华褪去，或沦为犬马奔走的中下级军官和胥吏，或僻处乡间营营于渔猎，或落魄为城市贫民，过得并非什么“高大上”的生活。因此在英雄际会时，互通名姓、各抒仰慕之忱后，往往第一件事就是一起吃喝一顿。鲁达遇史进、遇林冲，宋江遇戴宗、李逵、武松，柴进遇林冲，吴用游说阮氏三雄等，莫不如此。究其原因，大概一则是满足口腹之欲，二则是通过共饮食示以有福同享、肝胆相照、意气相投。由此可以想见饮食在书中人物心目中的重要地位。

因为过于强烈的吃的诉求，书中的英雄形象甚至因此蒙上了灰色。比如说时迁偷鸡，武松、林冲都曾恃强抢夺别人的酒食等。其中比较典型的是武松际遇施恩。武松与施恩素未谋面，谈不上什么惺惺相惜。与张都监、张团练、蒋门神等比起来，施管营父子也绝非正义的代表，他们同样是鱼肉良善、称霸一方的

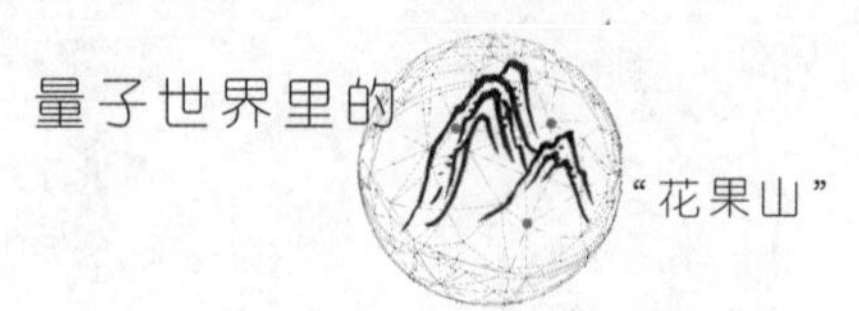

豪强。但武松入狱之后，因感于施恩所管待的几顿酒食，便心甘情愿供其驱使，沦为豪强争胜的打手。

书中的众好汉之所以投身于江湖，除了少数如鲁智深、林冲那样走投无路，必须借以栖身之外，满足口腹之欲也是重要因素之一。因此，很多人投奔梁山的最初目标诉求之一，往往是朴素的大碗喝酒、大块吃肉。正如阮小五所说："他们不怕天，不怕地，不怕官司。论秤分金银，异样穿绸锦。成瓮吃酒，大块吃肉。如何不快活！"随后才渐渐上升为替天行道的使命感。与此相对应，梁山自王伦时代起就在作为入伙接引处的朱贵酒店建立了分例酒食制度，以示接纳英豪、推诚相待。

至于吃在这部小说情节发展中的推动作用，更为显著，如武松景阳冈打虎、醉打蒋门神、因人肉包子际遇菜园子张青和孙二娘，鲁智深饱食酒肉后大闹五台山、倒拔垂杨柳，七星聚义取生辰纲，浔阳楼题诗等。甚至还因为鼓上蚤时迁偷鸡吃，引发了梁山和祝家庄的对峙；因阮小七偷吃御酒而导致招安流产。

在《西游记》中，唐僧师徒四人或者有尊崇的前身，或者有繁华的过往，但一旦际会于关山迢递、波诡云谲的取经路，芒鞋破钵，烟蓑雨笠，面对的其实是比下层平民还动荡不定的生活。因此在书中萦绕的是饥饿感。师徒四人在取经路上每日为三餐发愁。

孙悟空的取经之路其实始肇于偷吃蟠桃和因为不能侧身神仙的美食聚餐而大闹蟠桃会；猪八戒则源于在醉饱后的色欲心作祟；至于沙悟净，则是因在蟠桃会上失手打碎了名贵餐具琉璃盏，实实在在上演了"杯具"。

在取经路上所遭遇的危厄中也有一些是因为吃而惹的祸，如唐僧误入盘丝洞和孙悟空大闹五庄观。甚至可以说，书中之所以能设置出遭遇八十一难，很大程度上就缘于众妖和唐僧之间吃和被吃的矛盾。取经结束后，取经团队中重要成员猪八戒得到的奖赏，就是受封为敬坛使者这一可饱享口腹之欲的品级。

按照马斯洛的人类五大基本需求理论，生理需求属于低层次需求中的一种，而吃则是生理需求中的要素。美国历史地理作家、著名学者房龙曾经说过："人类的历史就是一部因饥饿而觅食的记录。"在人类发展史上，吃一直是个大问题。

可以看出，这两部书的作者其实有很深的关于吃的情结。这大概和作者所处时代的历史状况、作者所处社会阶层乃至生活经历有关。吴承恩和施耐庵均非“高富帅”，吴承恩在大约40岁时才补得一个岁贡生。他平生所做过的官职不过是区区浙江长兴县丞，最后还因受人诬告拂袖而归。他晚景凄凉，以卖文为生，很多作品因此散失。施耐庵一生中的大部分时间生活于元末乱世，在写《水浒传》时，因为遭逢战乱而不得不四处流离。对此他曾写有“年荒世乱走天涯，寻得阳山好住家”的自况诗句。

在中国现、当代作家中，也有一些人钟情于对吃的描述，如梁实秋、汪曾祺、陆文夫、莫言、钟阿城、王阿成等。根据笔者的理解，前三位作家中，梁实秋和汪曾祺的记述以美食经历和萦绕于记忆的儿时饮食为主，意在借以纾解思乡情怀，陆文夫则是因为生活于人文荟萃的姑苏，耳濡目染，因而有着对美食的偏好。而后三位作家的描写角度则低位得多，所记述的角度基本上是果腹这一人类生存的基本需求。究其原因，大概也和他们的过往生活经历有关。

（本文发表于《中国科学报》2014年9月15日）

李渔与曾国藩笔下的千里镜

《西游记》和《封神演义》是中国流传最广、影响最大的两部古典神话小说。这两部书中描摹了种种异术，其中一类就是有超常目力的人物。在前者中是“千里眼”，在后者中则是“高明”。关于千里眼，大家耳熟能详，对于高明则相对陌生，因此赘述一二。在《封神演义》中，高明和高觉是兄弟，高明能眼观千里，高觉善耳听八方，二人受纣王差遣与姜子牙对阵。姜子牙每说一话、每行一事，都被兄弟俩耳闻目睹，因此颇受其扰。

可以说吴承恩和许仲琳书中所描摹的有超常目力的人物代表了人类克服空间障碍的愿望。在某种程度上这种愿望是现代科技萌生和发展的动力之一。能由近及远的望远镜、火枪，能跨越空间距离的飞行器等莫不始肇于此。而且直到现在，也很难说人类已经完全实现了这种愿望，因此这种意识弥足珍贵。

《西游记》一书的最早版本见于1509年；据鲁迅考证，《封神演义》成书于明代隆庆、万历年间(16世纪后半期)。此时距离1609年伽利略发明折射式望远镜分别尚有百年和数十年。在明朝末年，来华的西方传教士不仅使闭关自雄的帝国见识到了多种西洋仪器，而且他们还翻译、编著了大量科技著作。其中汤若望和天文学家李祖白在天启六年(公元1626年)合撰的《远镜说》，是明清之际最为系统的介绍千里镜及眼镜的原理、制作和使用方法的书籍。据学者孙承晟考证，这部书对明末光学仪器制造家孙云球产生了重要影响，孙氏所著的《镜史》一书中关于千里镜和眼镜部分的内容，大体上征引于此。

孙云球，江苏吴江人，生于明崇祯初年，卒于清康熙年间。他致力于制造发明，曾经制过自鸣钟、自然晷、各种眼镜，还研制成了千里镜。据《镜史》记载，他所制的眼镜极受欢迎，“四方闻声景从，不惜数百金重价以购”。这在当时产生了广泛的影响。

与孙云球同时代的文学家、戏曲家李渔就是受《镜史》所影响的人之一。他把千里镜作为推动小说情节发展的道具引入了所著的《十二楼》中的"夏怡楼"一篇。该文中有一首《西江月》,吟咏的就是千里镜。

西　江　月

非独公输炫巧,离娄画策相资。微光一隙仅如丝,能使瞳人生翅。

制体初无远近,全凭用法参差。休嫌独目把人嗤,眇者从来善视。

这部小说的大意如此:旧家子弟瞿佶偶然间在市肆中得到了一架西洋千里镜。于是他用来登高窥视心仪的宦家小姐的一举一动,然后据此给自己蒙上未卜先知、拥有超能力的神秘外衣,使得宦家小姐既惊又佩,因此成功抱得美人归。

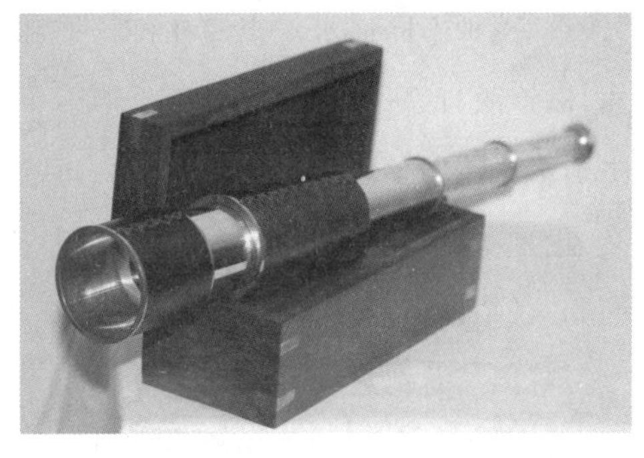

"夏怡楼"是中国古典小说中最早涉及千里镜的一篇,而且文中还附有《镜史》中的部分内容。由于《镜史》一书一度佚失,直至21世纪初才重新发现,所以说李渔对于传播光学知识不为无功。但是平心而论,这篇小说的情节实在狗血。李渔虽然得风气之先,较早地接触到了代表了当时高科技的千里镜,但他却不是用来登高览胜,或者深究其机理导人向上,而是作为诲淫诲盗的工具写入了小说,其负面影响想来也不会小。其引入的初衷让人有所思。

在清末,曾国藩首次接触到千里镜后,却产生了与李渔完全不同的触动。曾氏在咸丰十一年(公元1861年)十二月廿一日的日记中写道:

"冯竹渔自广东购寄千里镜二具,在楼上试验,果为精绝,看半里许之人物如在户庭咫尺之间。其铜铁、树木等,一经洋人琢磨成器,遂亦精曜夺目。因思天下凡物加倍磨治,皆能变换本质,别生精彩,何况人之于学?但能日新又新,百倍其功,一何患不变化气质,超凡入圣?余志学有年,而因循悠忽,回思十五年前之志识,今依然故我也,为之悚惕无已。"

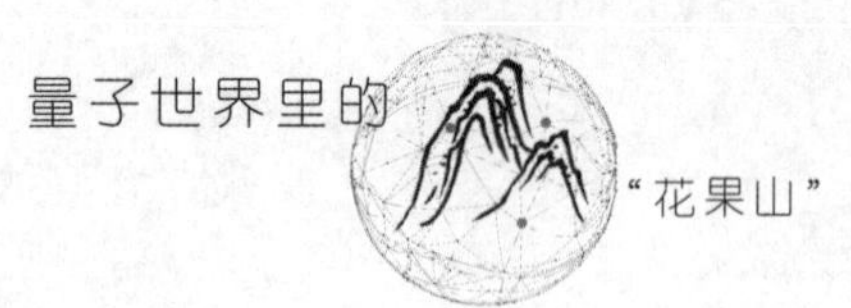

唐浩明先生把这则日记写入了历史小说《曾国藩》一书，情节设置为曾国藩率领湘军将领用千里镜观看安庆军械所研制的开花炮弹："不知各位看后有什么感觉？我看后心里想，不论钢铁、玻璃等物，一经洋人琢磨成器，便精耀夺目，我从中悟出一个道理……我从青年时代便有志于学，但一晃二三十年过去了，依然如故，学业一无可取。看到这具千里镜，我觉得惭愧。"这样的文字让人为之动容，想来这一情节必定会惠及无数读者。

李渔和曾国藩对待千里镜的不同态度，也许反映了封建士大夫"出世"和"入世"两种不同追求。李渔在科场失利之后，改走"人间大隐"之道。他精研戏曲，以诗酒自娱，被称为中华五千年第一风流文人，所著的《闲情偶寄》被认为是中国第一部倡导休闲文化的专著。而曾国藩一生中以"立功、立德、立言"为任，有"生世不能作夔皋，裁量帝载归甄陶，犹当下同郭与李，手提两京归天子"的志向和"吾辈读书，只有两件事，一者进德之事，一者修业之事"的自我期许。

曾国藩对把近代科学引入中国起到了至关重要的作用。他不仅一手创建了中国第一个军械所——安庆军械所；而且首倡幼童留洋，把"师夷长技以制夷"的思想延展为"师夷智"的思想，从而把对技术层面的学习提高到了学习科学层面。

曾氏能做到这一点，固然有时势推动的原因，但是更重要的是由传统文化所倡导的"达则兼济天下"所带来的内驱力使然。另外，安庆军械所创立于1861年12月，正与这则日记的时间吻合，从"一经洋人琢磨成器，遂亦精曜夺目"这句话所表露出的对西方科技的认同感和危机意识，也可以看到他着力于在蒙昧中点亮科学之光的端倪。

（本文发表于《中国科学报》2014年7月11日）

中国古代神话中的“克隆”意象

远古时代，在畜牧业尚不发达时，人们对畜力的应用还未成规模，对于水力、风力等自然力量的大规模借助还未能实现。斯时，人们瓮牖绳枢，胼手胝足，强健的身体在一定程度上成为生存的基础和保障，由此带来了对强健的肢体及其所拥有力量的崇拜。中国古代神话中的某些记载就寄托了人们对强化肢体，乃至复制自身以增强力量的幻想。

对肢体强化的幻想有可能初萌于肢体受伤后能快速复健，抑或能正常生存的意愿。古人要应对恶劣的生存环境，如频仍的战争、日常为生的狩猎和耕作，以及莫测的自然灾害等，因此肢体受伤的几率很高，在当时的生存条件下，这或意味着死亡，或意味着生存能力的降低，因此人们幻想受伤的肢体能快速复健。

唐人焦璐辑录的《穷神秘苑》中的记载表达了人们在动物身上的这一想象：《搜神记》：“蛇千年则断复续。”《淮南子》云：“神蛇自断其身而自相续。”而《山海经・海外西经》记载的“刑天舞干戚”则可能代表了基于人类自身的这一意愿：“刑天与帝争神，帝断其首，葬之於常羊之山。乃以乳为目，以脐为口，操干戚以舞。”此外，该书还记载了胸有窍却能正常生存的贯胸国：“贯胸国在其东，其为人胸有窍。”

基于同样道理，人们在肢体力量有所不逮时，就幻想拥有超能力，如飞行能力、超强的体力和目力等，并幻想能对肢体和器官加以强化。如《山海经・大荒北经》中记载了中国古代神话中的战神蚩尤：“蚩尤作兵伐黄帝。黄帝乃令应龙攻之冀州之野。应龙畜水。蚩尤请风伯雨师纵大风雨。黄帝乃下天女曰魃，雨止，遂杀蚩尤。”在南朝梁代著名文学家任昉辑录的《述异记》中，蚩尤的形象则具体化为“人身牛蹄，四目六手，耳鬓如剑戟，头有角”。人们用丰富的想象力，通过添加具有实用性的动物器官(牛蹄、角)和增加人体器官的数量(四目六手)来赋予这一形象超强的力量。无独有偶,中国古代神话中伏羲的形象是“人头蛇身”,他因此具有了超强的攀援力,能沿着通天的大树上下。

《山海经·海外南经》中的多种记载也可以看作这一意愿的表达,如“羽民国在其东南,其为人长头,身生羽……”“讙头国在其南,其为人,人面有翼、鸟喙……”此后这类形象还延伸至《封神演义》《西游记》等神话小说,如二书中设置了能变幻出三头六臂的哪吒、殷郊、孙悟空,有三只眼的杨戬,肋生双翅的雷震子等形象。

千手观音

在佛教中有“千手千眼观世音菩萨”,菩萨身体上共有四十二支手臂,每支手上各有一只眼睛。据佛学经典云,之所以出现这一形象,是因为观音发宏愿普度众生,然而众生芸芸,菩萨有力不胜任之感,故而化身为此以承担艰巨。

从目前科学发展的视角回溯这些形象,可以说他们已经有了器官克隆的影子。目前,器官克隆技术已经取得了一些研究进展乃至得到了应用。比如说我国的整形外科专家在世界上首次采用体外细胞繁殖的方法,成功地在白鼠上复制出人耳;日本科学家把家鼠的干细胞移植到小白鼠的胚胎里,于是诞生了长着家鼠器官的小白鼠;美国科学家也曾发布研究报告,称他们成功地利用克隆技术制造出了动物器官。对这一技术的预期是最终能利用患者的干细胞,在动物身上培养出人类器官,以用于器官移植。

就如同技术为人力的延伸,人们在力有不逮,但又不能从技术层面获得支持时,还幻想通过复制自身来延伸人力。例如在《西游记》中,孙悟空不仅能变身为三头六臂，而且能用身上的毛发变成无数个自身。与孙悟空拥有的七十二变能力，以及其他神话传说中记载的变幻能力相比较，其特殊之处在于这一变化是基于自身的局部器官。这一想象与真正的克隆技术具有同样的物质基础。这使得吴承恩的想象有别于其他的神道想象，而更契合科学的本真。至此，尽管吴承恩不自知，但在他的笔下已经萌生了较为清晰、合理的“克隆”意象。

在中国古代神话中，同于这一想象的记载并不多见，较为相近的应该是唐传奇中《离魂记》一篇，文中记载倩娘一人分为二身，一留家中，一随未婚夫远走，二身完全相同。这与克隆的意象相近，但并非用身体的一部分复制出另一个自身。

与吴承恩的想象更为接近的，应该是《圣经》中对上帝造人的记载：耶和华按照自己的形象，用尘土造出亚当，然后用取自亚当身上的肋骨再造一个女人。中国众多文献典籍中也有女娲“抟黄土作人”，以及用绳子蘸上泥浆向地面挥洒，泥浆落在地上变成了一个个人的记载。但无疑《圣经》中的记载更契合克隆的意象，而且在时间上也远远早于吴承恩的《西游记》。

（本文发表于《中国科学报》2014 年 11 月 14 日）

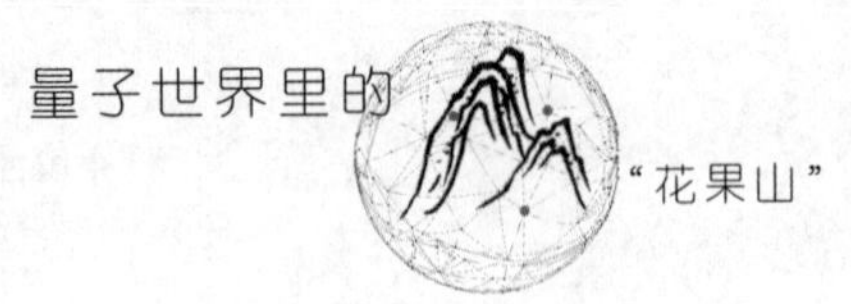

《西游记》人物拟兽化背后的力量崇拜

吴承恩的小说《西游记》以玄奘法师的弟子辩机所辑录的《大唐西域记》，以及另两名弟子慧立、彦悰撰写的《大唐大慈恩寺三藏法师传》为主要创作基础，并融合以民间传说、话本、戏曲等创作而成。

据《大唐西域记》记载，玄奘法师于贞观三年只身西行："……周流多载，方始旋返。十九年正月，届于长安。"据《大唐大慈恩寺三藏法师传》，法师在途中曾受到一些佛教人士及崇佛的地方首领的护持以及在人员和物力上的帮助。

例如在法师受阻于凉州关下时，当地佛教领袖慧威法师遣弟子慧琳、道整护送法师偷渡出关，此后二人先后离去；在受阻于玉门关下时，胡人石槃陀前来请法师授戒并随法师渡关，此后他因畏难而思返，又担心护送之事泄露，故对法师萌生杀意，在法师立誓不泄露后离开；在途经高昌国时，国王麴文泰敬慕法师，派四名沙弥随侍并赠以财物和力夫 25 人；屈支国王也曾赠法师以驼马和力夫；叶护可汗曾排遣一名精通汉语的少年随行护持法师。但这些人员大多在途中罹难。

在《西游记》中，吴承恩把取经护持者演绎为由三名徒弟和一匹马组成的小团队。颇有意味的是三名徒弟中就有两个为半人半兽的形象，而白龙马则融人、马、龙三者形象于一身。那么这种人兽合一形象的源头在哪里呢？

在《西游记》小说成书之前，唐僧西天取经的故事便以戏曲、小说、说唱等多种艺术样式广泛在民间传播，这无疑为吴承恩的小说创作提供了丰富的源泉。这类故事最早见于宋刊的《大唐三藏取经诗话》，其中已经有了"行程遇猴行者处"的记载，并言及取经人为包括唐僧在内的"僧行七人"。其中"猴行者"化身为"白衣秀士"，是取经途中的主要护持者，他颇具神通，自言是"花果山紫云洞八万四千铜头铁额猕猴王”。在书中还有“降伏深沙神”的描写，有学者推测，“深沙神”可能为沙僧的原型。

在陕西榆林石窟中保存的西夏时期的《唐三藏取经图》上，取经团队的成员为唐三藏、猴行者和白马三者，未见沙僧和猪八戒。在现存的元代瓷枕上，以及稍晚一些，创生于元、明之际的杨景贤的杂剧《西游记》中，取经团队的形象已经和吴承恩的《西游记》几无差别。

在以上种种记载中，何以把取经这一庄严事业中的大部分责任搁置在人兽合一的形象肩上？学界有一种观点认为，孙悟空的形象当源自唐僧在途中所收的弟子石槃陀。石槃陀为胡人，出家后则为“胡僧”，胡僧与“猢狲”音近，再和“石”字结合起来，最终被演绎为石猴这一形象。据此推论，进而演绎出和猴子形象相近的猪八戒，自然也就顺理成章了。

而据笔者管见，其中也许还有更深层次的原因。众所周知，在中国古代神话传说中，人兽合一的形象并非鲜见。如伏羲的形象是“人头蛇身”；《山海经》中所描述的西王母形象为“其状如人，豹尾虎齿而善啸，蓬发戴胜”“有神人面虎身，有文有尾”，蚩尤的形象则为“人身牛蹄，四目六手，耳鬓如剑戟，头有角”。此外还有“八首人面，虎身十尾”等关于神的记载。这些形象其实和孙悟空、猪八戒非常接近。笔者在《中国古代神话中的“克隆”意象》一文中曾推断，《山海经》中之所以出现这种形象是源于古人具体表征为肢体崇拜的力量崇拜：“人们用丰富的想象力，通过添加具有实用性的动物器官（牛蹄、角）和增加人体器官的数量（四目六手）来赋予这一形象超强的力量。”

取经之路无疑是关山迢递、波诡云谲的危途，《西游记》一书据此演绎为妖氛弥漫的“九九八十一难”。根据情节需要，种种关于取经的演义类载体中，必然要设置具有非凡力量以突破重重危难的英雄人物。因此，基于对力量的崇拜也许是取经传说中人兽合一形象出现的另一原因，这与我们祖先对始祖（如伏羲、西王母、蚩尤等）的想象有相近之处。这种可以称之为拟兽化的想象，也许是人们对力量乃至是对超能力认知和崇拜的某一阶段。因为稍晚一些出现的有较大影响力的神话小说，如《封神演义》《三遂平妖传》等，虽然也描摹了众多具超强能力的人物，却并未如关于取经的演义类载体那样，以拟兽化的形象作为构建情节的基础。

（本文发表于《中国科学报》2014 年 12 月 12 日）

神话,从力量崇拜向"技术"崇拜的延伸

中国古代神话的最初文字记载散见于《山海经》《淮南子》《水经注》《吕氏春秋》等古代典籍中,其影响以《山海经》为最。自晋代起发展出《搜神记》等志怪小说,唐代则盛行具神话色彩的传奇小说。至元明时期《西游记》和《封神演义》先后问世,标志着我国神话小说发展到了一个新高度。

按照茅盾先生的论断,神话的一个重要特点为"所叙述的是超乎人类能力以上的行事"。因此,可以说不同时期的神话表现了人们对斯时斯地"超乎人类能力"的想象和描摹。世易时移,对这种能力的认识必然有所不同。梳理我国神话从《山海经》到《西游记》和《封神演义》的发展路径,从中似可见一条从侧重力量崇拜向侧重"技术"崇拜延伸的脉络。

曾经有学者说过,中国神话"响彻着劳动创造的回音,它是劳动创造的生动记录"。这一论断用于衡量早期神话《山海经》尤为确切。解读《山海经》可以看出,书中有相当一部分记载是基于人们对改造自然的能力,以及具有这种能力的人物的想象和描摹。其中具代表性的有"女娲补天""大羿射日""夸父逐日""鲧禹治水""精卫填海"等。在当时的想象中,这种能力的最重要基础是对抗自然的力量和勇气,此外从中还可以看到射箭、奔跑等狩猎技能的影子。

究其原因,当在于斯时人们由于改造自然能力的弱小,而表现出的对于力量的崇拜。因此在《山海经》中,多见人们用丰富的想象力塑造的具超强力量的形象,如通过添加具有实用性的动物器官和增加人体器官的数量,来塑造的"人身牛蹄,四目六手,耳鬓如剑戟,头有角"的蚩尤,"人头蛇身"的伏羲,"其状如人,豹尾虎齿而善啸,蓬发戴胜"西王母,以及"八首人面,虎身十尾"等形象。

而从《西游记》到《封神演义》,作者对这种"超乎人类能力"的界定已经逐渐

伏羲女娲图

淡出"力量"的范畴。神魔之间的斗法,"技术"成为决定胜负的更关键因素。这种"技术"具体表现为呼风唤雨、遮天蔽日、变化隐身等法术和种种具有神奇能力的法宝。

比如说在《西游记》中,对孙悟空能力的最初描摹还可以看到力量的影子,超凡的力量以及重"一万三千五百斤"的金箍棒使他对抗天宫诸神几乎无往而不利。但是到了取经途中,这种力量优势消弭于无形,取经团队步履维艰,动辄遇险。无论是太上老君的坐骑青牛精,还是佛祖座下的老鼠精,乃至蜈蚣精,都可以凭借法宝和法术在与孙悟空的对垒中占尽优势。在晚于《西游记》出现的《封神演义》中,法宝和法术的优势愈发彰显,书中所描述的神魔斗法的过程,很大程度上就是对垒双方新"技术"的"开发"和互相压制的过程。

学界普遍认同《西游记》和《封神演义》均非作者独立创作完成,而属于世代累积型的集体创作作品。因此,这种对"法宝"和"法术"的想象并非作者突发奇想,将其归因于在故事积淀过程中人们对"超乎人类能力"的新认识似乎更为合理。

这种想象的出现有其必然性,它代表了随着世易时移,人们为了克服自身能力局限,从对力量的崇拜转而寻求"技术"支持的愿望。"法宝"和"法术"其实可看作"技术"的一种变形,抑或是人们对未来"技术"的想象和描摹,是人们在仅凭人力无法达成愿望时,所幻想、虚拟,希望能够拥有的"技术"。

比如说,千里眼、顺风耳、筋斗云等代表了人们克服空间障碍的愿望,人类早已付诸实现并走得更远;持国天王的琵琶声有超声波的影子;雷震子的翅膀、变幻形体、三头六臂、利用一根毫毛变化出自身等,在某种程度代表了器官移植和克隆的意愿;至于呼风唤雨、避水火、刀枪不入、长生不老等想象在今天也得到了某种程度的实现。而从一些更可贵的想象，如“天上一日，下界一年”中，甚至可以看到相对时空观和“双生子佯谬”的影子。

“神话翅膀所翱翔的地方，每每都是科学创造发明的先声”，在某种程度上，甚至可以说这种基于“技术”崇拜的想象也是现代科技萌生和发展的助力之一，无疑弥足珍贵。

（本文发表于《中国科学报》2014 年 12 月 19 日）

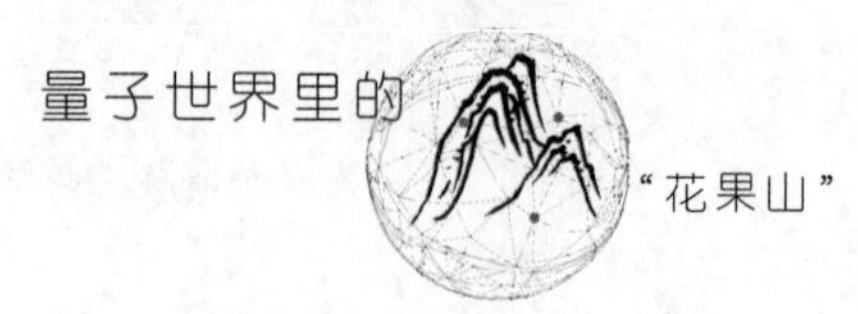

《西游记》中的生命隐忧意识

吴承恩的小说《西游记》以玄奘法师的弟子辩机所辑录的《大唐西域记》，以及另两名弟子慧立、彦悰撰写的《大唐大慈恩寺三藏法师传》为主要创作基础，并融合以民间传说、话本、戏曲等而成。从玄奘法师于贞观三年（公元 629 年）开始只身西行的真实经历，到定格为光怪陆离的神话故事，历经近千年的沉淀。因此学界普遍认同小说属于世代累积型的集体创作作品。在这个漫长时段里，故事中无疑会不断融入一些人们的思想认识元素。书中弥漫的生命隐忧意识则为其一。

这种隐忧意识最明显地表现在作为小说主角的孙悟空身上，对他来说，对长生不老的追求，近乎是一切行动最本真的驱动力。在小说一开始，他就自发地表现出了对生死意识的觉醒和焦虑，遂只身渡海，周流十数载，拜倒在菩提祖师座下，苦苦叩问“似这般可得长生吗”这一困惑的解答。此后因梦闯幽冥界，在生死簿上勾除猴属的名字引发波澜。几经周折后官拜齐天大圣，代管蟠桃园，却因难以抵御能令人“霞举飞升，长生不老”“与天地同寿，日月同庚”的长寿食品蟠桃的诱惑再起祸端。这貌似源于他性格中的勇敢、藐视权威等因素，其实还是长生不老的诱惑使然。直至首途西行，哪怕心艰似铁，视艰难困苦、种种险厄如微尘，哪怕刚刚挣脱束缚了五百年的枷锁，但仍然无法抗拒人参果的诱惑。究其原因，当在于对长生不老的孜孜追求已根植在他心里，成为原罪。

在书中，几乎所有的情节均由对生命的隐忧意识来推动。取经团队中的五位成员唐僧、孙悟空、猪八戒、沙僧、白龙马其实具有身份上的共性，那就是均为戴罪之身，从繁华的前世谪入凡尘，在某种程度上被剥夺了长生不老的待遇。他们踏上取经路的目标诉求也有很大程度上的一致性，那就是基于观音“还你正果金身”承诺基础上的自我救赎。所谓的“正果金身”无疑就是重新位列仙班。不仅《西游记》，在整个中国古代神话体系中，人们赋予神仙体系的最大特质就是长生不老的权利。神仙所吃食物，也必定具延年益寿甚至长生不老的功效。在书中，就具体表现为太上老君的金丹、镇元子的人参果，以及蟠桃等。

取经路上所遭遇的困厄，从表面上看起来是众妖和唐僧之间吃与被吃的矛盾，而深究底里，其实是对长生不老权利的争夺。对于众妖来说，他们位居底层，无从求得成就“正果金身”的蹊径，遂剑走偏锋，以生命为代价来博取。

这种生命隐忧意识其实并非仅仅体现于《西游记》，而是弥漫于几乎整个中国古代文化体系，所以类似“人生苦短，譬如朝露，去日苦多”这样的喟叹泛如星海。这种现象有其背后的深层次原因，那就是古人年命不永，人们面对苍白的生命常怀无力感。

以皇帝这一群体为例。据统计，中国历史上生卒年可考的皇帝有 209 人，他们的平均寿命只有 39.2 岁。其中，享年 80 岁以上的只有梁武帝萧衍、女皇武则天、宋高宗赵构、元世祖忽必烈、清高宗弘历(乾隆)5 人。享年 70 岁以上、80 岁以下的也只有汉武帝刘彻、吴帝孙权、唐高祖李渊、唐玄宗李隆基、辽道宗耶律洪基、明太祖朱元璋寥寥几人。然而，在 40 岁以内死去的却有 120 余人，其中死于 30 岁以内的约 60 人，死于 20 岁以内的约 25 人。难怪乾隆曾在七十寿庆时颇为自矜地写道：七旬天子古六帝，五代曾孙余一人；而秦始皇会遣徐福率童男童女出海，苦寻长生不老之方。

杜甫在《羌村三首》中曾写到“晚岁迫偷生”，苏轼曾在《江城子·密州出猎》中调侃自己为“老夫聊发少年狂”。其实在今天看来，二人在写上述诗作时的年

龄正当壮盛，前者只有46岁，后者只有38岁。古人也曾记载了种种关于长寿者的传说，比如说寿达880岁的彭祖，达200多岁的孙思邈，但这无从考证。而从诗圣杜甫的“酒债寻常行处有，人生七十古来稀”，我们会对唐人的平均寿命有较准确的判断。

影响人类寿命的因素有很多，其中受经济发展水平制约的营养状况、医疗水平、卫生状况等是最重要的制约因素。对古人来说，这一问题可能近乎无解。具体到《西游记》中，这种困惑则凝结为挥之不去的生命隐忧。

（本文发表于《中国科学报》2015年1月30日）

《红楼梦》的“盗梦空间”

2010年，美国华纳兄弟公司出品的电影《盗梦空间》上映后好评如潮。影片主角姆·柯布是一位非常独特的盗窃者，他不是盗窃有形物体，而是潜入人们精神最为脆弱的梦境中，窃取在潜意识中流动的有价值的秘密。尤为奇特的是他不仅能作为他人梦境的旁观者，而且还可以通过植入思想来重塑他人梦境，进而影响人们在现实中的行动，这是让人感觉最为诡异的情节设计。因为影片中的人物游走于梦境与现实之间，电影因此被定义为“发生在意识结构内的当代动作科幻片”。

但是透过纷扰的表象，其实可以看到，影片中最为人称许的情节设计也未脱离诞生于200多年前的《红楼梦》一书的窠臼，书中有两处情节与此有异曲同工之妙。其一为癞头和尚与跛脚道人点化甄士隐，其二为贾宝玉梦游太虚幻境。

《红楼梦》第一回即为“甄士隐梦幻识通灵 贾雨村风尘怀闺秀”。甄士隐为闲居的小乡宦，一日午间“手倦抛书，伏几盹睡”，在梦中见到一僧一道手持“通灵宝玉”，演说神瑛侍者（贾宝玉）和绛珠仙草（林黛玉）的前世感情纠葛，遂施礼叩问自身的因果。二仙笑道：“此乃玄机，不可预泄。到那时只不要忘了我二人，便可跳出火坑矣。”甄士隐梦醒后抱女儿英莲倚门玩耍，颇为诡异的是，远处竟走来了一僧一道，向士隐讨取英莲出家，并在被拒绝后口占诗云：

“惯养娇生笑你痴，菱花空对雪澌澌。好防佳节元宵后，便是烟消火灭时。”

这几句诗其实是对士隐和英莲命运的概括。僧道二人进入士隐的梦中，希冀通过一番对话来点化士隐，影响其在现实中的行动，但士隐未能领悟，遂使女儿和自己经历了如诗中所云的诸多波折，最后才在穷途末路时顿悟并皈依。

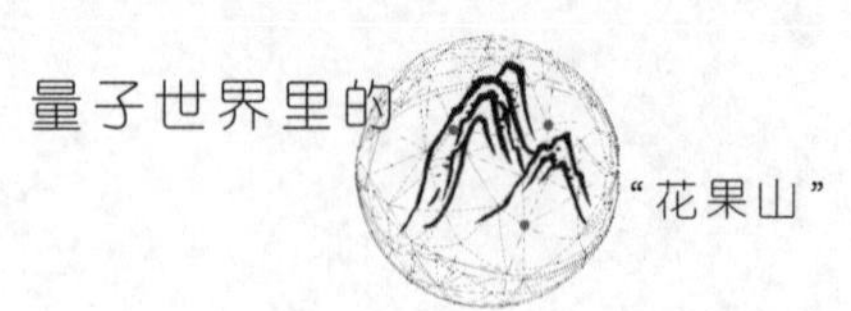

书中第五回为“游幻境指迷十二钗　饮仙醪曲演红楼梦”，其中用6000字的篇幅描绘了贾宝玉的一个梦，其情节尤为曲折：宁、荣二公为贾府基业的创立者，因见子孙大多不肖，难以继业，其中唯有宝玉聪明灵慧、略可望成，但又秉性乖张，耽于情思，遂委托身居“离恨天之上灌愁海之中”“放春山遣香洞太虚幻境”，掌管“人间之风情月债，尘世之女怨男痴”的警幻仙子，希望以情欲声色等事警其痴顽，导入正途。

警幻仙子于是为宝玉构设了梦境，在梦中飨之以美酒饮食，展示概括各人因果的判词，并配以名为兼美的仙子；希望宝玉领略到“此仙闺幻境之风光尚然如此，何况尘世之情景呢”的用意，从而“改悟前情，留意于孔孟之间，委身于经济之道”。但是梦中的干预却未能重塑宝玉在现实中的行动，他仍然以毕生的情痴演绎了一出“悲金悼玉”的红楼梦。

即使没有读过《红楼梦》的中国观众，其实对电影中的情节也应该并不陌生，因为非惟《红楼梦》，早在近1500年前唐代沈济撰写的《枕中记》中，已经对通过梦境干预人在现实中行动的情节有所体现：落第举子卢生郁郁返乡，在寓于邯郸旅店时，向道士吕翁自叹贫困。吕翁遂拿出一个枕头让他入睡，并以此为道具为他构设了一场繁华梦。在梦中卢生迎娶美丽的妻子；中进士后功名顺遂，逐渐建牙开府，直至受封为燕国公；儿孙满堂，五个儿子官居显位，他享尽荣华富贵，最终寿终正寝。然而这终究不过是一场梦，卢生入梦时店家正准备蒸饭，梦醒时黄粱未熟。他于是由梦中的因果变化尽知了人世间的“宠辱之道，穷达之运，得丧之理，死生之情”。

这个故事与《红楼梦》中的两处情节如出一辙，其细微的差别在于僧道二仙和警幻仙子既是梦的构设者同时还是梦的参与者，而吕翁只是梦的构设者；此外与前者相比，后者是一个成功地通过梦境影响了入梦者现实行动的案例。这个故事后来逐渐演变为耳熟能详的成语“黄粱一梦”“邯郸一梦”，并被改编为多种戏曲剧目。

此外，在中国古代戏曲、小说、话本等各种文化艺术形式，以及种种民间传说中，关于“托梦”的说法举不胜举，如《喻世明言》中的“羊角哀舍命全交”，《聊斋》中的“薛慰娘”“鲁公女”等。“托梦”其实和电影中重塑他人梦境，进而影响人们在现实中的行动如出一辙。

因此细究起来，可以说每个受过基本教育的国人都曾因古代文化作品而感受过《盗梦空间》中的情节，但仍然耽溺于经过精心包装和设计的西方电影文化，并因不自知而莫名惊诧。这其中的原因颇值得我们深思和反省。

（本文发表于《中国科学报》2015 年 3 月 13 日）

中国古典四大名著中的“石头”情结

中国古典四大名著中，或多或少均包含一定的“石头”元素。在书中，“石头”或化身为人物主角，或作为重要的表象，或成为推动情节发展的重要道具。《红楼梦》和《西游记》两书尤其表现出了浓重的石头情结。

《三国演义》中最重要的一块石头当为传国玉玺。按照书中情节，十常侍作乱时劫持少帝刘辩逃出宫外，回宫时玉玺失落，后为孙坚所得。孙坚获玉玺后可谓是福祸相依，影响深远。一方面他因此为袁绍所忌，后者说动黄祖将其狙杀于返回途中，可谓因石而丧身；另一方面，在孙坚死后，他的儿子孙策依附于袁术，后以玉玺为质从袁术处借兵渡江，一路攻略江东六郡八十一州，由此奠定了魏、蜀、吴三雄中吴国的基业。

此外，书中与石头有关的另一重要情节是“恨石”。刘备入吴国招赘时，孙权在甘露寺设伏兵意图加害。刘备因见庭下有一巨石，遂仰天祝祷：“若能回荆州，成王霸之业，一剑挥石为两段。如死于此地，剑剁石不开。”这一祝祷似乎非常灵验，他砍石为两段，后来不但安全返回，而且相继攻取益州和汉中，建立了蜀国基业。

在《水浒传》中，最重要的石头莫过于两块石碑。在书中第一回，洪太尉奉旨前往华山宣召张天师入朝，在道观内见有重重封印的“伏魔之殿”，相传有魔王锁镇在此。洪太尉执意入内，并命人推倒殿内一块写有“遇洪而开”的石碑，于是有黑气冒出，化作百十道金光四处而去。梁山众英雄由此降落凡间，光怪陆离的故事情节就此展开。

第七十一回，108位英雄聚首梁山，面临排座次的纷扰。是夜三更，天上一声巨响，一团火从天而降，钻入祭坛之下。后在坛下挖出一块石碣，上书“龙章

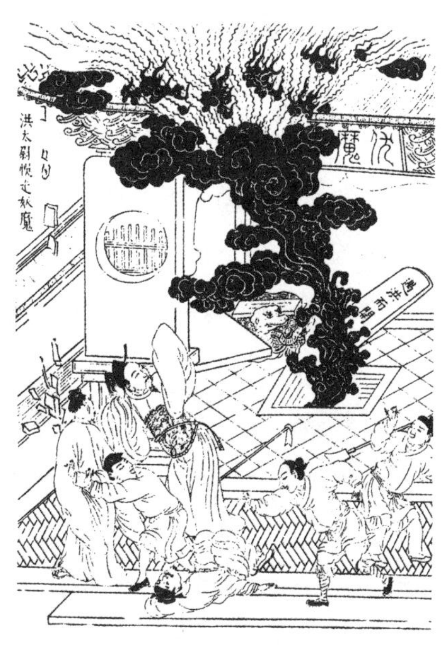

凤篆蝌蚪之书”，经辨认发现上面写有梁山108将的姓名，并区分为天罡36人、地煞72人。这块石头虽然出现得颇为蹊跷，不无“人力穿凿”的痕迹，却也适逢其时，英雄座次因此不争而定。

《红楼梦》和《西游记》则均以石头化作的人物为故事主角。孙悟空的前身为一块感受过天真地秀、日精月华的仙石，内育仙胞，迸裂后化作石猴。在关于取经的种种演义类载体中，孙悟空作为猴子的形象定格较早。如在最早见于宋刊的《大唐三藏取经诗话》、陕西榆林石窟中保存的西夏时期的《唐三藏取经图》、现存的元代瓷枕上，以及稍晚一些，创生于元明之际的杨景贤的杂剧《西游记》中，猴子的形象均已出现。而这一形象被进一步定位为由仙石孕育而成的石猴，则极有可能始于吴承恩。吴承恩则有可能受到了玄奘西行途中所收的胡人弟子石槃陀这一形象的启发。

《红楼梦》的另一名字为《石头记》。在书中，贾宝玉出生时所衔的通灵宝玉，本为女娲氏炼石补天时所剩的一块石头，在历经锻炼后已通灵性，能自去自来，可变幻大小。它随贾宝玉的前世——神瑛侍者同入凡尘，见证了一番情天恨海的磨难。在书中，通灵宝玉被设置为贾宝玉的表象，两者生死攸关，一而二，二而一，本为一体。

从这四部书，特别是从《红楼梦》和《西游记》看来，在曹雪芹和吴承恩的视野里，石头具有特殊的地位，两人甚至表现出了一定的石头崇拜心理。这种崇拜有着极其深厚的历史背景。石头对于人类的发展具举足轻重的作用，甚至可以说它贯穿了中华文明史乃至世界文明史。在原始时代，石头是重要的生产资料，是人们赖以生存发展的基础之一；石器的发明，曾使人类从采集渔猎经济跃进到改造自然的经济。随着人类文明的发展，石头在生产工具功能之外兼具了

审美功能，例如在距今五六千年的红山文化里，就已出现了装饰性的玉石制品。

东汉许慎在《说文解字》中说道：“玉，石之美者。”数千年来，人们赋予玉石以美好的意象，往往用它来称颂人的品质，所谓“温润如玉”，即象征着优雅的气质风度和修养内涵。因此曹雪芹以通灵宝玉作为贾宝玉的表象可谓恰如其分。从贾宝玉和孙悟空的性格来看，两者均有倔强不屈、离经叛道、桀骜不驯的色彩。而石头有坚贞、永恒的特质，故常被称作“顽石”，这与两个形象的“冥顽不化”又有相近之处。

《西游记》是一部神话小说，孙悟空笑傲于天上与凡间。而《红楼梦》在人物设定上也具有一定的神话色彩，如贾宝玉这一形象的前身，被设定为警幻仙子所居赤霞宫中的神瑛侍者。玉石在远古时代就被用作巫觋祀神之用，往往被视作沟通天、地、人的媒介，是以有“玉可通灵”的说法。这种神秘色彩似乎也可用来解释两部书以石头化作的人物为主角的原因。

（本文发表于《中国科学报》2015 年 4 月 10 日）

《西游记》中臆想的异域

在中国古典四大名著中，《西游记》是唯一以中外文化交流主题贯穿故事情节，并且以异域环境为主要故事情节基底的作品。然而遍览全书，多见吴承恩想象中的、在某种程度上“中国化”了的异域元素，真正的异域色彩却近乎阙如。

按照小说记叙，唐僧自首途西行，离大唐地界后历经宝象国、乌鸡国、车迟国、西梁女国、祭赛国、朱紫国、狮驼国、比丘国、灭法国，此后途经天竺国凤仙郡、玉华州、金平府、天竺国都城、铜台府地灵县等地，最终抵达灵山。上述国家和府县中，只有天竺国为实指。天竺为古印度的别称，取经目的地“西天天竺国大雷音寺”坐落于此。据《后汉书·西域传》记载：“天竺国一名身毒，在月氏之南数千里。”此后《晋书》《魏书》《新唐书》《宋史》均沿称“天竺”。玄奘法师在《大唐西域记》中首次根据“Indu”读音正名为“印度”：“夫天竺之称，异议纠纷，旧称身笃，身毒，贤豆，天竺等。今从正音，宜云印度。”

按常理推断，真实存在的天竺在吴承恩笔下最应该体现出浓郁的异域色彩，然而书中呈现的天竺是什么样的呢？

首先从行政区划来看，书中的天竺国应该采用的是郡、州、府、县的制度。在我国历史上，秦统一六国之后，郡县制正式确立。隋统一中国后废郡而改为州、县二级制度。唐代最初采用中央辖府、州，府、州辖县的区划，此后增加了由中央直接控制的监司机构——根据山川自然形式，将疆土划为10道，开元年间改为15道。明代设省，省辖府、州、县。书中所述的这种行政区划既不见于故事发生的唐代，也不见于吴承恩生活的明代，更绝非对当时天竺国行政区划的实指，而应该是作者结合我国历代行政区划并融以想象的结果。

从官制上来看，玉华州的最高行政长官为郡侯，金平府为刺史，天竺国为国王，铜台府地灵县为知县。书中提到了天竺都城中设有长史府、审理厅、钦天监、光禄寺、教坊司等行政机构，太师、钦天监正台官、驿丞、驸马、太监、宫娥等官职和职司，以及昭阳宫和三宫六院等设置。这些官职、机构和职司均在我国不同的历史时期出现和应用，当然也绝非对天竺国的真实描述。

在文化方面，吴承恩笔下的天竺国则表现出了与中华文化更高的契合度。例如，凤仙郡郡侯的姓氏为“上官”，对此孙悟空与猪八戒有一段对话：“行者笑道：‘此姓却少。’八戒道：‘哥哥不曾读书。百家姓后有一句上官欧阳。’”在拜见玉华州郡侯时，曾有官员以“灶君”的称谓来表达对沙僧相貌的惊叹。这无疑表明吴承恩把中华的姓氏文化和灶君等民俗文化迁移到了他所构设的天竺国中。

唐僧与天竺国公主的婚配，则更像是一场中华文化盛宴。从婚俗来说，天竺国公主采用的择偶方式是“高结彩楼，抛打绣球，撞天婚招驸马”，此后由“钦天监正台官选择日期”，日期采用的是中华传统的“干支纪年法”：“有正台阴阳官奏道：‘婚期已定本年本月十二日。壬子辰良，周堂通利，宜配婚姻。’国王道：‘今日是何日辰？’阴阳官奏：‘今日初八，乃戊申之日，猿猴献果，正宜进贤纳事。’”

婚礼仪式后，唐僧在华夷阁的四壁上见到了四面金屏，屏上画有春夏秋冬四景，景上配有题咏。例如咏冬景的诗为“天雨飞云暗淡寒，朔风吹雪积千山。深宫自有红炉暖，报道梅开玉满栏”。这四首诗无疑均是七言绝句，而且按照书中所述皆为“翰林名士之诗”。这表明吴承恩构设的天竺国，其人才选拔制度应该是与中华相同的科举制。这一点从书中另一处可以得到佐证：取经团队途经天竺国铜台府地灵县寇员外家时，书中介绍寇员外的两个儿子寇梁、寇栋均是“少年秀才”。

另外值得赘述一二的是关于“华夷阁”的称谓，这一名称用于大唐尚符合历史语境，放之于天竺则大不当，这无疑也是吴承恩的疏漏之处。

在《西游记》的拥趸者眼中，吴承恩是中国古代小说家中非常独特的一位，他以深厚的知识阅历、瑰奇的想象，使该书展示了相较于其他三大名著更为丰富的宗教、神话、地理等元素。他所拥有的相对时空观意识、对“克隆”等种种法术技能的合理想象和预见，甚至使他表现出了一定的“穿越”色彩。然而他对异域的描述却是失败的，原因何在？

在《西游记》小说成书之前，唐僧西天取经的故事便以戏曲、小说、说唱等多种艺术样式广泛在民间传播，其中流传较广泛的是最早见于宋刊的《大唐三藏取经诗话》，以及创生于元、明之际的杨景贤的杂剧《西游记》，这无疑为吴承恩的小说创作提供了丰富的源泉。但与小说相比，两者都非常粗疏，可资吴承恩借鉴的异域文化元素近乎阙如。加之自明朝建国起即奉行闭关锁国的政策，除允许部分国家和部族通过“朝贡”方式与“中华上国”进行贸易外，其他私人域外贸易一律禁止。这种政策一直延续到清代，造成的恶果是即使生活于吴承恩之后数百年，被誉为“近代睁开眼睛看世界第一人”的林则徐，对外国的认识也局限于“茶叶、大黄，外国所不可一日无也”，其原因是“（西洋各国）地土坚刚，风日燥烈，日以牛羊肉磨粉为粮，食之不易消化，大便不通立死”。

在这种大背景下，吴承恩虽然具有心骛八极、神游万仞的瑰奇想象力，却无法摒除对外国文化了解的知识盲区，因此只能进行简单的复刻和迁移。

（本文发表于《中国科学报》2015 年 7 月 10 日）

中国古典四大名著中“梦的释义”

我国曾产生了《周公解梦》《梦林玄解》这样的世界上最早研究梦的专著。人与动物的重要区别之一，在于人具有高级精神活动能力，即思维能力，但是在人之初，其思维和意识还是简单而模糊的，有点像今天尚未发育成熟的儿童，分不清梦幻与现实。在形成清晰的思维和意识之后，人们虽然已经可以把两者从发生背景上区分开来，但是因为对梦的本质缺乏认知，加之对自然界和自身命运的把握能力和干预能力不足而产生的隐忧，使得人们或者把梦与现实简单而直接地迭加在一起，认为梦可预示现实中的休咎；或者通过瑰奇的想象赋予了其更为深刻的内涵。流风余韵所及，在诞生于元末至清中期之际的中国古典四大名著中，对此都有所体现。

《三国演义》介于史书与演义之间，具有很强的写实性，并无多少玄幻色彩，但是书中多处渗透着这样的观念，即梦能反映现实，梦到的即是真实的。其中具体分起来又有三种不同情况。

其一，梦与现实同时发生。比如说书中有这样的情节，十常侍祸国，少帝刘辩和陈留王刘协(即后来的汉献帝)被挟持出宫，后藏身于一所庄院外的草堆中，“庄主是夜梦两红日坠于庄后，惊觉，披衣出户，四下观望，见庄后草堆上红光冲天，慌忙往视，却是二人卧于草畔”；曹操和孙权双方在濡须对峙，曹操昼寝，梦中“见大江中推出一轮红日，光华射目；仰望天上，又有两轮太阳对照。忽见江心那轮红日，直飞起来，坠于寨前山中，其声如雷”，醒后至梦中所见落日山边巡视，果然看到孙权正在探查敌情。

其二，梦早于现实发生，即预示休咎。比如说，在庞统被射杀前夜，刘备“夜梦一神人，手执铁棒击吾右臂，觉来犹自臂疼”；关羽领命进攻樊城前，梦中“忽见一猪，其大如牛，浑身黑色，奔入帐中，径咬云长之足”，遂怀疑此行不详，此后果然被东吴袭取荆州，败走麦城被杀；魏延在叛乱前梦见头上生角，费祎明白这是暗示其“头上用刀，其凶甚矣”；邓艾攻打蜀国前，夜梦“脚下迸出一泉，水势上涌”，遂请精于《周易》的护卫爰邵解梦，爰邵预见其必然克蜀，但是功成后却不能全身而退，后来果然应验。

其三，梦晚于现实发生。比如说，马超在西凉州，夜里梦见身卧雪地，群虎来咬。身边将校解释为不祥之兆，推测他的父亲在许昌有祸事：“雪地遇虎，梦兆殊恶。莫非老将军在许昌有事否?”此后果然马上接到噩耗，因为衣带诏事发，他的父亲马腾被曹操所杀；在关羽死后，困守麦城的手下谋士王甫梦见其“浑身血污，立于前”，刘备在梦中见他泣告：“愿兄起兵，以雪弟恨”；曹操在死前梦见“三马同槽”，文中意指司马懿父子篡夺魏氏政权，以马代曹；诸葛亮殒身五丈原后，后主刘禅“在成都寝食不安，动止不宁；夜作一梦，梦见成都锦屏山崩倒；遂惊觉，坐而待旦”，谯周将此梦解释为“主丞相有大凶之事”。

《红楼梦》和《水浒传》两书具有一定的玄幻色彩，书中所设计的梦也远较《三国演义》中的离奇和繁复。从中可以看出，除了预示休咎之外，梦还被设置为联结现实空间与超现实空间的媒介，主要表现为超自然的力量通过梦来干预现实。

《红楼梦》第一回即为“甄士隐梦幻识通灵　贾雨村风尘怀闺秀”。甄士隐为闲居的小乡宦，一日午间“手倦抛书，伏几盹睡”，在梦中见到一僧一道手持“通灵宝玉”，演说神瑛侍者（贾宝玉）和绛珠仙草（林黛玉）的前世感情纠葛，遂施礼叩问自身的因果。二仙表示玄机不可预泄，只不要忘了他二人，便可跳出火坑。甄士隐梦醒后抱女儿英莲倚门玩耍，颇为诡异的是，远处竟走来了一僧一道，向士隐讨取英莲出家，并在被拒绝后口占诗云：“惯养娇生笑你痴，菱花空对雪澌澌。好防佳节元宵后，便是烟消火灭时。”这几句诗其实是对士隐和英莲命运的概括。僧道二人进入士隐的梦中，希冀通过一番对话来点化士隐，影响其在现实中的行动，但士隐未能领悟，遂使女儿和自己经历了如诗中所云的诸多波折，最后才在穷途末路时顿悟并皈依。

书中第五回为“游幻境指迷十二钗　饮仙醪曲演红楼梦”，描绘了贾宝玉的一个梦，其情节尤为曲折：宁、荣二公为贾府基业的创立者，因见子孙大多不肖，难以继业，其中唯有宝玉聪明灵慧、略可望成，但又秉性乖张，耽于情思，遂委托身居“离恨天之上灌愁海之中”“放春山遣香洞太虚幻境”，掌管“人间之风情月债，尘世之女怨男痴”的警幻仙子，希望以情欲声色等事警其痴顽，导入正途。警幻仙子于是为宝玉构设了梦境，在梦中飨之以美酒饮食，展示概括各人因果的判词，并配以名为兼美的仙子，希望宝玉领略到“此仙闺幻境之风光尚然如此，何况尘世之情景呢”的用意，从而“改悟前情，留意于孔孟之间，委身于经济之道”。但是梦中的干预却未能重塑宝玉在现实中的行动，他仍然以毕生的情痴演绎了一出“悲金悼玉”的红楼梦。

《水浒传》中最著名的梦，则是宋江第一次梦遇九天玄女娘娘：宋江被刺配江州后，因在浔阳楼题反诗获罪，梁山群雄大闹法场，宋江逃至九天玄女庙的神龛下躲避追兵，然后入梦，梦中受九天玄女礼遇，得以享用仙酒、仙枣，并被授予意在指导其“替天行道，辅国安民，去邪归正”的天书。梦醒后，口中有酒香，手中有枣核，袖中有天书。这样的情节设计，体现了梦境与现实的巧妙结合和渗透，亦梦亦真，令人拍案叫绝。

在中国古代文化中认为貘是一种可以辟邪的神兽，自唐代开始，人们往往用貘的毛皮制成寝具、垫子等，或者摹画其形于屏风上，以求趋吉避凶。受此影响，日本文化中不仅奠定了以貘为辟邪灵兽的信仰，还衍生出“食梦貘”这一神奇传说，赋予其可以吃掉人的噩梦，保留欢乐吉祥部分，并把这种欢乐照射进现实的能力。所以日本民歌中有“唉，夜太短了，食梦貘还来不及吃掉我们的梦”这样的喟叹。有学者推断，这一说法极有可能受中国“伯奇食梦”这一传说的影响，甚至可能是因把伯奇与貘混为一谈而创生出来的。伯奇相传为周宣王时重臣尹吉甫的长子，因受继母陷害而被放逐，死后成为拥有吃梦能力的神灵，《后汉书·仪礼志》曾对此记载道：“雄伯食魅，腾简食不祥，揽诸食咎，伯奇食梦。”

貘

可以看出，这两个传说创设的前提已经游离了“日有所思，夜有所梦”的传统认知，在某种程度上是其反过程——梦中发生的事可以照射进现实，先有梦，后有现实，梦与现实本为一体。

在《三国演义》中，曹操谎称自己能在梦中杀人，但在吴承恩笔下，魏征却拥有这样的能力：泾河龙王违反天条，将由身兼天界人曹官的大唐宰相魏征监斩。龙王遂求救于唐太宗李世民，李世民强拉魏征弈棋，试图延误施刑，魏征见难以脱身，遂进入梦中斩了龙王。

这样的情节设计，一方面体现出人对梦拥有很强的能动作用，从被动地接受梦的暗示和指导，变为可主导、设计梦；另一方面体现出，人可以通过梦来完成现实中的行为，梦中的刀光剑影联结着现实中的流血五步，梦和现实一而二，二而一，已经完全融为一体了，其离奇程度令人叹为观止。此外书中还提到孙悟空在梦中大闹幽冥界，“把猴属之类，但有名者一概勾之”，遂使得人世中“自此，山猴多有不老者，以阴司无名故也”，其设计与梦斩龙王有异曲同工之妙。

（本文发表于《中国科学报》2016 年 4 月 8 日）

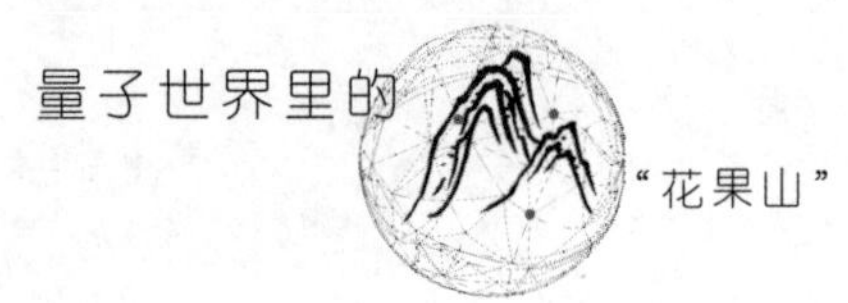

古典小说中的“哲人石”

“哲人石”之于“魔法石”，可能人们对后者更为熟悉。其实两者指的是同一物体，其英文名称为“philosopher'stone”。小说《哈利·波特与魔法石》的英文名就是 *Harry Potter and the Philosopher's Stone*。

在西方文化中，特别是中世纪的炼金术士眼中，哲人石是一种神奇的存在。传说中它是一块既可以炼金，又可以令人起死回生的神奇石头。根据当时的描述，它大多是一种红色的粉末，本身能保持不变——不会生锈、不会腐烂，甚至能耐火。生活于14世纪的炼金术士奥尔图兰对它的性能进行了总结：这是一种红色的、有熔化作用的、禁得住烈火考验、能染出颜色和可以使其他东西发生变化的石头。这种石头能够穿透所有硬的与软的物体，并将它们变成真正可以炼出金的材料，它可以祛除人体的任何疾病，使之健康……

尼古拉斯·弗拉梅尔

关于哲人石神奇异能的传说比比皆是。除了能够完成“嬗变”，将“贱金属”转化为“贵金属”，能治愈所有的疾病，能使耄耋老人焕发青春、返老还童外；它还能改变作物的成熟季节，能使人隐身，能带人在天空自由翱翔，等等。在传说中，法国炼金术士尼古拉斯·弗拉梅尔（公元1330—1417年。在《哈利·波特与魔法石》中译为尼可·勒梅）得到了哲人石，他不仅因此致富，有财力在巴黎修建十四家医院，兴建并修整了教堂，而且还得以长生不老——直到18世纪，有人还声称看到了他。

也许今天看起来，关于哲人石的这些说法都有些荒诞不经，或者至少不那么具有说服力，但是在当时，许多今天人们所推崇的智者甚至科学大家也虔诚地相信并痴迷于它，其中就包括波义耳和牛顿。比如说牛顿的藏书中约有十分之一与炼金术相关；人们还发现在他的著作《自然哲学之数学原理》第 1 版的第 3 编中，有一条与全书内容不协调的“假设Ⅲ”：“每一种物体均可嬗变为任何另一种物体，可以具备一切中间程度的性质。”人们推断这是一条关于炼金术的假说。在其去世以后，他的朋友们发现了他留下的关于炼金术研究的百万字手稿，其中记录了各种炼金术实验设计、炼金的设备和研究成果。

在中国古代也有关于“哲人石”的想象，不过当时人们所追求的独具特色的“哲人石”叫做“金丹”，痴迷于此者被称为“金丹家”。我国的炼丹术约起源于战国时期，两千多年来，由此形成了种类颇多的相关典籍。此外，受众面更为广阔的古典小说中对此的记载也很丰富。比如《水浒传》中记述了离开梁山后化名为公孙一清，追随本师罗真人“烧炼丹药”的公孙胜；《红楼梦》中则有“只爱烧丹炼汞，别事一概不管”“参星礼斗，守庚申，服灵砂等，妄作虚为，过于劳神费力，反因此伤了性命”的贾敬。《警世通言》和《儒林外史》两书中则详备地记述了几个关于炼丹术的骗局。

《警世通言》中的“丹客半黍九还　富翁千金一笑”篇的篇首写道：“世上有这一伙烧丹炼汞之人，专一设立圈套，神出鬼没，哄那贪夫痴客，道能以药草炼成丹药，铅铁为金，死汞为银。名为‘黄白之术’，又叫得‘炉火之事’。只要先将银子为母，后来觑个空儿，偷了银子便走，叫做‘提罐’。”书中还借术士之口讲述了“贱金属”的“嬗变”过程：“这叫做母银生子。先将银子为母，不拘多少，用药锻炼，养在鼎中。须要九转，火候足了，先生了黄芽，又结成白雪。启炉时，就扫下这些丹头来。只消一黍米大，便点成黄金白银。那母银仍旧分毫不亏的。”由此可见术士口中的“丹头”具有“哲人石”的功效。

此后文中详细记述了一位痴迷此道的潘姓富翁受骗的经过：在富翁拿出数千两“母银”供烧炼之后，术士借口奔母丧返乡，并暗中将银子带走，而留下妖冶的姬妾看守空空如也的丹炉。此后其姬妾引诱富翁在丹炉前苟合，待术士返回，开炉后以"此必有做交感污秽之事，触犯了的"来责怪富翁，富翁只好又拿出银子赔罪了事。

《二刻拍案惊奇》中的"甄监生浪吞秘药　春花婢误泄风情"篇，讲述了好色贪淫的甄监生，因服食了术士的丹药而纵欲丧命的故事。《儒林外史》中则讲述了一位叫马纯上的读书人所经历的一场未遂的炼银骗局，诈骗手法与《警世通言》中的记述如出一辙。

比较世俗化的小说，如《三言二拍》《儒林外史》等，所记述对金丹的追求往往是以获得财富为目的。而在神话小说中，则往往孜孜以求于长生不老，其典型代表就是《西游记》。可以说没有哪部书像《西游记》这样全书弥漫着对生命的忧患意识，书中几乎每个形象都面临追求永生的紧迫感。除了太上老君的金丹以外，吴承恩也借助丰富的想象力把"哲人石"在形式上进行了迁移，如变身为蟠桃、人参果，乃至唐僧肉。

所谓的金丹到底为何物呢？其主要成分就是硫化汞。天然硫化汞矿物呈红色(称为丹砂)，经加热后分解出汞(水银)，汞与硫化合生成黑色硫化汞，再经加热就又恢复到红色硫化汞的原状。这一过程实际上是属于化学中的氧化还原反应。所谓的"九转还丹"其实是在不断重复这一反应过程。其实古人也明白这一道理，如葛洪在《抱朴子·金丹篇》说道："而丹砂炼之成水银，积变又还原成丹砂"，但因为观察到这一过程与"凡草木烧之即烬"的特性不同，故认定其能令人长生。中西金丹家在炼金或炼丹过程中所使用的主要药物大体相似，因此"大多是一种红色的粉末"的"哲人石"，其成分或许与"金丹"同出一辙。

曾有学者说过：在人类认识自然界的过程中，无论哪个国家和民族，都必然遇到许多相同或相似的问题，在头脑中产生共同的反映和认识。因此对"哲人石"的崇拜，或者直白地说就是对其所能带来的财富和长生不老的追求，弥散于东西方文化中，也就不足为奇了。莎士比亚在《雅典的泰门》中曾这样写道："金子，黄黄的，发光的，只要一点点儿，就可以使黑的变成白的，丑的变成美的，错的变成对的，卑贱的变成尊贵的，老人变成少年，懦夫变成勇士。"在中国古代有

“点石成金”的幻想，在希腊文化中则有迈达斯之手(Midas Touch)这一神话。在传说中迈达斯是弗吉尼亚的国王，他因为殷勤招待森林之王，得到了点石成金的本领，但他最后却因此而后悔，因为他碰触的任何东西都变成了黄金，包括食物和他的女儿。

在现代科学视野中，炼金术长期以来形象不佳，被评价为巫术、魔法、异端、怪诞。如果探究其积极意义的话，“孕育了近代化学的基本概念、理论和方法，为化学发展积累了大量感性材料……”可能是之一。公允地说，这是人类认识自然过程中的一个阶段，是人类智慧生产出的“早期产品”，难以求全责备。而且直到现在，恐怕绝大多数人心中还会有一个挥之不去的“哲人石”情结在潜藏，并伺机而动。

(本文发表于《中国科学报》2016 年 6 月 17 日)

“神算子”——经纬梁山经济的“精算师”

在施耐庵的笔下，群雄聚首的梁山是一个具体而微的社会形态。这个微型社会的军事色彩最为突出，所以书中设置了作者所能摹想的各种军队建制：单从兵种来看，可以粗分为以呼延灼等为统领的马军；以武松、李逵、鲁智深等为统领的步军；以“阮氏三雄”等为统领的水军；以“轰天雷凌振”为统领的初具雏形的炮兵；以“神火将军魏定国”“圣水将军单廷珪”为统领的运用特殊战法的兵种；以石秀、时迁、燕青等为代表的承担内部渗透、哨探侦查等功能的人员，等等。

在英雄座次排序上也基本以军事技能高低和武艺优劣为主要依据，并综合考量人脉等，所以难免出现后来者居上的现象，比较明显的就是在武艺高超、声名显赫的群雄纷至来归后，历经梁山草创阶段的元老朱贵、宋万、杜迁的排序一降再降。

有意思的是，就是在这样一个军事色彩浓厚的微型社会里，作者竟然构设了众多不以军事技能见长的职能人员。这一点在成书于《水浒传》之前后的军事演义类小说中都未曾体现得如此细致而全面。具体来说，有掌管制作衣甲的“通臂猿侯健”、承担建筑营造的“青眼虎李云”、负责制作兵符印信的“玉臂匠金大坚"、承担文书功能的"圣手书生萧让"、承担军医兽医职能的安道全和皇甫端,以及"考算钱粮支出纳入"的"神算子蒋敬",等等。

这些职能人员对构成梁山这一军事社会形态都不可或缺,但公允地说,其中最重要的应当是蒋敬,其所承担的实质上是经纬、度量这一微型社会的经济状态,一身系梁山经济运行是否良性有序的重任。按照现代语汇来说,其责任有类于今日大型经济团体中的"精算师"一职。

精算师是分析风险并量化其财务影响的专门职业人员,他们综合运用数学、统计学、经济学、金融学及财务管理等方面的专业知识及技能,在保险、金融及其他领域中,分析、评估不确定的现金流对未来财务状况的影响。这些专业技能和经济活动,与蒋敬"精通书算,积万累千,纤毫不差"的特长以及"考算钱粮支出纳入"的职能并没有质的区别,甚至可以说蒋敬面临的挑战要严酷得多。

按照书中描述,梁山的经济形态有其先天不足之处。首先来说,梁山局处一隅但人员众多,在巅峰时期拥众十数万,但这一社会形态不事生产,支撑这一庞大体系运行的其实是一种掠夺式经济,这决定了其经济来源有很大的局限性和不确定性;其次,许多英雄来归的原初诉求不过是"大碗喝酒,大块吃肉,论称分金银,异样穿绸锦"的享乐欲望,其具体表现之一便是"聚义厅"上的"三日一小宴,五日一大宴",所费当然不赀;第三,众头领还有积蓄私财的需求;第四,梁山征战频仍,耗费巨繁。

纵然有如此多的不利因素,但是"神算子"却能运用其经纬之才找到平衡点,以妙手调和鼎鼐,确保了梁山经济的良性有序运行,其具体外在表现就是在

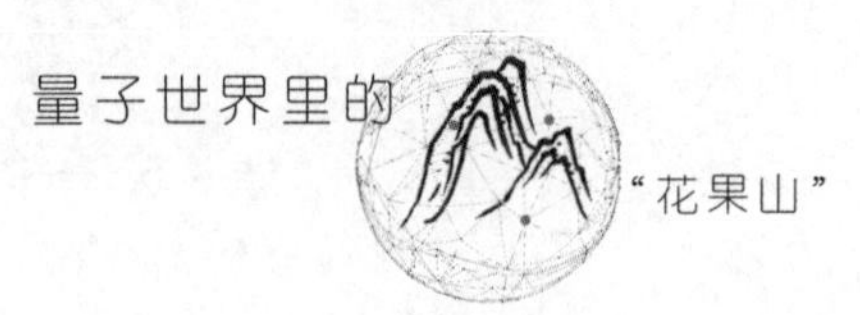

战场上的连战连捷。因为从表面上来看，梁山的屡战屡胜来自于白刃相接，但实质上应当归因于充裕的后勤供应，因为军事战争背后的支撑其实是“经济战争”“货币战争”，古今中外，概莫能外。

在《三国演义》中，也有承担“精算师”职能的角色，如曹操所部的粮官王垕，不过他是作为不成功的例子出现的。曹操率部众十七万征伐袁术，日费钱粮浩繁，又值诸郡荒旱，接济不及，于是曹操指示王垕以“小斛散之”，招致士卒嗟怨。曹操遂强“借”王垕之头“以压众心”，诿过于他克扣军粮，这才平息了哗变的危险。王垕这一人物和“借头”这一事件不见于史籍，当是罗贯中虚构的，但此情节有其合理性，实际上在真实的战争中，因“精算师”不称职而导致失败的案例也不绝于书。

比如说据史书《三国志》记载，李严是蜀汉重臣，自年轻时就表现出优秀的行政能力，政声卓著，屡受迁升，在刘备临终时受命和诸葛亮一并辅佐刘禅，至建兴八年(公元230年)已升任骠骑将军、统管内外军事的中都护等要职，并赐爵都乡侯。建兴九年春，诸葛亮兵出祁山，李严统后勤供应事。后逢夏秋阴雨连绵，粮草运输供应困难，李严为推卸责任，派参军狐忠、督军成藩传话给诸葛亮撤军，在军队已撤退后又故作讶异：“军粮饶足，何以便归！”试图诿过于诸葛亮。事情败露后他被废为平民并流放，终生未被起用。由此可见李严虽然是一位优秀的政治家、军事家，但对“精算师”这一角色并不能胜任。

《水浒传》中，蒋敬的出场是在群雄大闹江州、劫掠无为军后返回梁山的路上，协同欧鹏、马麟、陶宗旺来投。书中对他的介绍极为简略，仅仅数十字：“第二个好汉，姓蒋，名敬，祖贯是湖南潭州人氏；原是落科举子出身，科举不第，弃文就武，颇有谋略，精通书算，积万累千，纤毫不差。”在群雄排座次后他的职能被明确为“掌管库藏仓廒，支出纳入；积万累千，书算帐目”“考算钱粮支出纳入”。此后他的名字只罗列于出征将领名单中，书中未为他设置任何情节，要知道即使是108位英雄中排序最后一位的“金毛犬段景住”，对他的加盟过程都有相关文字叙述，并由此引出攻打曾头市，晁盖因此殒命的重要情节。

这样简略的设置使得蒋敬的面孔极为模糊，但从这数十字中考察其经历，仍然可以想见斯人几个特质:其一,性格果绝。这体现于其择业中的几次华丽转身:科举不第转而习武,进而占据山寨成为江湖豪客,进而入伙梁山掌控经济命脉。其二,气度宽宏,是很好的团队成员。大体相同的择业经历很容易让人想起梁山初创者"白衣秀士王伦",但大相径庭的结局应该源于此。其三,智力超凡。实质上胜任"精算师"的都应该是拥有"最强大脑",如《三国演义》中担任"仓曹属主簿"这一"助理精算师"职位的杨修之流人物。

(本文发表于《中国科学报》2017年3月10日)

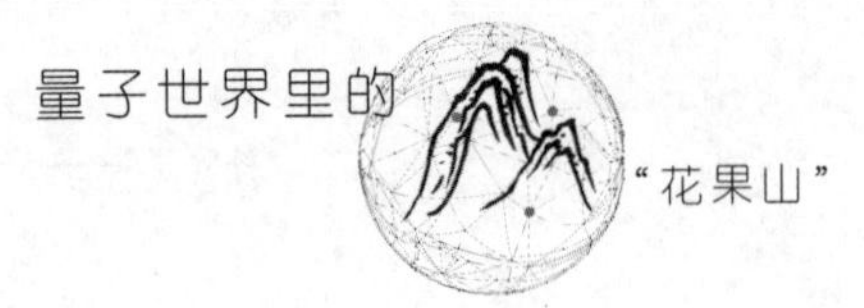

宋江——踽踽独行的“于连”

在《水浒传》最后一回，施耐庵将书中逐步营造的悲怆推向了极致：宋江率梁山群雄终偿所愿被招安，为情势所迫先后统兵破辽、征田虎、讨王庆、平方腊，108将凋残殆尽，百战荣归后受封为楚州安抚使，却席未暇暖就受权臣谗害饮下朝廷颁赐的毒酒，同时也和着毒汁一并吞服了毕生孜孜以求的进阶梦想。

荣耀如此短暂，过程却如此艰难，这像极了于连的悲剧——法国作家司汤达所著长篇小说《红与黑》中的主人公。于连出生于小城维立叶尔的一个木匠家庭，父亲自私狭隘，两个哥哥也属粗俗之辈，他却聪明英俊、精明能干，从小就希望借助个人的努力与奋斗跻身上流社会。他崇拜拿破仑，渴望像拿破仑那样身佩长剑，做世界的主人，但是当他意识到拿破仑的时代已经终结时，为了尽快飞黄腾达，审时度势转而研读神学。凭着精通拉丁文，他被市长德·瑞那选作家庭教师，并与德·瑞那夫人产生了畸形恋情。后来为免事情败露，他转而到贝尚松神学院学习，此后受人推荐担任木尔侯爵府秘书，并得到了侯爵女儿玛特尔小姐的爱情。正当他以为将要成功跻身上流社会时，德·瑞那夫人写信告发了他。愤怒的于连疯狂地打伤了德·瑞那夫人，也因此被判死刑，兀然跌倒在上流社会的门槛外。

出身，决定了他永远推不开那扇门。细细考量《水浒传》全书，如果说宋江毕生的努力也是为了推开这扇门，或许并不失公允，并且低微的出身注定了他的这条博弈之路同样走得艰难又孤独。

在小说中，宋江是顶着巨大光环出场的，然而这光环却并非源于他“刀笔精通，吏道纯熟；更兼爱习枪棒，学得武艺多般”的自身本领，实质上他的粗浅武艺可能在群雄眼里不值一哂，真正的原因是“驰名大孝，为人仗义疏财，人皆称他做孝义黑三郎”“平生只好结识江湖上好汉；但有人来投奔他的，若高若低，无有不纳……终日追陪，并无厌倦；若要起身，尽力资助。端的是挥金似土！人问他求钱物，亦不推托；且好做方便，每每排难解纷，只是周全人性命”“时常散施棺材药饵，济人贫苦。急人之急，扶人之困，因此山东、河北闻名，都称他做及时雨，却把他比做天上下的及时雨一般，能救万物”。

总而言之，造就这一巨大声名的重要根基是“仗义”和“疏财”，或许后者更为关键，因为它是实施前者的基础。作者这样的设置也营造了一个让人觉得有些陌生的江湖——在本应崇尚武力、以强者为尊的丛林世界，却指定一个广施钱财的忠厚长者形象领袖群伦，让人人望风“纳头便拜”。

如果说于连是通过自身优异的资质作为进身之阶，那么宋江无疑是以钱财铺就名声和人脉为他推开这扇门奠定了最初的基础；于连以捕获上流社会两个女人的感情为进身捷径，宋江则为了铺平招安之路恳请李师师暗通款曲。

在这条博弈之路上，宋江其实一直形单影只，身畔熙熙攘攘的 107 位同行者可大体分为三类：本意殊途而不得不同往者，如林冲、武松、鲁智深、阮氏三雄、李俊、童威、童猛等；重新蹈回旧路者，即以各种手段收降的众多官军将领，如呼延灼、关胜、秦明、徐宁、董平等；本无目标，无所谓行止者，如只以杀人饮酒为乐的李逵。只有他目标坚一，全始全终，付出为最，跌落也最重，故悲剧意味最为强烈。

宋江出身于“吏”，按照书中设定，距离“官”这一阶层虽然近在咫尺却永远无法逾越，因为在科举时代，从唐宪宗时期之后即禁止“胥吏”应试，即使他有笔如刀，这条进身之阶也行不通。若是有高超武艺和将略，原可如同他劝武松那样走军功一途：“如得朝廷招安，你便可撺掇鲁智深投降了，日后但是去边上一枪一刀博得个封妻荫子”，但是两者均非其所长，这条路也前程渺茫。因此如不别辟蹊径，注定了其毕生只能犬马奔走、屈沉下僚，唯一可行的是剑走偏锋、迂回而行，裹挟群雄走先做乱后招安之路。这或许正是他通过漫撒钱财结识群雄，达到“匹夫居闾里，一呼百应”目的之所在。

从书中来看，他怀有强烈的成功意识，但在目标和达成之间的巨大悬隔使

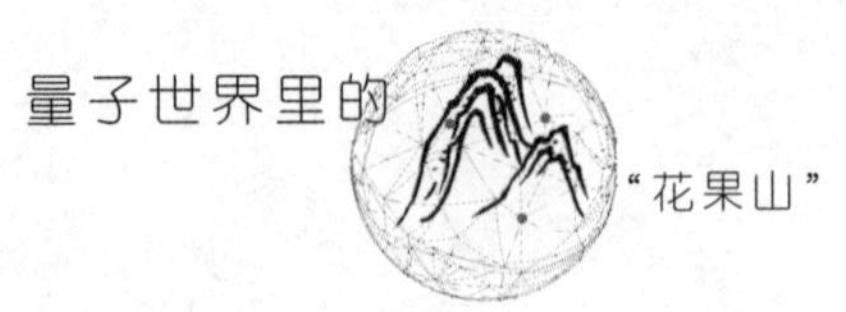

他的所言所行充满了悖论。比如说他一方面“驰名大孝，为人仗义疏财”，另一方面酒醉后却要“他年若得报仇，血染浔阳江口!”，事实上在题反诗事发之前，浔阳一地真的无仇可寻。再比如说他一方面醉后狂书“他年若遂凌云志，敢笑黄巢不丈夫”这样名副其实的“反诗”——这无疑是他内心深处对成功极致的理解，另一方面又在执掌梁山权力后改“聚义厅”为“忠义堂”，吟咏“中心愿平虏，保民安国。日月常悬忠烈胆，风尘障却奸邪目。天王降诏早招安，心方足”。至于他是否真的相信并推崇“忠义”，大概只有作者知道了。

这样的言行让人不由得将其和于连，那个内心充满矛盾和冲突的人联系在一起：有人说“于连形象的最大魅力就在于他的矛盾性，是典型的圆形人物，具有典型环境中的典型性格”。他最敬慕的人是拿破仑，却害怕别人知道而绝口不提；他根本不相信上帝的存在，却扮出一副虔诚的面孔；他视《圣经》为谎言，却出于功利将整部拉丁文《圣经》背诵如流……正如评论家所云，为了实现“伟大”的梦想，保护虚弱的自我，于连淹没了内心真正的声音，戴上了沉重的“人格面具”。

如果细究底里，二人又有所不同，于连是19世纪法国资产阶级知识分子个人奋斗者的典型，曾受到启蒙思想和法国大革命精神的影响，从而确立了自己的平民反抗意识与平等意识。他的奋斗虽然以虚伪为武器，但在妥协中也不乏反抗和自尊。比如说在应聘做德·瑞那市长家家庭教师时，他应聘的条件是和主人同桌吃饭以求形式上的平等。即使在他打伤了德·瑞那夫人后，面前也有两条路存在：一是屈膝乞求，接受恩赦，第二就是忠实于自己的信念和理想，挺身赴死。于连当众宣称他不祈求任何人的恩赐，他说：“我决不是被我的同阶级的人审判，我在陪审官的席上，没有看见一个富有的农民，而只是些令人气愤的资产阶级的人。”

而在作为封建知识分子的宋江身上，这一反抗意识和自尊意识却近乎阙如。比如说为了铺平博弈之路，即使对高太尉之流他也是“纳头便拜，口称‘死罪！’”；尤为可悲的是，在临终时为了维护身后可怜的“忠义”声名，他诓骗李逵一并饮下毒酒，裹挟他连同自己的悲剧一起进入坟墓，为自己的精致利己主义弹奏了绝响。

（本文发表于《中国科学报》2017 年 3 月 24 日）

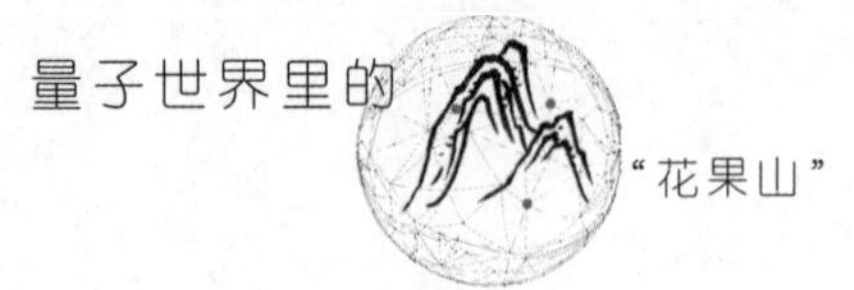

吴承恩与达尔文,谁该向谁致敬?

如果提起小说《西游记》的主角孙悟空,人们的心目中会跃出一个单纯的猴子形象还是人与猴相结合的形象?恐怕还是后者居多,并且会认为,相对于动物性色彩,其人性色彩更重一些。其实按照作者吴承恩的本意来说,他也并非想以单纯的动物形象展开叙事,而是选择了以无限接近于人的一只猴子作为书中的最重要角色。

如果细细考量,就会发现书中孙悟空这一形象经历了一个嬗变过程,出世之初的石猴和取经途中的行者其实已有很大的不同,并且这种不同源自时间的磨洗和学习经历。如果调侃一点的话,可以说我们能从中读取一只石猴无限向人趋近的“进化历程”,不过吴承恩基于神话故事背景对这种“进化”的时间尺度进行了浓缩,以年计而非以千万年计。

根据书中记述,石猴出世后曾带有短暂的神异光环。说其神异,一方面表现在其来历非凡,非肉体凡胎,而是源自花果山上的一块仙石,自天地开辟以来,“每受天真地秀,日精月华……内育仙胞。一日迸裂,产一石卵……化作一个石猴,五官俱备,四肢皆全……”另一方面则表现在其出生后也确实曾显示与众不同之处,能“眼运金光,射冲斗府”,并因此惊动了天庭。说其短暂,则是因为石猴此后“服饵水食,金光将潜息”,故玉皇大帝云:“下方之物,乃天地精华所生,不足为异。”

此后石猴日趋平凡,日常生活与其他众猴无明显差异,“行走跳跃,食草木,饮涧泉,采山花,觅树果;与狼虫为伴,虎豹为群,獐鹿为友,猕猿为亲;夜宿石崖之下,朝游峰洞之中……”至于它与众猴和其他动物同伴的交流,书中用了“禽有禽言,兽有兽语”这样的语汇,可见石猴也并非“生而知之者”。因此可以说,

石猴在相当长的时期里，除了在“水帘洞探险”事件中表现出的勇敢决绝以外，已近似“泯然众猴矣”。虽然书中云“真是‘山中无甲子，寒尽不知年’”，但是石猴的寿数有限，如果按照正常的生物进化速度，可能终其一生都不会发生明显的进化痕迹。但是其基于重要的学习经历而发生了嬗变。

这一嬗变始于其意识到“今日虽不归人王法律，不惧禽兽威服，将来年老血衰，暗中有阎王老子管着，一旦身亡，可不枉生世界之中，不得久注天人之内?”即生命隐忧意识的觉醒。此后石猴为访仙求道漂洋过海，辗转来到南瞻部洲，邂逅渔民并开始了与人类的第一次接触。在这一关键时期，石猴表现出了很强的学习能力，实现了“进化跃迁”。书中短短的文字叙述隐含着他基于学习而发生嬗变的两个重要节点。

其一，从匍匐而行到直立行走。书中记述为：“将那跑不动的(指渔民)拿住一个，剥了他的衣裳，也学人穿在身上，摇摇摆摆，穿州过府……”根据现代进化理论，直立行走是进化发展的基础。如果套用恩格斯的名言，我们不妨说直立行走是石猴从猿到人转变过程中“具有决定意义的一步”，这一行为造成了其前后肢的分工，使前肢解放出来制造并使用工具。此后前肢所从事的活动越来越多，逐渐演化为上肢并变得更加灵巧，石猴由此初具人形；上肢的形成也使得他后来沿门托钵及挥舞一万三千五百斤的金箍棒成为可能。

其二，进行较长时期的语言、礼仪等人类文明知识的学习。这主要表现为石猴“在于南赡部洲，串长城，游小县，不觉八九年余……”“在市廛中，学人礼，学人话。朝餐夜宿，一心里访问佛仙神圣之道，觅个长生不老之方……”。这一学习阶段为其后续跟随菩提祖师进行深度学习打下了语言基础，并进行了有效的知识铺垫。此后其与人类和动物同伴的交流基本无碍，无论是在取经团队内部，还是途经西方各国，抑或回到花果山，均可以在人类语言与兽语之间自由切换。

总而言之，历经这一卓有成效的“进化跃迁”之后，石猴的形象已经和人类非常之接近，故初见菩提祖师时，祖师云：“你身躯虽是鄙陋，却像个食松果的猢狲”，这一判断的认知前提无疑是基于人这一形象。此后在取经途中，孙悟空的形象虽然仍嫌怪异，但是人们见到他的第一判断是“毛脸雷公嘴的和尚”，而非“头戴戒箍的猢狲”，两者具有本质上的区别，这足以表征其“进化”成效。

无独有偶，古代藏文史籍《松赞干布遗教》《玛尼宝训》《西藏王统记》《贤者喜宴》《西藏王臣记》中也有“猕猴变人”的记载，大意如下：一只由神变成的猕猴受观世音菩萨指令至雪域高原修行，遇一位魔女请求与其结合，猕猴担心因此破坏戒律，遂求教于观世音。观世音云：“在此雪域高原繁衍人类是莫大的善事。”石猴遂与魔女结为伴侣，并孕育出数量繁多的猴子，又自须弥山中取来五谷种子种植，供猴类食用。猴类由于需经常蹲在地上采收粮食，尾巴不断与地面摩擦而逐渐变短，体毛也逐渐褪去，又渐学人语，遂演变为雪域高原的先民。

猴类是我国古代公认的智慧生物，汉族文化的民谚和笔记类小说中也不乏其与人类交流的记载，比如说民谚中有“猴子戴帽学人形”“沐猴而冠”等。晋代张华所著的《博物志》中曾记载了一只能像人一样直立行走的猴子，名叫“猴玃”，它经常劫掠女子为妻，其中年少者终生不放还，生的孩子皆如人形，长大后与人无异。元代陶宗仪所著的《南村辍耕录》中记载了一只被人役使、用于偷盗的猴子，幼猴自出世就被豢养，养猴人训练用“番语”与其交流，及长大就可以指令其穿墙入户盗取财物。

晚明张岱在《夜航船》中则记述了一只享有品级、能位列朝班的猴子：“唐昭宗播迁（播迁是迁徙、流离的意思），随驾有弄猴。能随班起居。昭宗赐以绯袍，号孙供奉。罗隐诗‘何如学取孙供奉，一笑君王便着绯’是也……”从这则纪事来看，这只猴子非惟姓氏与悟空相同，其高居庙堂的际遇也和曾官拜“弼马温”和“齐天大圣”的美猴王如出一辙。

基于此,单纯就《西游记》中记述来看,如果说吴承恩在非自觉的情况下,早于达尔文对“从猴子进化到人”这一判断进行了预演,这似乎并不是一个伪命题,也非故作惊人之语,因为这样的预演并不乏认知上的铺垫,借助这一铺垫是有可能导引出猴类可以无限趋近于人这一模糊认识的。当然吴承恩给出的只是个例,囿于认知局限,并没有,也不可能就这一模糊认识进行生物进化规律的总结和提升。

(本文发表于《中国科学报》2017 年 5 月 12 日)

小说《镜花缘》中的“关公战秦琼”

二十余年前，由徐克任编剧、程小东执导的电影《东方不败》上映，剧中林青霞饰演的东方不败形象亦正亦邪，亦端庄亦柔媚，英风流露，顾盼生姿，倾倒万千观众。然而令人遗憾的是一句不合适的台词每每引起笑场：每当东方不败满腔豪情地吟诵毛泽东的名句“江山如此多娇，引无数英雄竞折腰”时，剧场内就欢乐无比。徐克数十年夙兴夜寐营造瑰丽奇幻的江湖世界，竟然在此处蹉跌，良为可叹。

这一事例提示我们创作跨越时代背景的文艺作品并不容易，以此时代人写彼时代事，在刻画人物、铺陈情节等之外又多了一层束缚：如不以审问、慎思、明辨的态度处理所涉及素材，就有可能出现类似于“关公战秦琼”的意外穿越。

《镜花缘》是清代文人李汝珍（约公元 1763—1830 年）所著长篇小说，该书前半部分描述唐敖、林之洋、多九公等人遨游海外的传奇经历，包括他们在女儿国、君子国、无肠国等处的见闻；后半部分侧重描写武则天开女科考选才女，百位才女应试及比拼才智等情节。书中叙事背景设置为唐代武则天执政的武周时期（公元 690—705 年），属于跨越时代背景的文艺作品。应该说作者在属文时已经在一定程度上注意对素材进行遴选和规避，比如说书中有如下两处情节：

三人在黑齿国游历时邂逅一位老秀才，唐敖拱手为礼：“初次识荆，就来打搅，未免造次。”“识荆”一词源于李白的《与韩荆州书》一文：“白闻天下谈士相聚而言曰：‘生不用封万户侯，但愿一识韩荆州。’”韩荆州指时任荆州大都督府长史的韩朝宗，后人因此以“识荆”作为初次识面的敬辞。李白的生卒年代为公元 701—762 年，按照书中设置的叙事背景，此时李白至多为四岁，此文尚未问世。

敏感的读者至此会顿生疑惑，但这其实是作者欲擒故纵的自炫笔法，因为下文即借多九公之口释疑：“今日唐兄同那老者见面，曾说‘识荆’二字，是何出处？”唐敖道：“再过几十年，九公就看见了……”

书中第七十二回，才女下彩云请褚月芳、钟绣田、颜紫绡三女书写扇面，暗指三女为褚遂良、钟绍京、颜真卿三位唐代书法名家的后裔：“三位姐姐都不要过谦……月芳姐姐府上《千字文》、绣田姐姐府上《灵飞经》、紫绡姐姐府上《多宝塔》，这是谁人不知。岂非家传？”褚遂良书《千字文》时间为永徽四年，即公元 653 年；《灵飞经》无款，多认为是钟绍京所书，其盛年时正处于唐代武周时期，故此处也不能算是错讹。唯有颜真卿书《多宝塔碑》的时间是公元 752 年，距离书中的叙事背景尚有数十年之久，故作者故布疑阵后又借一段对话来弥补阙漏：“至于颜府这《多宝塔》，不知是谁的大笔？妹子却未见过。”“妹妹莫忙，再迟几十年，少不得就要出世。”

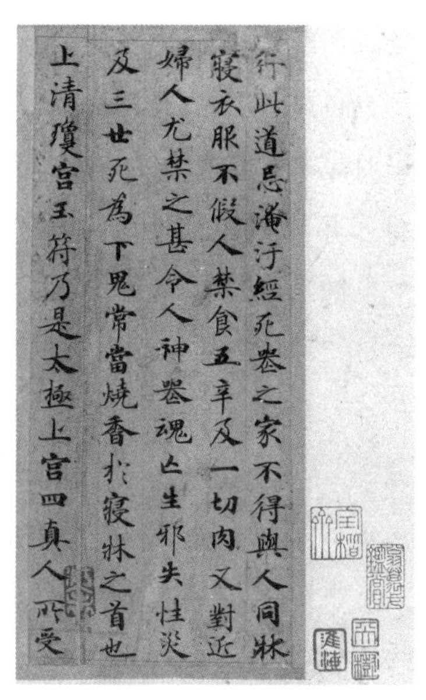

《灵飞经》墨迹残本

虽然书中对素材的遴选较为严格，并且可以据文推断作者沾沾自喜于此，但并非无可指摘。比如说书中第七十九回，米兰芬与蒋月辉等才女互相出题诘难，文中不但出现了钟表，而且竟然出现了秒这一时间单位：兰芬道：“……但这雷声倒可算知里数。”月辉道：“怎样算法？”兰芬指桌上自鸣钟道：“只看秒针，就好算了。”登时打了一闪，少刻又是一雷。玉芝道：“闪后十五秒闻雷，姐姐算罢。”《红楼梦》一书中也曾多处提到钟表，但是计时单位却依据传统的十二时辰，比如说王熙凤协理宁国府情节：“素日跟我的人，随身俱有钟表，不论大小事，都有一定的时刻。横竖你们上房里也有时辰钟：卯正二刻我来点卯；巳正吃早饭；凡有领牌回事，只在午初二刻；戌初烧过黄昏纸，我亲到各处查一遍，回来上夜的交明钥匙。第二日还是卯正二刻过来……”

据学者考证，钟表自明朝晚期始从欧洲传入我国，但是当时国人不识钟表上标注的阿拉伯数字1、2、3、4……和罗马字Ⅰ、Ⅱ、Ⅲ、Ⅳ……故外国钟表师对其进行了汉化处理，改为子、丑、寅、卯十二时辰。这一情况至少延续到乾隆时期，故《红楼梦》中出现钟表及其采用的计时单位均无可指摘。至清代中晚期，部分得风气之先的沿海地区开始出现采用西方计时单位的钟表，至《镜花缘》成书时想来已较为普遍。李汝珍为了炫技，将根据速度和时间来计算距离的题目引入书中，遂成“Bug”。

同是这回书中，还出现了计算圆桌周长的题目，出现了“铺地锦”算法这种穿越：“‘请教姐姐：这桌周围几尺？’兰芬同宝云要了一管尺，将对过一量，三尺二寸。取笔画了一个‘铺地锦’。兰芬道：‘此用圆内容方算，每边二尺二寸六分。’”这种算法其实就是1494年意大利数学家巴切利所创的“方格乘法”，后传入中国，因其图形有如中国古代织锦而得名。

书中第五十九回有这样的对话：“古来女剑侠如聂隐娘、红线之类，所行所为，莫不千奇百怪，何在救脱一人。”聂隐娘为唐代裴铏所著《传奇》中的人物，裴铏的生活年代为公元860年前后；薛红线是袁郊所撰唐传奇《红线》中的人物，袁氏生活于唐昭宗朝（公元889—904年）。两个人物形象的问世距离小说设定的时间背景至少有百余年，作者却将其归为古时人物，遂谬以千里。

书中第七十一回提到了“我们本朝那部《西游记》可是有的？《西游记》上女儿国可是有的？”单看前半句话可能没问题，作者大概意指由玄奘叙述、由其弟子辩机辑录，问世于公元646年的《大唐西域记》；但从后半句看，作者当是将此书与明代吴承恩所著的《西游记》混为一谈。同样问题还见于第二十七回提到的“《西游记》有个火焰山”。

书中才女比拼才艺时屡屡提到《西厢》。《西厢记》是元代王实甫所著戏剧剧本，根据唐代元稹（公元779—831年）所著的传奇《莺莺传》改编。因此无论作者意指为何者，距离书中的叙事背景均很遥远。此外书中还多次出现《本草》。我国古代记述中药类的书籍多称本草，如《神农本草经》《唐本草》《嘉祐补注本草》等，其中影响力最大的是明代李时珍所著《本草纲目》。书中未明确《本草》是哪一种，但从介绍的药方、药理、药性等来看，至少有部分内容来源于李时珍版本。

《镜花缘》出版于嘉庆二十三年（公元 1818 年），问世后影响颇大，所受评价也较高，比如说鲁迅在《中国小说史略》中称其“然亦与《万宝全书》为邻比矣”，苏联女汉学家费施曼称赞该书是“熔幻想小说、历史小说、讽刺小说和游记小说于一炉的杰作”。该书展示了作者渊博的知识、瑰奇的想象力和较广阔的视野，但是刻画人物性格较差，众才女的个性不够鲜明，尤其后半部偏重于知识的炫耀，着意堆砌，下笔难以自休，枯燥烦琐，让人难以卒读，遂成为致命伤。故鲁迅又评说其“惟于小说又复论学说艺，数典谈经，连篇累牍而不能自已，则博识多通又害之”，这正是书中不恰当的“穿越”频频出现的原因。

（本文发表于《中国科学报》2017 年 9 月 29 日）

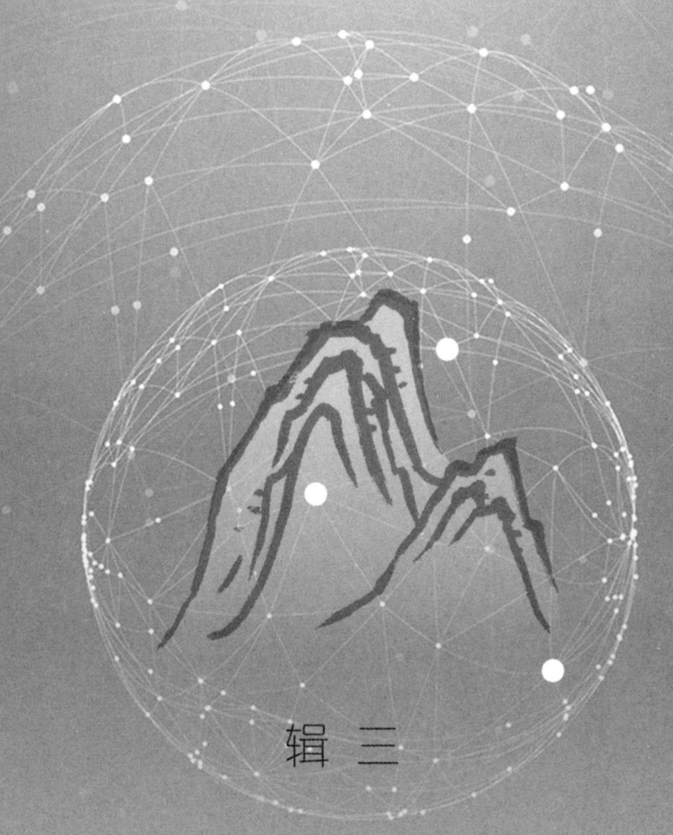

辑三

史/迹/钩/沉

文学中的烟草

烟草原产于美洲，于 16 世纪中期始传入我国，至今只有四百多年的历史。在此之前，包括三皇五帝、诸子百家、秦皇汉武、唐宗宋祖在内的中国人，没有一个是烟民。任你是“唐宋八大家”、李白、杜甫、白居易，任你是孙武、吴起、张良、诸葛亮，在炮制鸿文巨著、辞赋诗歌，指点作战蓝图的时候，都没有在手指间夹上一支香烟的习惯。李白在不得志时“借酒浇愁”，也不曾“以烟解忧”；《水浒传》中众好汉大碗喝酒、大块吃肉的场面比比皆是，却从未有“饭后一支烟”的记载。

迄今为止，我国文献材料中已发现的对烟草的最早记载，见于明人姚旅写于万历末年的《露书》卷十《错篇》：“吕宋国出一草，曰淡巴菰。”“淡巴菰”应是“tobacoo”的音译，更雅驯的译法有“淡白果”“丹白桂”等。此后，关于烟草的记载见于张介宾的《景岳全书·本草·隰草部》、方以智的《物理小识》卷九“草木类”、杨士聪的《玉堂荟记》、谈迁的《枣林杂俎》、厉荃的《事物异名录》、赵翼的《陔余丛考》等书中。关于烟草的吟咏亦复不少，如清代著名学者、文学家全祖望曾经写过《淡巴菰赋》。

中国的古典四大名著中，《三国演义》和《水浒传》创作于元末明初，《西游记》创作于明代，因此三部书里未出现抽烟的情节并不为奇。

一般认为，《红楼梦》前八十回创作于 18 世纪中叶的清乾隆时期，为曹雪芹所著；后四十回成书于此后二三十年间，为高鹗所续。检点全书，与烟有关的情节只有两处。其一，第五十二回，晴雯伤风感冒，久病不愈，于是用鼻烟来治疗：“宝玉便命麝月：‘取鼻烟来，给她嗅些，痛打几个嚏喷，就通了关窍。’麝月果真去取了一个金镶双扣金星玻璃的一个扁盒来，递与宝玉。”其二，第一百零一回，

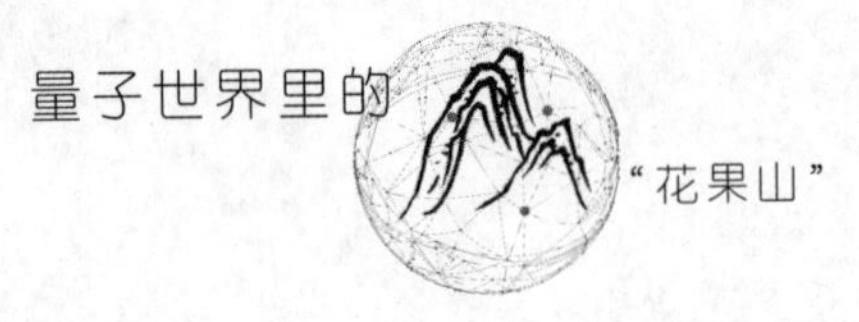

宝玉与宝钗完婚不久，一日清晨，宝玉在痴看宝钗梳头，二人因此受到王熙凤的取笑：“凤姐因向宝玉道：‘你还不走，等什么呢。没见这么大人了还是这么小孩子气的。人家各自梳头，你爬在旁边看什么？成日家一块子在屋里还看不够？也不怕丫头们笑话。’……把个宝钗直臊的满脸通红，又不好听着，又不好说什么。只见袭人端过茶来，只得搭讪着，自己递了一袋烟。”

在这两处情节中，第一处所涉及的是鼻烟，与点燃后吸食的烟草有异，因此可以说在洋洋大观的前八十回文字并未出现吸烟的情节。这其中的原因似乎值得探求一番，要知道，在早于《红楼梦》成书的顺治、康熙年间已有关于吸烟的诗歌出现。例如方文（公元1612—1669年）于顺治五年（公元1648年）在京师游览，撰《都下竹枝词二十首》，其中两首便是咏烟之作。康熙年间，山西介休梁锡珩（字楚白，号深山）撰有《偶咏美人吃烟》，诗曰：“前身合是步非烟，弄玉吹箫亦上天。红绽樱桃娇不语，玉钩帘外晚风前。”

众所周知，小说虽然有虚构的成分，但仍然以创作者的生活经历为基础。因此，对这个问题的一种解释是，其时烟草已经盛行，但是作为《红楼梦》前八十回创作原型的这些人物均不吸烟，因此曹雪芹并无主观上强加吸烟嗜好的必要。另一种解释是，作为创作原型的这些人物所处的时代、所居住的地区并无吸烟之俗。还有人提出一种可能，那就是曹氏本人视烟如仇，因此主观上不在书中体现。与前两种解释比起来，这种可能性属于小概率事件。至于高鹗所续的后四十回为什么出现了吸烟的情节，这同样可能与高氏所处的时代吸烟之风已经盛行，或者与高氏的生活经历有关。这一情节的设置，使得一个从不吸烟的人突然拿起了烟袋，书的前后两部分因此不尽统一，也算是一处瑕疵。

关于《红楼梦》一书的成书年代、续书是否为高鹗所作、曹雪芹著《红楼梦》是否依据其在江宁织造府的生活经历而成等问题，在学界一直颇有争议。因此从农史的角度探查烟草在我国的引种史，探查其在江南地区、在高鹗所生活的时代和地区的流布情况，对于澄清这些问题似乎也不无佐证的价值。

成书晚于《红楼梦》，最早刻本见于清光绪四年（公元1878年）的《儿女英雄传》一书是满族文人文康所著，被认为是反《红楼梦》之作。在这部书中，吸烟已经成了日常之俗。举书中人物，十之八九吸烟，特别是女性人物，几乎人手一支烟袋，起坐不离。这应该是对当时满族贵族妇女吸烟习俗的真实反映。特别有趣的是，书中还有对“资深烟民”程师老爷所用烟具和吸烟习惯的一段有趣描写，令人捧腹：

“众人一看那个蓝布口袋，先恶心了一阵。且不必问他是怎的个式样，就讲那上头的油呢，假如给了剃头的，便是使熟了的绝好一条杠刀布，却又合他那根安着猴儿头烟袋锅儿、黄白加黑冰裂纹儿的象牙烟袋嘴儿、颤巍巍的毛竹烟管两下里拿着……

及至点着了，吃完了，他可又不大懂得往地下磕，都是一撒嘴儿顺着手儿把那烟袋锅儿往地下一墩，那锅儿里的烟灰墩的干净也是这一墩，墩不干净也是这一墩。假如墩不干净，回来再装，那半锅儿烟灰可就絮在生烟底下了。越絮越厚，莫讲辰年到卯年，便一直到他“盖棺论定”，也休想他把那烟袋锅儿挖一挖……

当下众人看了这两件东西，一个个龇牙裂嘴，掩鼻攒眉，谁也不肯给他装那袋烟……”

在金庸、梁羽生先生所著的武侠小说中，不乏用烟草、烟袋作为伤人利器的武学高手，如金庸所著《碧血剑》中的吕七先生、《飞狐外传》中的烟霞散人，梁羽生所著《女帝奇英传》中的程达苏等。《碧血剑》和《飞狐外传》所设置的背景分别为明末清初和清代乾隆年间，因此从农史的角度来看，这两部书并无错讹之处，只能说是这两位高手得风气之先。而《女帝奇英传》所设置的背景为初唐，程达苏就有穿越之嫌了。

关于武学好手用烟袋作为兵器，这倒也并非完全是杜撰。纪晓岚在《阅微草堂笔记》中也有记载：“医者胡宫山，不知何许人……年八十余矣，轻捷如猿猱，击技绝伦。尝舟行，夜遇盗，手无寸刃，惟倒持一烟筒，挥霍如风，七八人并刺中鼻孔，仆。”

在烟草流入中国的数百年间，中国诞生了数以亿计的烟草拥趸者，流毒远播，贻害无穷，这一外来物种的影响力可谓大矣。引入外来物种不可不慎，诚然！在明代崇祯年间，烟草的危害已经彰显，故有“崇祯禁烟”之举。也有人考证指出，崇祯禁烟的真正原因在于当时人们称吸烟为“吃烟”，而“吃烟”与“吃燕”同音，北京又名燕京，崇祯为避讳而倡导禁烟。这当为国内禁烟之始。

华君武漫画《决心》

幼时曾看过华君武先生的一幅名为“决心”的戒烟漫画，记忆犹深。漫画由四幅小图组成：其一，一手握烟斗，一手握拳做发誓状；其二，把烟斗向窗外掷出；其三，在楼梯上奔跑如飞；其四，在烟斗落地前稳稳接住，喜笑颜开。这是对众多有戒烟经历烟民的真实写照，由此可以想见戒烟之难。

（本文发表于《中国科学报》2014 年 5 月 16 日）

从《红楼梦》看“玻璃”的繁华前世

在《西游记》中，沙悟净因在蟠桃会上失手打碎了“琉璃盏”，而受到在今天看来匪夷所思的严厉惩处：不但被贬入凡尘，而且每七日要受飞剑穿胸胁百余下之苦。究其原因，当是在书中设置的情境下，在玉帝，更进一步说也就是在作者心目中，琉璃是非凡的奇珍。

琉璃的珍贵由来已久。这一词最早见于西汉桓宽的《盐铁论》：“……而璧玉、珊瑚、琉璃成为国之宝。”此外，它还被誉为《般若经》中所云的佛家七宝之一（金、银、琉璃、珊瑚、琥珀、砗渠、玛瑙），也身列中国五大名器（金银、玉翠、琉璃、陶瓷、青铜）。

如果说在如今举目皆是的玻璃，在清中叶以前曾被人们珍若拱璧，可能会给人“蝉翼为重，千钧为轻”的感觉。但这绝非荒诞不经之论，从《红楼梦》一书中就可见端倪。

《红楼梦》中较多地提及了玻璃制品。它们大致有五类用途：其一，用作盛装的器皿；其二，用作灯具；其三，用作装饰物屏风；其四，用作镜子；其五，用作建筑材料。

用作盛装的器皿，全书共提及七次，试举几例：

第三回，林黛玉初进荣国府，见到贾政所居正室“荣禧堂”“大紫檀雕螭案上”的摆设：“大紫檀雕螭案上设着三尺多高青绿古铜鼎……一边是金蜼彝，一边是玻璃海。”彝是鸟兽形的盛酒器，多为商周时期的青铜器，可能是作者为显示贾府的奢华而加上了“金”字；大酒杯俗称为酒海。此处玻璃海与金蜼彝处于同等的地位。

第五回，贾宝玉神游太虚幻境，警幻仙子以玻璃盏盛装的美酒飨客：“琼浆满泛玻璃盏，玉液浓斟琥珀杯。"此处玻璃盏与琥珀杯相提并论，盏中所盛的酒液"乃以百花之蕤，万木之汁，加以麟髓凤乳酿成，因名为'万艳同杯'"，由酒可推见器皿之珍贵。

第三十一回，晴雯因失手跌坏了扇骨而与宝玉发生小争执，此后有"先时候儿什么玻璃缸，玛瑙碗，不知弄坏了多少"的话语。

第三十四回，宝玉受贾政杖责之后，袭人到王夫人处取用小小玻璃瓶装着的清露，王夫人有如下话语："那是进上的，你没看见鹅黄笺子？你好生替他收着，别遭塌了。"

第五十二回，晴雯久病不愈，宝玉命人取来装在一个金镶双金星玻璃小扁盒儿内的上等鼻烟来诊治；第九十二回，冯紫英到贾府兜售海外奇珍，其中一颗大珠是用玻璃盒子盛装的："第一层是一个玻璃盒子，里头金托子大红绉绸托底，上放着一颗桂圆大的珠子，光华耀目。"

用作灯具，全书共提及三次：第四十五回，贾宝玉在风雨夕探视黛玉，临别时黛玉取下玻璃绣球灯，宝玉因此说道："我也有这么一个，怕他们失脚滑倒了打破了，所以没点来。"能让贾宝玉这样锦衣玉食且不谙世事的贵族公子如此爱惜，衬托了此灯的珍贵。此外，在元妃省亲时，在河边的石栏上装饰有"水晶玻璃各色风灯"。第五回，贾府元宵开夜宴时，在花厅的房梁和廊柱上也装饰有玻璃彩穗灯。

用作装饰物屏风，全书共提及三次：第六回，因要招待"要紧"的客人，贾蓉奉父命来"求"王熙凤，商借玻璃炕屏作为摆设。此后二人有"碰坏一点儿，你可仔细你的皮！""我亲自带人拿去，别叫他们乱碰"的对话。第七十一回，贾府庆贺贾母八十大寿，在贾母问及所收的贺礼中有几架围屏时，王熙凤回以“内中只有甄家一架大屏，十二扇大红缎子缂丝‘满床笏’，一面泥金‘百寿图’的是头等。还有粤海将军邬家的一架玻璃的还罢了”。上述玻璃炕屏和玻璃围屏极有可能被列入了第一百零五回贾府所查抄出的物品清单：“有玻璃大屏二架、玻璃盘四件”。

用作镜子，全书共提及两次：第十七回，贾政巡视初完工的大观园，在一处院落内“忽见迎面也进来了一起人，与自己的形相一样——却是一架大玻璃镜。”从此处的行文语气来看，玻璃镜当不是贾政常见之物。这处院落当为后来宝玉所居的怡红院，在第四十一回，这面镜子困住了醉后误闯宝玉卧房的刘姥姥。

用作窗子的建筑材料，全书仅提及一次：在第五十回，芦雪庵即景联诗的前夜，撕绵扯絮地下了一夜雪，次日晨，宝玉自玻璃窗观望，见雪犹未停。

此外，书中还有一处把玻璃用作人名：第五十九回，因一位老太妃薨逝，凡诰命等皆入朝趋奉，鸳鸯、琥珀、翡翠、玻璃四人忙着打点贾母用物。玻璃这一名字全书仅此处出现。由于贾府丫鬟的名字往往成系列出现，如抱琴、司棋、侍书、入画，因此有理由相信玻璃这一名字是与琥珀、翡翠并列的。

在古代，玻璃之珍贵是无疑的。究其原因，大概是物以稀为贵。虽然同样是基于烧制工艺，古代中国曾发展起来了享誉世界的陶瓷，因此造就了“china”这一词汇，却未催生规模化的玻璃生产。这是否缘于在工艺上有难以解决的问题，或是因为玻璃制品的实用性不及陶瓷制品，因此人们在二者间进行了扬弃，颇值得探究一番。

从书中反映的清代贵族阶层使用玻璃的情况可以看出，当时玻璃制品应较多地来自于海外。例如，书中曾明确提到盛装洋货珠宝的玻璃盒、盛装洋烟的玻璃小瓶。此外，用玻璃瓶盛装的木樨清露和玫瑰清露也是舶来品。在南怀仁所著的《西方要纪》中对“清露”这类物品曾有记载：“西国市肆中，所鬻药物，大半是诸露水”“其名玫瑰者最贵，取炼为露，可当香，亦可当药。”

此外，关于中国古代的玻璃和琉璃到底是不是同一物质，向来众说纷纭。

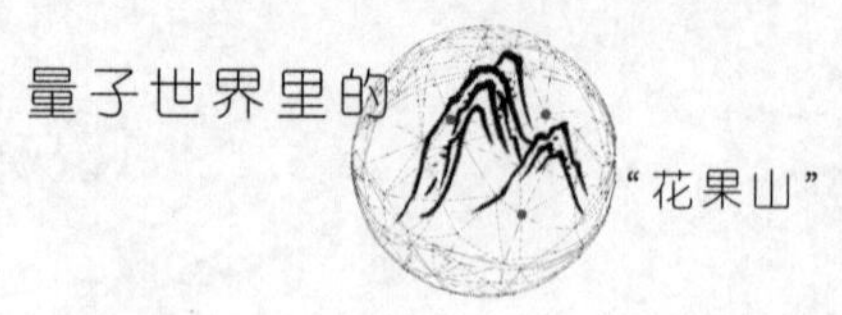

《红楼梦》中只有一处提及“琉璃”器物，即书中第八十五回，在庆贺贾政“报升郎中任”时，“又见贾母高兴，便将琉璃戏屏隔在后厦，里面也摆下酒席。”此处提到的戏屏和玻璃炕屏、围屏有了明确的材质区分。在《西游记》中也同时出现了玻璃和琉璃两种器物。可见曹雪芹和吴承恩均未把它们看做一类物质。

（本文发表于《中国科学报》2014 年 10 月 10 日）

曹雪芹的自然知识视野

在《红楼梦》中,"海棠社"的成立标志着一个小小的"大观园学派"诞生。大观园诸君砥砺研讨的范围涉及诗词、文学理论、美术、戏曲、音律、宗教等,这在一定程度上反映了曹雪芹对上述领域的涉猎。但这并非其知识构成的全貌,检点全书,还可见多处关于医学、植物、动物、地理等方面的记载,据此也许可以管窥曹雪芹关于自然领域的知识视野。

关于医学方面,书中涉及诊病、配药等方面的情节颇多,而且书中多个人物表现出了对中医学、药学等知识的了解,如贾宝玉曾为晴雯斟酌药方,并指摘"胡庸医滥用虎狼药",薛宝钗曾非常切中肯綮地细论林黛玉的病情,张友士在为秦可卿诊疗时表现出了对病情起因和走势的精当判断,以及对脉学的精研等。

有学者统计,《红楼梦》全书共计出现240余种植物,从用途上分属药用、食用、用材、观赏、香料等多个类别。出现植物种数最多的是"第十七回　大观园试才题对额　荣国府归省庆元宵",多达61种。该回所提到的薜荔、藤萝、杜若、蘅芜、茝兰、金葛、玉蕗藤、紫芸、青芷等植物多见诸《离骚》《文选》《吴都赋》《蜀都赋》;其次是"第七十八回　老学士闲征姽婳词　痴公子杜撰芙蓉诔",共出现41种植物。

书中所提到的动物种类也非常繁多,例

如，宁府黑山村庄头乌进孝所进献的租赋账单中就包括不下二十种动物，单是猪就有暹猪、野猪、家猪、龙猪等之分。此外，书中还提到了一些记载于古书或流传于神话传说的鸟兽，如㶉鶒、鵁鶄、鸾鹭、玉虬等。

在地理学方面，作者对国内山川地理和行政区划等的熟悉自不待言，值得一提的是对于外国的记载。书中提到的外国国名可分两类，其一为虚拟或取自神话传说，如女儿国、茜香国、真真国、西天大树国；其二则为实指，书中明确提到暹罗、俄罗斯、波斯国、福朗思牙。由于曹氏曾生活在江宁，祖辈担任江宁织造，因此当有机会接触外国贡使和客商，他对一些与中国有交流的国家应该有所了解。

暹罗是泰国的旧名，在清代的康、雍、乾三朝曾多次朝拜中国并进献贡物，因此书中提到暹罗茶叶和“灵柏香薰的暹猪”不为无据。俄罗斯在康熙年间曾遣使来我国京师就学。在《尼布楚条约》签订后，两国往来行旅不绝。曹氏及其先辈应该有机会接触到该国的物产，书中提到的有用孔雀毛掂线织成的“雀金呢”。波斯即今伊朗，我国史称其为“安息”，两国之间历代交往不绝。书中第六十二回提到在宝玉过生日时，凤姐送以波斯玩器。

书中第六十三回提到：“海西福朗思牙，闻有金星玻璃宝石，他本国番语以金星玻璃名为‘温都里纳’”。福朗思牙当为“France”的译称。据学者考证，“温都里纳”指的是内含金星的棕黄色宝石，是据法语原文“aventurine”转译而来。曹雪芹知道这一国名，并把这一物产写入小说，与时人相比较，足见其地理视野之广阔。

自明末清初以降，天文学、数学等西方科学知识自西东渐。明末徐光启向意大利耶稣会士利玛窦学习西方学术时，曾用“格致之学”来称呼来自西方的自然知识体系。曹雪芹作为当时受教育程度较高的知识分子，本身又非热衷于科举，读书涉猎较为广泛，但从《红楼梦》一书中却未见其对上述知识有所涉猎。他的自然知识当是主要来自日常积累和对古书记载的阅读，因此也不可避免地存在错讹。其中较为明显的是“腐草为萤”的错误认知：在第五十回，大观园诸君齐集“暖香坞雅制春灯谜”，李绮以“萤”为字谜谜面，薛宝琴猜出谜底为“花”

字，林黛玉对此的解释是："妙的很，萤可不是草化的？"

"腐草为萤"这一说法最早见于《礼记·月令》篇："季夏三月……腐草为萤。"这其实是一种用来解释生命起源的，类似于自然发生论的错误观点，臆测生命体是从非生命物质而来的，类似的表述还有"蝉固朽木所化也"（《酉阳杂俎》）等。这一观点在东西方都曾盛行。曹雪芹囿于当时的认知水平，遂以讹传讹。

（本文发表于《中国科学报》2014年11月7日）

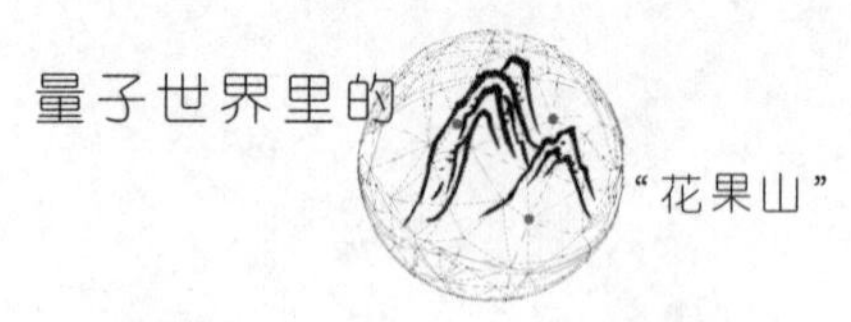

取经团队成员为何均为戴罪之身?

小说《西游记》中取经团队五位成员具有身份上的共性,那就是均拥有繁华的过往,但已被谪入凡尘,在踏上取经路时为戴罪之身。其中孙悟空、沙僧、白龙马在身份上尤其具有鲜明的囚徒性质。

具体说来,唐僧在前世为如来的二弟子,名为金蝉子,因轻慢佛法,被贬至东土大唐;孙悟空因大闹天宫、扰乱蟠桃会,被镇压于五行山下;猪八戒本为天庭掌管八万水军的天蓬元帅,因色欲心作祟,醉闯广寒宫,而被谪入凡尘;沙僧本为灵霄殿下侍銮舆的卷帘大将,因在蟠桃会上失手打碎琉璃盏,被发配至流沙河,每七日一次受飞剑穿胸胁百余下之苦;白龙马本为西海龙王敖闰之子,因纵火烧了殿上明珠,被拘禁于鹰愁涧。

小说《西游记》以玄奘法师的弟子辩机所辑录的《大唐西域记》,以及另两名弟子慧立、彦悰撰写的《大唐大慈恩寺三藏法师传》为主要创作基础,并融合以民间传说、话本、戏曲等而成,因此被普遍认同属世代累积型的集体创作作品。在故事积淀的近千年过程中,人们无疑会不断融入一些当时的思想认识元素。那么,取经团队成员的罪人身份定格于何时?人们何以把取经这一庄严伟业搁置于负罪之身?

目前可见且较为成型的两部作品曾为小说的最终定格提供了重要借鉴,其一为《大唐三藏取经诗话》,其二为杨景贤的杂剧《西游记》,从中可寻找上述问题的端倪。

《大唐三藏取经诗话》今存宋元刻本两种,均为残本,作者不详。书中所记载的取经团队成员为僧行七人,但只有法师(唐僧)和化身为白衣秀士的猴行者有名字。猴行者神通广大,曾因偷吃蟠桃被王母处罚,“配在花果山紫云洞”。书中无对唐僧前世身份的记述,也无猪八戒和白龙马这两个形象,但有在途中降服深沙神的情节。法师前世曾两度取经,但两次为深沙神所啮噬,第三次终于将其降服,但并未收录为弟子随同取经。深沙神极有可能是沙僧的原型。从这部书的记载来看,至少在宋代时猴行者这一形象已被界定为戴罪之身。

杨景贤大概生活于元末明初,他所撰写的杂剧《西游记》在人物形象、取经团队成员组成和情节设置上,已经非常接近小说《西游记》,但人物身份稍有不同:唐僧前世并非为如来的二弟子,而是“西天毗庐伽尊者托化于中国海州弘农县陈光蕊家为子,长大出家为僧,往西天取经阐教”,也并无受贬斥环节,非戴罪之身;孙悟空名为“通天大圣”,因盗窃太上老君炼就的金丹、王母的仙桃,以及仙衣一套,被观音镇压在花果山下;白龙马原为南海沙劫驼老龙第三子,为行雨差迟,法当斩罪;沙僧本为玉皇殿前卷帘大将军,因带酒思凡,被罚在恒河中拘禁;猪八戒的前世为摩利支天部下御车将军,因盗取金铃,潜逃在黑风洞中。

值得一提的是,剧中的孙悟空和沙僧均表现出了好色的一面,孙悟空还曾霸占金鼎国女子为妻。这和小说中人物的性格迥然不同。从该剧来看,至元末明初,除唐僧之外,取经团队其他成员的形象已被界定为戴罪之身。至小说《西游记》出现,唐僧的罪人身份也被定格。

孙悟空这一形象最早被界定为戴罪之身,其中的原因似乎可以结合其原形加以阐释。有论者认为孙悟空的形象可能源自玄奘法师在途中所收的弟子石槃陀。石槃陀为胡人,出家后则为“胡僧”,胡僧与“猢狲”音近,再和“石”字结合起来,最终被演绎为石猴这一形象。据《大唐大慈恩寺三藏法师传》记载,在随侍法师后不久,石槃陀因畏难而思返,又担心护送之事泄露,故对法师萌生杀意,随后离开法师。这极有可能是孙悟空被界定为罪人形象的“原罪”。从小说中依稀可见上述事件的影子，而且石槃陀桀骜不驯的性格也和孙悟空相似。

还有一种说法认为孙悟空的形象可能与中国古代神话中的水怪无支祁有关，杂剧《西游记》中曾提及孙悟空的二妹为"巫枝祇圣母"，可见其形象塑造对此有所借鉴。《太平广记》中记载无支祁"形若猿猴""金目雪牙"，因在大禹治水时作恶，被擒拿并镇压在"淮阴龟山之足下"。这与孙悟空的形象及待罪身份极为相似。

一个由罪余之人组成的团队，远赴波诡云谲的险地去完成重任，这很容易让人想到中国古代的充军制度。所谓充军，就是把犯人发配到边远地区从事强迫性的屯种或充实军伍，其所去的地方自然是苦寒之地、"瘴疠"之所。充军者往往会承担一些险任，比如说在汉武帝时期，就曾把一些罪人编入军伍，随贰师将军李广利出征朔方。

以犯罪之人充实军伍在我国历史上由来已久，但"充军"之名大概在元代前后才正式出现，在明代则正式形成制度并大规模加以运用。吴承恩很可能受此启发而较多地将这一罪名体现在了小说中。例如小说第二十七回、第三十三回、第三十八回、第八十回中，就分别出现了"师父，你便偿命，该个死罪；把老猪为从，问个充军""山神也问个充军，我们也领个大不应是""把我们拿住，发到官司，就不该死罪，也要解回原籍充军""师父追了度牒，打个小死，八戒该问充军，沙僧也问摆站"等对话。由此可推断这在当时应该是一种施用比较普遍的刑罚。

（本文发表于《中国科学报》2015 年 2 月 27 日）

"天花"与曹雪芹的悲剧命运

在《红楼梦》第二十一回中，有凤姐之女大姐儿出天花的情节。作为贵族家庭的贾府，除了"款留两位医生，轮流斟酌诊脉下药"以外，还采取了一系列应对措施，计有：打扫房屋，供奉痘疹娘娘；忌煎炒等物；打点铺盖衣服与贾琏隔房；拿大红尺头给奶子丫头亲近人等裁衣裳；此外还遵医嘱预备桑虫、猪尾。至于这些措施有何作用，可结合前人的解读一一进行分析。

打扫房屋的目的当是为了确保环境清洁，此时病人的自身免疫力较差，清洁的环境有助于隔绝新的感染源；此外这一举动也表示对供奉礼仪的虔诚。供奉痘疹娘娘在很大程度上是出于迷信心理，当然也可能对病人起到心理安抚的作用，但是鉴于大姐儿年龄幼小，后一作用的效果可能非常有限。关于忌煎炒的目的，大体有两种观点。其一认为这是防止用油烹调而污染空气；另一观点则认为，煎炒要用豆油，忌煎炒是为了避"痘"之讳，其目的是出于对病人家属的心理安抚。打点铺盖衣服与贾琏隔房，其目的应该是为了隔离病人，一可防止对病人的干扰，有利于病人静养，其次是防止天花病毒传染。

至于用大红的绸子裁剪衣服，据笔者推测，这有可能与西方及日本在面对天花时所施行的"红色疗法"相近，即认为红色象征着驱邪和吉祥，给病人盖红色被子、挂红色蚊帐、穿红色衣服等可求平安。这可能与中国人在本命年时穿着红色衣服的习俗具相同寓意。

关于桑虫（即桑蚕蚕蛹）和猪尾，有人解读为"茧如豆，破可出；猪短尾，不久长"，认为采用这两样东西意在讨口彩。还有人据清代江讱庵的《本草易读》中的记载："痘疮便秘，任食肥肉""（蚕茧）消皮肤之风疮。灭疮瘢，而拔疔根，息金疮而疗风痔"，认为这两样东西具祛病、平复瘢痕的作用。

中国人痘接种术

从上述分析可见，这些措施对天花诊治所能起的作用是极其有限的，真正对治疗发挥了作用的应该还是两位医生的"轮流斟酌诊脉下药"。在曹雪芹生活的年代之前，我国已经发明了预防天花的人痘接种术，并具有了一定规模的应用。其具体施种方法之一，就是取天花痘痂研成极细的粉末，用细管吹入被接种者鼻孔。俞茂鲲为精研痘症的清代医家，其所著的《痘科金镜赋集解》中记载到："种痘法起于明隆庆年间(公元 1567—1572 年)，宁国府太平县，姓氏失考，得之异人丹徒之家，由此蔓延天下，至今种花者，宁国人居多。"

到 17 世纪时，人痘接种术的推广已经有了一定规模。康熙在《庭训格言》中写道："国初人多畏出痘，至朕得种痘方，诸子女及尔等子女，皆以种痘得无恙。今边外四十九旗及喀尔喀诸藩，俱命种痘；凡所种皆得善愈。尝记初种时，年老人尚以为怪，朕坚意为之，遂全此千万人之生者，岂偶然耶?"此外，乾隆时期的医家张琰也曾在其所著的《种痘新书》中记载到："余祖承聂久吾先生之教，种痘箕裘，已经数代""种痘者八九千人，其莫救者二三十耳"。其治疗效果可见一斑。

随着种痘术的推广，其影响开始向国外辐射。在康熙年间，俄罗斯首先派遣留学生到我国学习痘医。此后种痘法经俄国传至土耳其和北欧，此后又传至欧洲各国和印度，渐及日本和朝鲜。至 18 世纪中叶，人痘接种术已遍及欧亚各国。法国思想家、文学家和哲学家伏尔泰(公元 1694—1778 年)曾就推广种痘术一事批评法国人，他说到："我听说一百年来中国人一直就有这种习惯，这是被认为全世界最聪明、最讲礼貌的一个民族的伟大先例和榜样。中国人的种痘方法的确是大不相同的；他们并不割破皮肤；他们从鼻孔把痘苗吸进去，就好像闻鼻烟一样;这种方法比较好受,但是结果一样。这一点可以证实:倘若我们在法国曾经实行种痘,或许会挽救千千万万人的生命。”

公元1796年,英国人真纳受人痘接种术的启示,试种牛痘成功。人痘接种术被逐步取代,渐渐淡出。曾有学者评价道:人痘接种术无疑是我国人民最伟大的历史创造之一,它曾经挽救了无数生命,对世界医学科学的发展,乃至人类进步起到了巨大的推动作用,其价值毫不逊色于我国古代的四大发明。

有学者推断,从小说中的情节看,凤姐女儿当是事先接种过人痘疫苗的,所以“症虽险,却顺,倒还不妨”,此后果然内毒迅速散发,顺利康复。但现实生活中的曹雪芹却未如此幸运,因为当时对种痘的推广规模毕竟有限,除了官宦富绅阶层外,贫寒庶民之家未必能普遍得益。

曹雪芹雕像

有学者据现存不多的资料考证,曹雪芹的前妻育有一子,至乾隆二十八年(公元1763年,癸未年)为虚岁十二岁,正值天真烂漫、善解人意的年龄,曹雪芹对其爱若珍宝。然而就在这一年北京天花肆虐,无数儿童因而夭亡。清代戏曲家、文学家蒋士铨对此曾有诗记载:“三四月交十月间,九门出儿万七千;郊关痘殇莫计数,十家襁褓一二全。”曹雪芹的爱子罹疾,不治而亡。曹雪芹因之身心剧痛,伤感成疾,“书未成,芹为泪尽而逝”。他的好友敦诚、张宜泉的孩子也同遭厄运。痛于曹雪芹父子之殇,敦诚在《挽曹雪芹》一诗中沉痛写到:“孤儿渺漠魂应逐,新妇飘零目岂瞑”,并加了“前数月,伊子殇,因感伤成疾”的注释。

人们常常称许《红楼梦》一书在情节设计上是“草蛇灰线,伏笔千里之外”。然而书中关于天花的这一情节竟延伸至曹雪芹的悲剧命运中,可谓一语成谶。白雪歌残,红楼梦断,良可叹息。

(本文发表于《中国科学报》2015年4月17日)

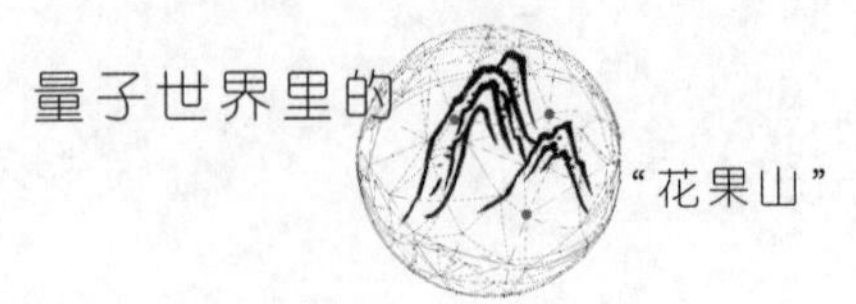

《红楼梦》异域元素钩沉

在我国历史上，禁海政策的始作俑者为朱元璋。终明朝一代，除允许部分国家和部族通过“朝贡”方式与“中华上国”进行贸易外，其他私人海外贸易一律被禁止。清朝定鼎之初，因无力在海上与郑成功等反清势力争雄，遂于顺治十三年六月颁布禁海令，敕谕浙江、福建等沿海地区商民船只不得出海，以防输送粮食货物资敌。至收复台湾之后的次年，即康熙二十三年，清廷认为海氛廓清，遂逐步解禁，虽然期间也时时加之限制，但还是因此形成了一个中外经济文化交流较为繁荣的时期。

曹雪芹大概出生于康熙五十四年左右，为遗腹所生。此时曹雪芹的嗣父曹頫深受康熙宠信，就在这一年承袭了江宁织造一职，曹氏家族正处于“鲜花着锦，烈火烹油”般繁华阶段的末季。虽然不能如《红楼梦》中王熙凤所说的“那时我爷爷专管各国进贡朝贺的事，凡有外国人来，都是我们家养活。粤、闽、滇、浙所有的洋船货物都是我们家的”，但是江宁织造府接触较多的外国使节、客商以及种种舶来品是非常自然的。随着繁华落幕，“好了歌”奏响，曹雪芹著书黄叶村时追忆秦淮风月，遂把这些异域元素一一沉淀在了《红楼梦》中。

书中的异域元素中最使人震惊的是六十三回提到的“温都里纳”：“海西福朗思牙，闻有金星玻璃宝石，他本国番语以金星玻璃名为‘温都里纳’”。福朗思牙当为“France”的译称。据学者考证，“温都里纳”指的是内含金星的棕黄色宝石，该词是据法语原文“aventurine”转译而来。曹雪芹知道这一国名，并把这一物产写入小说，足见其异域视野超越时人。此外还有种种异域元素弥漫于贾府生活的服饰、饮食、医药、用器及日常交流中。

《万国来朝图》局部（清代乾隆年间宫廷画）

从服饰来说，林黛玉初见王熙凤时，后者穿着“缕金百蝶穿花大红洋缎窄褃袄”和“翡翠撒花洋绉裙”。洋缎即指倭缎。据《天工开物·倭缎》篇中记载：“凡倭缎制起东夷(日本)。漳(州)、泉(州)等地仿造。”洋绉也当为外国制造或仿外国工艺的服饰材料。而稍后出场的贾宝玉也穿着“石青起花八团倭缎排穗褂”，由此可见外国纺织物在贾府贵族生活中已经具有一定普遍性。此外书中还出现了“大红羽缎对襟褂子”“羽缎、羽纱”“西洋布”“金丝织的锁子甲，洋锦袄袖”“哆罗呢”“雀金裘、雀金呢”等外国服饰和织物。

“羽缎、羽纱”是清朝前期对西方传入的纺织品的称谓，据清代王士禛在《皇华纪闻》中记载：“西洋有羽缎、羽纱，以鸟羽织成，每一匹价至六七十金，着雨不湿。”“哆罗呢”是明末清初从西欧传入我国的一种阔幅的毛织呢料。“雀金裘”为哦罗斯(即俄罗斯)国所产，在书中成为推动情节发展的一个重要元素，晴雯就因为贾宝玉缝补这件衣服加重病势而早夭。“雀金裘”并非杜撰，据清代叶梦珠在《阅世编》卷八中记载：“今有孔雀毛织入缎内，名曰‘毛锦’，花更华丽，每匹不过十二尺，值银五十余两”；此外，据相关资料记载，在民国时期，故宫陈列所曾展出乾隆时期的用孔雀毛织成的蟒衣。

关于饮食方面，让人记忆深刻是薛蟠收到的寿礼——暹罗国进贡的灵柏香熏的暹罗猪和鱼。暹罗是泰国的旧名，在清代的康、雍、乾三朝曾多次朝拜中国并进献贡物。此外书中还提到了颇受性情挑剔的林黛玉钟爱的暹罗茶叶，以及配合燕窝食用的雪花洋糖。

贾府日常生活中用到较多外国饮品，如西洋葡萄酒、木樨清露、玫瑰清露，这些都不为无据。明末清初学者彭孙贻在《客舍偶闻》记叙了一场酒局，主角为在中西文化交流史上占有重要地位的德国传教士汤若望与客人“潞公”等：“(汤若望)取西洋葡桃酒相酌……‘此物不可遽饮，以舌徐濡之’……(潞公)才一沾舌，毛骨森然若惊，非香非味，沁入五脏，融畅不可言喻……”葡萄为外来物种，我国汉代时自西域引入，曾被称为蒲陶、蒲桃、葡桃，这均为西域大宛葡萄的音译，西洋葡萄酒自明末清初始传入我国。

木樨清露和玫瑰清露为木犀花(也就是桂花)和玫瑰花经蒸馏而得的液体，

两者均有疏肝理气、醒脾开胃的功效。清初的西洋传教士南怀仁在其所著的《西方要纪》中写道:“其名玫瑰者最贵,取炼为露,可当香,亦可当药。”书中第三十四回,贾宝玉被父亲痛殴之后不思饮食,王夫人把两种清露交付袭人给宝玉调制饮用,可谓对症。书中还言及清露是“进(贡)(皇)上用”的,其装帧精美华丽:“只见两个玻璃小瓶却有三寸大小,上面螺丝银盖,黄笺上写着‘木樨清露’,那一个写着‘玫瑰清露’”,由此可见其珍贵程度。清露为未加入调色剂的蒸馏原液,故浓度较高,所以王夫人交代说:“一碗水里只用挑上一茶匙,就香的了不得呢。”

鼻烟为茄科植物烟草的叶加入其他药材后制成的粉末,有通关窍、治惊风、外嗅以发汗通鼻窍的功效。晴雯患伤风后用中医调治,疗效不显,仍是发烧头疼、鼻塞声重,因此贾宝玉建议用鼻烟诊治,于是取来一个“金镶双金星玻璃小扁盒儿”,盒子里面绘有“西洋珐琅的黄发赤身女子,两肋又有肉翅”“里面盛着些真正上等洋烟”。晴雯嗅闻后果然病势减轻。于是宝玉笑道:“越发尽用西洋药治一治,只怕就好了”,便命麝月“往二奶奶要去,就说我说了,姐姐那里常有那西洋贴头疼的膏子药,叫做‘依佛哪’,找寻一点儿。”从这点似乎可以看出,贾宝玉已经表现出了一种对西方医学的崇拜感。

自鸣钟在贾府中的使用比较普遍,按照王熙凤的说法:“素日跟我的人,随身俱有钟表,不论大小事,都有一定的时刻。横竖你们上房里也有时辰钟。”自鸣钟自明朝万历年间开始从欧洲传入我国,到清朝中叶,在官僚富绅家庭中已经成了较为寻常之物。钟鸣鼎食的贾府自然会得风气之先。书中第五十七回提到了“金西洋自行船”,这大概是镀金或纯金的西洋船模型。“自行”应指其内装发条,上紧后可以自行。据清代福庆的《志异新编》记载,英吉利在乾隆五十八年进献的贡品中有“大小金银船(系红毛国战船式样)”。因此书中的“金西洋自行船”极有可能也是“上用”的。

刘姥姥在二进大观园时醉闯怡红院,却被一面大穿衣镜困住:“常听见富贵人家有种穿衣镜,这别是我在镜子里头吗?”然后又误打误撞地打开了镜子上的“西洋机括”,露出一扇门,从而误入贾宝玉的卧房。当时的大穿衣镜并非国货,而是自清朝初年起,西欧各国作为贡物献入我国的。这面穿衣镜上有“西洋机括”，可见其制作之巧，而镜子嵌在四面雕空的板壁上，镜后隐藏着门，这又可以看出在设计建造大观园时对其运用之工。书中第六十二回提到在宝玉过生日时，凤姐送以波斯玩器。波斯即今伊朗，我国史称其为“安息”，两国之间历代交往不绝。

除了用器之外，书中也出现了“西洋鸭”这样的动物。大概由于与西洋物种的较普遍接触，使得贾府的日常交流中出现了“骂的巧，可不是给了那西洋花点子哈巴儿了！”这样的语汇。

书中有两个事例颇有意味，其一，薛宝琴在随父亲到西海沿上买洋货时见到一位十五岁的真真国女孩，面目同“西洋画上的美人一样”，但是竟然熟读中国的诗书，会讲“五经”，能写出“昨夜朱楼梦，今宵水国吟。岛云蒸大海，岚气接丛林。月本无今古，情缘自浅深。汉南春历历，焉得不关心？”这样的律诗，并且得到了“海棠社”众人的激赏：“难为他！竟比我们中国人还强。”其二，第五十二回记叙到，冯紫英到贾府推荐母珠、鲛绡帐、围屏、自鸣钟四种洋货，其中围屏名为“汉宫春晓”，其上刻有山水、楼台、花鸟和宫妆女子，表现出了明显的中外文化融合色彩。从上述两个事例可以看出当时文化交流的交互性，表明在吸收异域元素的同时，中华文化也在异域深刻地烙上了自己的印迹。

（本文发表于《中国科学报》2015 年 7 月 30 日）

蒲松龄和列子对心脏机能的误读

“陆判”是《聊斋志异》中的名篇，讲述的是书生朱尔旦因胆识过人而深受冥府陆判官的赏识，二人遂倾心交往的故事。文中有这样一处情节：朱尔旦文思不畅、属文迟钝，陆判遂在冥府万千心脏中拣选了一枚上佳者为其更换，朱尔旦因而过目成诵、文思精进。这一情节非常奇幻，众多读者耳熟能详，但是令人遗憾的是，蒲松龄设置这一情节无疑是基于心脏的机能是产生思维意识这一错误认知。因此，陆判进行的这次“心脏移植手术”有“胡庸医滥用虎狼药”之嫌，朱尔旦有可能鲁钝依旧。

在《列子·汤问》中也记载了类似的一场“心脏移植手术”：

鲁公扈和赵齐婴两人患病，遂一同到扁鹊处求医。扁鹊为他们治愈后说道：“你们以前所害的病，是从外面侵入腑脏的，用药草和针砭就能治好。此外你们还有先天疾病，现在为你们治疗，怎么样？”二人说道：“请先说说我们的症状。”扁鹊说：“鲁公扈的心志刚强但气魄柔弱，所以计谋太多而缺乏果断。赵齐婴心志柔弱但气魄刚强，所以计谋太少而十分专横。如果把你们的心交换一下，那就都会痊愈。”扁鹊于是叫两人喝下药酒，在他们昏迷后，剖开二人胸膛，实施了换心手术。

二人醒来以后告辞回家。但是鲁公扈却回到了赵齐婴的家，并拥有了他的妻子儿女，赵的妻子儿女当然不认他。赵齐婴则回到了鲁公扈的家，占有他的妻子儿女，鲁的妻子儿女也不认他。两家人因此起了纷争，求扁鹊来分辨缘由。扁鹊说明了此事发生的原因，事情才平息。

上述故事虽然构思奇巧，却犯了与“陆判”一篇同样的错误。类似的错误还见于《封神演义》，书中言及比干具“玲珑七窍之心”。因为古人认为聪明者心脏多窍，具七窍之心的比干自然聪明无比，他后来被封为掌管天下文运的文曲星。因此曹雪芹在《红楼梦》中也借用“心较比干多一窍”来形容林黛玉的冰雪聪明。

对心脏机能的误判由来已久。成书于春秋战国时期的中医学著作《素问·灵兰秘典论》中就记载道：“心者，君主之官也，神明出焉”，判定人的精神意识、思维活动来自于心脏。孟子则在《孟子·告子上》一篇中说道：“心之官则思，思则得之，不思则不得也。”这一论断影响深远，从此在相当长的历史时期里，人们把心脏判定为产生意识的器官，在各种语境中广为应用，并一直延续到今天。统计现代汉语中与意识、思维相关联的词汇，有相当大的一部分借助了这一错误认知来进行表达，例如“心有所属”“心想事成”“心若蛇蝎”“一见倾心”“人心齐泰山移”，不胜枚举。其中最具悲剧感的当属“心理学”这一名词，这一研究人的知觉、认知、情绪、人格、行为等领域的科学，其最适切的名字或许是“脑理学”，却因历史的原因或许永远张冠李戴、名不副实。

可以说在汉语中没有哪一个应用广泛的语汇本身具有如此显著的错位和误读，甚至到了如果舍弃这一错误论断，很多情境就无法自如表达的境地，比如本文第一句话的表述。再比如，毛泽东在《学习和时局》一篇中这样写道：“脑筋这个机器的作用，是专门思想的。孟子说：‘心之官则思。’他对脑筋的作用下了正确的定义。凡事应该用脑筋好好想一想。俗话说：‘眉头一皱，计上心来。’就是说多想出智慧。”这段文字明确界定了脑的机能，但是不得不引用“心之官则思”“眉头一皱，计上心来”这样的错误论断进行佐证，从而造成了貌似矛盾的感觉。

在人类历史上，并不只是中国经历了这一错误认识过程，最初，我国和西方均把心脏误判为产生意识和思维的器官。到公元2世纪初，希腊医生盖伦首次提出心灵的器官在脑。在我国，有学者认为对此最早作出贡献的是明代医学家李时珍和清代医学家王清任。

李时珍在《本草纲目·辛夷·发明》中提出了“脑为元神之府”的论断。有学者对此阐释道：“元”，是为首的意思；“元神”即指人体的高级中枢神经机能活动。“府”，指所在处。“元神之府”，说明脑是主管高级中枢神经机能活动的所在。但是李时珍所说的“元神”是否就是指人体的高级中枢神经机能活动，目前在学界尚有争议。王清任（公元1768—1831年）是清代医学家，他在所著的《医林改错》“脑髓说”一篇中非常明确地阐发了人的“灵性不在心在脑”的主张。书中这样写道：“灵性记性，不在心在脑一段……两耳通脑，所听之声归于脑……所见之物归于脑……所闻香臭归于脑……”他的这些论断和现代生理学研究的结果一致，实属难能可贵。

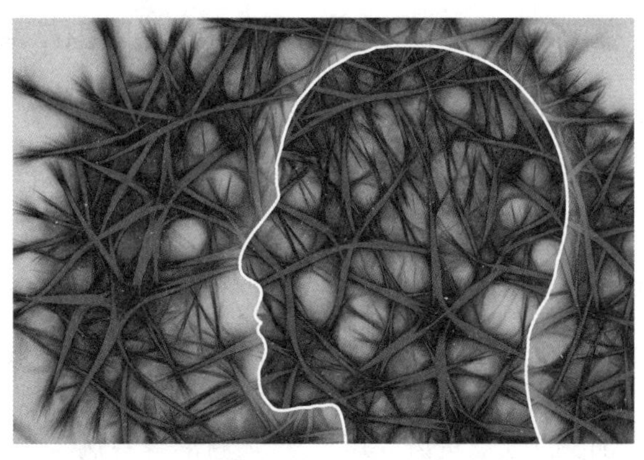

“陆判”中还有另一情节：朱尔旦满意自己妻子的人品性格但嫌其面目不够美丽，因而谋之于陆判，后者遂为他的妻子更换了头颅。文中未提及此后夫妻二人是否琴瑟和谐，但据常理推断，换头之后的朱妻固然漂亮了，但是人品如何以及能否接受朱尔旦其实是难以定论的，因为换头之后朱妻实质上具有了另外一个人的意识和心性。

进一步设想，如果蒲松龄把陆判为朱尔旦换心的情节设置为换头，那么朱尔旦就有了文思精进的可能性，但是换头之后，陆判所交往的其实就不再是朱尔旦，而是另一人，此人是否有胆气接受陆判为友也难定论。因此在今天看来，由于对心脏机能的错误认识，使得“陆判”的关键情节成了悖论，无所适从。

（本文发表于《中国科学报》2015年10月30日）

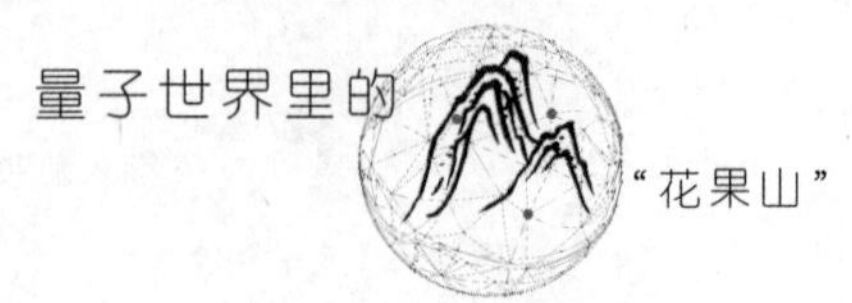

从古典小说看辣椒在中国的传播

在《水浒传》中有两份辣味菜式在今天看起来可能觉得颇有意味，其一是“加辣点红白鱼汤”，其二是“加料麻辣豆腐”。书中第三十七回写到，宋江因杀阎婆惜而被刺配江州，在牢城狱里际会戴宗和李逵，三人遂至浔阳江畔的“琵琶亭酒馆”聚饮，席中宋江点了三份“加辣点红白鱼汤”。书中第三十八回提及，宋江在浔阳楼题反诗事发，戴宗被蔡九知府差往东京太师府报信，途中打尖时，酒保推荐了“加料麻辣豆腐”。

如果按照今天的理解，“加辣点红白鱼汤”这一菜式中，“加辣”无非是加了辣椒，点点红色与乳白色的鱼汤相映，很符合色香味俱全的现代烹调原则；而“加料麻辣豆腐”，当是其中辣椒的成分多些，这种饮食风格也契合江湖好汉睥睨天下、纵横八方的行事作风。

其实未必如此，因为辣椒并非我国本土所产，而是外来引入物种。不仅在梁山好汉生活的北宋末年，即使是书的作者施耐庵生活的元末明初，辣椒尚安然地生长在原产地，离进入我国尚有200多年之久。我国食辣的历史虽然悠久，但是在引入辣椒之前，花椒、姜和茱萸一直是传统的辛味调料，其中花椒一直占有主导地位。因此“加辣点红白鱼汤”和“加料麻辣豆腐”中的辣味元素极有可能来自花椒，施耐庵笔下的“北宋版”或者说是“元末明初版”菜式，和现代版应该颇有不同。

《水浒传》是个无肉不欢的世界，众好汉喜好的是“花糕也似好肥肉”，按照李逵的说法是“这宋大哥便知我的鸟意！肉不强似鱼？”而宋江较为另类，“酒后只爱口鲜鱼汤”，且不会去倒拔垂杨柳、醉打山门、大闹快活林，只是借诗赋进行排遣。施耐庵之所以如此设置情节，应该是基于其阴柔多思的准文人性格的考虑。由此来看，宋江的性格和辣椒比较疏离，想必不会嗜辣。因此，即使不考虑辣椒传入我国的时间因素，鱼汤中不含有辣椒也恰如其分。

辣椒在分类学上属于茄科辣椒属。根据农史学研究结果表明，其原产于美洲，后由哥伦布引入欧洲，约在明代后期(16 世纪末)开始传入我国，当时人们用番椒、海椒、秦椒、辣茄、辣子等名称来称谓它。

一般认为，目前已发现的我国关于辣椒的最早记载见于明代高濂（公元 1573—1620 年)的《遵生八笺》，其中记述道："番椒丛生，白花，子俨秃笔头，味辣，色红……"辣椒被引入我国后，人们应该对其经历了一个接受过程。在高濂的笔下，它被列入"燕闲清赏笺"的"四时花纪"中，与桃花、迎春花、玫瑰花等并列，可见当时其被视作观赏植物；与高濂同时代的明代戏曲家汤显祖(公元 1550—1616 年)在他的名作《牡丹亭》里描述一个了富绅家的后花园，其中栽培有包括辣椒花在内的多种花卉；类似的记载还见于成书于清初的《花镜》中的"初绿后朱红，悬挂可观"，以及康熙年间的《杭州府志》中的"又有细长色纯丹，可为盆儿玩者，名辣茄……"等。

辣椒盆景

至明清之际的 17 世纪中期，辣椒的种植已经分布于我国大部分省区，尤以云南、贵州、四川、甘南、陕西等地栽培较多。18 世纪中叶以后发展尤其迅速，"嗜者日众"，在长江中上游及西南、西北的许多省区，其甚至成为重要蔬菜品种和调味品，到了"每味不离"的程度。四川地区关于辣椒的最早记载见于乾隆十四年的《大邑县志》，至光绪年间以后，经典川菜菜谱中才普遍有辣椒出现。

吴承恩生活的年代为 1500—1582 年，因此他创作的《西游记》中，在饮食方

面固然包含了很多辣味元素，比如说书中曾经提及“饭店又有好汤饭、好椒料、好蔬菜”“油盐酱醋、姜椒茶叶俱全”“椒姜辛辣般般美”“我这山间实是寒薄，没什么香蕈、蘑菰、川椒、大料”“花椒煮莱菔，芥末拌瓜丝”“姜辣笋”“辣芥”等辣味饮食和调味品，但是也不会有辣椒出现。书中所说的椒料和川椒，应该就是花椒。值得一提的是在央视版电视剧《西游记》第一集中，设置了石猴在吃面条时添加辣椒，随之张嘴吐舌、抓耳挠腮的喜剧情节，虽然营造戏剧张力的效果上佳，但于史实有悖。

晚于《水浒传》和《西游记》问世的《红楼梦》一书中，所涉及的饮食和调味品同样出现了辣味元素，比如说王夫人曾经进献给贾母“椒油莼齑酱”，王熙凤调侃因为闹别扭而语带机锋的宝钗和黛玉时，曾说过“既没人吃生姜，怎么这么辣辣的呢？”《红楼梦》的创作年代应在乾隆初年到乾隆三十年左右，此时我国已经有较广泛的辣椒种植，但是书中在饮食方面却无关于辣椒的明确记载。

颇有意味的是在林黛玉初进贾府时，贾母向她介绍王熙凤的一段话：“你不认得他：他是我们这里有名的一个泼辣货，南京所谓‘辣子’，你只叫他‘凤辣子’就是了。”如果能认定这里所说的“辣子”即为辣椒的话，那么很可能这是明清小说中唯一的关于辣椒的记载。舍此以外，检点明清时期早于或晚于《红楼梦》的多种小说，如《好逑传》《三遂平妖传》《三言二拍》《儒林外史》《儿女英雄传》《禅真逸史》《女仙外史》《海上花列传》等种种，对辣椒的记载均阙如。

“林黛玉进贾府”这一片段早已被选入一些版本的语文教材中，教师在执教时也往往以“辣子即为辣椒”来阐释王熙凤这一形象。那么贾母口中的“辣子”所指到底为何呢？

据农史专家考证，江苏方志中关于辣椒的明确记载要迟至同治时期以后，比如说同治二年（公元 1863 年）的《邳志补》中才记载了“番椒”。由此来看，南京地区对辣椒的食用应该并不普遍。但是从高濂的记述来看，在其生活的钱塘（今浙江杭州）地区，辣椒应是当时较为普遍种植的植物。钱塘、南京两地同在江南地区，数百里之隔，早在 16 世纪普遍种植的辣椒，在两个世纪之后出现在曹雪芹的笔下，也应该顺理成章。

在光绪五年的《丹徒县志》中记载到江苏地区人们对辣味的忍受力弱，食用番椒后不适感强烈："不常食者入腹肠胃燥裂，以致便血。"书中的王熙凤是个精明强干、泼辣狠毒的形象，用辣椒来比拟她可谓恰如其分。因此基于曹雪芹对人物性格设置的考虑，"辣子"即为辣椒的可能性也更大些。

（本文发表于《中国科学报》2015年12月25日）

《封神演义》和《西游记》中龙的“悖论”

在《封神演义》和《西游记》这两部小说中貌似有一个悖论，那就是作为古代统治者的象征，在古代具有至高无上地位的龙这一形象，在小说中竟然是一种悲催的存在。在这两部书所设置的神界体系中，龙王的地位是比较低下的。两书中各塑造了一个桀骜不驯、头角峥嵘的人物，分别为哪吒和孙悟空，两者在学道有成后首次挟技自逞，选择的试剑对象竟然都是东海龙王敖广。

哪吒在游泳时用“混天绫”戏水而扰动水府，将“水晶宫晃的乱响”，此后一言不合就祭起“乾坤圈”将巡海夜叉李良打得“头脑崩流”，却只是惋惜“把我的乾坤圈都污了”，然后“洗那圈子……险些儿把宫殿俱晃倒了”。不惟如此，龙王太子敖丙与其理论，却罹剥皮抽筋之祸，而哪吒浑若无事，只是欣喜于龙筋可以孝敬父亲用来做束甲绦。此后他又拦路痛殴欲上天庭控诉的龙王：“抓下四五十片鳞甲，鲜血淋漓……只求饶命……”并扬言：“你要我饶你，我不许你上本……你若不依，一顿乾坤圈打死你，料有太乙真人作主，我也不怕你。”在《西游记》中则有孙悟空大闹水晶宫的情节。面对孙悟空的强势，龙王同样表现出一副战战兢兢、息事宁人的弱者形象，唯唯诺诺，口称“上仙”，在满足了悟空的一切要求后将其礼送出门。

龙宫无疑属龙王家族的私人住宅，按照现代法律观点，“风能进，雨能进，国王不能进”。即使按照古代律条，擅闯私宅也要受惩处。比如说孙悟空在收伏八戒时曾经打碎了“云栈洞”的大门，八戒因此运用法律武器正告悟空：“你这个弼马温，着实惫懒！与你有甚相干，你把我大门打破？你且去看看律条，打进大门而入，该个杂犯死罪哩！”由此可见，书中所设置的并非是弱肉强食的丛林世界，天宫、人间、幽冥之地，均有秩序和律条规范之，但作者意不及此，行文时着意彰显哪吒和孙悟空对龙王家族的蔑视和强梁。

除了东海龙王敖广以外，《西游记》中还记述了南海龙王敖钦、西海龙王敖闰、北海龙王敖顺、敖顺的妹夫泾河龙王、敖闰的玉龙三太子、生活在祭赛国的万寿龙王家族、生活在乌鸡国水井里的井龙王等，其地位等而下之，悲催的境遇则一。

四海龙王主司雨泽，在取经团队遭遇危难时受悟空差遣，奔走如仆役，例如降雨浇灭红孩儿的三昧真火，协助收伏青牛精等。泾河龙王的命运尤其堪悲：长安有一渔夫，因得到道士袁天罡的帮助几近竭泽而渔，使泾河水族面临生存危局。泾河龙王为保护水族的利益而与道士赌胜，为赢得赌局私自修改降雨时间、点数，因此触犯天条，律当问斩。他乞命于唐太宗未果，最终被魏征在梦中斩杀。他的孩子也因此被逐出神仙体制，流落到黑水河，堕入妖魔鬼怪一流，后因觊觎唐僧肉而造成了九九八十一难中一难，遭擒后不知所终。玉龙三太子则因为纵火烧了殿上的明珠，行将被诛戮，为获求救赎而化身为白马踏上十万八千里的艰辛途程。万寿龙王受偷取金光寺塔顶宝贝的女婿九头虫所累，不仅自身及龙子龙女龙孙们全部殒命于悟空棒下，龙婆也被穿了琵琶骨，永远禁锢在金光寺塔心柱上。

在传说中龙宫为荟萃奇珍异宝的渊薮，是以《红楼梦》一书中以“东海缺少白玉床，龙王来请金陵王”云云来反衬金陵王家的豪富。但是书中的井龙王却异常寒酸：“可怜，我这里怎么得个宝贝？比不得那江河淮济的龙王，飞腾变化，便有宝贝。我久困于此，日月且不能长见，宝贝果何自而来也？”

在《封神演义》中，龙甚至被视为一种珍贵的食材，例如书中曾提及纣王“携妲己于台上看九龙筵席，真乃是烹龙炮凤珍馐味”“说甚么炮龙烹凤，味穷水陆”等。

中华民族向以“炎黄子孙，龙的传人”而自豪。据学者考证，大约自汉代起，龙这一形象就与炎黄二帝有了关联。《史记·封禅书》中写道：“黄帝采首山铜，铸鼎于荆山下。鼎既成，有龙垂胡须下迎黄帝。黄帝上骑，群臣后宫从上者七十馀人，龙乃上去。”其大意是说，黄帝用采自首山的铜在荆山下铸鼎。鼎成，有垂着长须的龙自天而降迎接黄帝。黄帝率群臣后宫七十余人骑乘而去。

唐朝的司马贞被称为小司马氏，著有《史记索隐》一书。由于司马迁的《史记》中没有关于三皇的记载，他著《三皇本纪》篇，记述伏羲、女娲、神农等上古时期人物的历史以补阙。文中这样描述炎帝与龙的关系：“炎帝神农氏，姜姓。母曰女登，有娲氏之女，为少典妃。感神龙而生炎帝，人身牛首，长于姜水。”

秦始皇是中国历史上第一个皇帝，其被称为“祖龙”。这个词的含义不明，有人解释为：“祖，始也；龙，人君像；谓始皇也。”唐代章碣写有“竹帛烟销帝业虚，关河空锁祖龙居。坑灰未冷山东乱，刘项原来不读书”的诗句。司马迁生活的时代去汉高祖刘邦不远，他在《史记·高祖本纪》中着意渲染其与龙的关联。比如说对其出身，写道：“其先刘媪尝息大泽之陂，梦与神遇。是时雷电晦冥，太公往视，则见蛟龙於其上。已而有身，遂产高祖……”；关于其容貌，则是：“隆准而龙颜，美须髯”；写到其起事缘由则是著名的“斩蛇起义”，还借道旁老妪之口说道：“吾子，白帝子也，化为蛇，当道，今为赤帝子斩之，故哭。”这里所说的赤帝，指的就是炎帝。

据考证，自元明时代始，龙正式成为皇帝的象征，皇帝开始着龙袍，关于其一切几乎均以龙名之，身体称为“龙体”，脸称为“龙颜”，子孙称为“龙子龙孙”，坐具称为“龙椅”……并且开始对龙这一纹饰进行垄断。既然如此，何以成书于明代的《封神演义》和《西游记》竟然敢于对抚有万物、统御四海九州八方、至高无上的统治者的象征——龙，如此行文无讳，而且两书未被禁绝呢？

这其实是个伪问题，因为两书中所记述的是龙王，而非龙，两者其实是不同的概念。龙是我国先民综合了许多生物的特征，如蛇身、兽腿、鹰爪、马首、鱼尾、鹿角、鱼鳞，经过不断吸收与充实所形成的，威武、庄严、神圣，为中华民族所敬奉的图腾，此后这一形象逐渐和人间帝王叠加在一起。而龙王是此后中国古代神话所创生出的统领水族的王。两者的差别有如龙虾之于小龙虾。

有学者言：“古文献中的龙，是自由地驰骋于天地之间的存在，然而，龙王却是统治地上某一特定地域的……受封于某地为王的龙。”这种册封由人间帝王根据百姓的愿望，通过诏封形式予以确立。比如说唐代制定了祭五龙之制；宋徽宗曾下诏封五龙神为王爵：青龙神封广仁王，赤龙神封嘉泽王，黄龙神封孚应王，白龙神封义济王，黑龙神封灵泽王；明清两代帝王也有封龙为王的举措。

关于龙王这一说法的最初起源，季羡林先生有如下观点：“龙王这东西本身就不是国货。叶公好龙的龙，同以后神话传说中的龙、龙女或龙王，完全是两码事。后者来源于印度，梵文 Naga，意思就是蛇，所说龙王者实际就是蛇王。”

对于龙王的真实地位，至少从《西游记》中可以推断出吴承恩是知悉的。比如说泾河龙王乞命于唐太宗时说道：“陛下是真龙，臣是业龙。臣因犯了天条，该陛下贤臣人曹官魏征处斩，故来拜求，望陛下救我一救！”由此可见书中明确唐太宗之于龙王属君臣关系，这正是吴承恩和许仲琳敢于行文无忌的原因。

（本文发表于《中国科学报》2016 年 8 月 12 日）

《红楼梦》的"同人文"及"周边产品"

《红楼梦》第二十二回"听曲文宝玉悟禅机　制灯谜贾政悲谶语"中，写到贾母为庆贺薛宝钗来到贾府后的第一个生日而摆了几桌"家宴酒席"，并"搭了家常小巧戏台，定了一班新出的小戏，昆弋两腔俱有"。在点戏时，薛宝钗投贾母爱热闹的喜好，选了《西游记》《山门》两出。前者望文可知意，演绎的是唐僧师徒取经故事；而后者则取材于水浒故事中的鲁智深"醉打山门"情节。

这两出戏的置入颇有意味，似乎让我们看到了《红楼梦》中的《西游记》和《水浒传》，其实未必如此。有学者考证，书中所述的《西游记》一出戏，并非脱胎于吴承恩所著小说，而是出自元末明初剧作家杨景贤所著杂剧《唐三藏西天取经》中第六出《村姑演说》，讲述一个天真活泼的小姑娘手舞足蹈地描绘唐僧首途西行的热闹场景，诙谐有趣，故贾宝玉说："我从来怕这些热闹戏。"该剧先于《西游记》小说问世，而在该剧之前，取经故事便以戏曲、话本、说唱等多种艺术样式广泛传播于民间，目前所知出现最早的有可能是宋代刊行的《大唐三藏取经诗话》。

在小说《水浒传》问世之前，梁山群雄故事也流传甚广。比如说南宋时的画家、文学家龚开著有《宋江36人赞并序》；《大宋宣和遗事》中记述了林冲、李逵、武松、鲁智深等人物，以及杨志卖刀、晁盖劫生辰纲、宋江杀阎婆惜等故事；宋元之际，已衍生出诸多取材于水浒故事的话本；在元杂剧中，梁山英雄已由36人扩展为108人。因此说《山门》一出戏是否脱胎于施耐庵的小说也存疑。同样，四大名著中的另一种，《三国志通俗演义》在问世之前，也已诞生了元代讲史话本《三国志平话》，其对罗贯中的著述产生了一定的影响。

由此可见四大名著中的三种非原创作品，如果按照现代语汇来说，它们是在已不可探寻源头的民间故事、说唱、话本基础上，衍生出的"同人文"，至于《红楼梦》中提到的《西游记》《山门》两出戏，则可视为其“周边产品”。但是在三种小说问世后，因其远超出民间故事、说唱、话本的巨大影响力，又推动了众多“同人文”的问世，延伸出《续西游记》《西游记补》《后西游记》《新西游记》《水浒后传》《后水浒传》《荡寇志》《续三国演义》《反三国志演义》等数量繁多的小说，以及形式各样的产品。

与以上三种书不同的是，《红楼梦》一书为曹雪芹“批阅十载，增删五次”，自无到有，独任艰巨而成，后40回佚失之后，经高鹗补阙而为完璧。该书在四大名著中问世最晚，却因其高超的艺术感染力催生了数量最多的“同人文”。

作家张爱玲曾说过人生有三大恨事：一恨鲥鱼多刺，二恨海棠无香，三恨红楼未完。二百余年来诸多文人心同此理，遂攘臂而起，绵延不绝地炮制续作。据统计，有据可查的《红楼梦》续书至少有98种之多，但因受作者艺术表现力及视野所限而泥沙俱下，鲜有佳作。晚清小说评论家陶祐曾曾这样毫不留情地评价续书：“自曹雪芹《石头记》出现后，大受社会之欢迎，纸贵洛阳，名驰东岛。而吾国一般操觚之士，心焉羡之，不虑贻讥，亦腼然续貂而学步，后先迭出，名目渐繁……”

有学者根据续书的叙事模式将其分为“人物复生模式”“托生、转生模式”“三界互通模式”三类。

第一类如逍遥子所著的《后红楼梦》，其故事上接原书第一百二十回，讲述为僧道所迷的宝玉被贾政解救回家。黛玉借助炼容金鱼而得以复生，后在梦中赴太虚幻境，遍览新改的“十二钗”判词，领悟到成仙之路要途经尘世繁华，遂与宝玉成婚。后来贾府得到黛玉兄长林良玉的帮助，复归兴盛。

第二类如王兰沚所著的《绮楼重梦》，故事内容颇为“雷人”，讲述宝玉随僧道离世后前去探望绛珠仙子，二人至月老处再证前盟，后宝玉托生为宝钗之子小钰，黛玉托生为湘云之女舜华，宁荣二府众女也纷纷转世托生，齐聚荣国府。小钰、舜华完结宿缘。

第三类的代表作为秦子枕所著《续红楼梦》，故事背景设置于太虚幻境、冥府与人间三界，内容上接原书第九十七回黛玉焚稿，讲述黛玉魂归太虚幻境，与元春、王熙凤、晴雯等重逢，贾母离世后在阴间与黛玉父母重聚，后王熙凤被遣往阴间探寻贾母下落。在阴间，众人关于恩怨情痴的种种积案得以了结，太虚幻境诸女同返尘世。

在古典四大名著中，《红楼梦》的周边产品也极有可能是最为繁多的，而且与续书相比较，其表现出极高的艺术水准，历久弥新，展示着越来越大的影响力。

据记载，小说自乾隆年间刊行之后，即在文学艺术等诸方面获得强烈反应，逐渐延伸至戏曲、说唱、绘画、雕塑、刺绣、织物、金属工艺品、陶瓷工艺品等艺术领域，以至酒令、掷骰等游艺方面。

其中以对戏曲类的影响为最，乾隆庚戌年状元李福曾以“一自红楼传艳曲，不教四梦擅临川”，吟咏其盛况。据考证，乾隆五十七年，仲振奎谱《红楼梦·葬花》一折，为目前所能见的第一个以《红楼梦》为题材的剧本，此后各种杂剧、传奇纷出，至嘉庆六年已计有二十余种。至咸同、光绪年间，已有数十种曲艺和地方戏剧曾演说红楼故事，涉及曲艺名目、剧目不下数百种。

有关红楼故事的绘画同样如杂花生树、群莺翩飞，有各种人物专册，主题绘画，杨柳青、桃花坞、潍坊等地的木刻年画，各种壁画、连环画、月份牌、年历，不胜枚举。1924 年，梅兰芳先生主演的京剧《黛玉葬花》被摄制成纪录片，此为红楼故事“触电”之始，此后逐渐衍生出多种影视作品。其中影响最大的当属央视版电视剧《红楼梦》，1987 年首播时近乎万人空巷，牵动数亿人情肠，令众多“红迷”同时同喜同悲，蔚为大观。

大观园，是《红楼梦》中荣国府为元春省亲而修建的省亲别墅，是太虚幻境的尘世化身，曹雪芹心目中的清净女儿之境。自《红楼梦》问世之后，众多红迷就在摹想这一胜境的真实状态。早在清嘉庆二十年，文学家范锴就摹写了大观园平面图，嘉庆、道光年间曾有人绘制大观园景物图画，民国时曾有人制作大观园模型。近数十年，把纸上和想象中的大观园转化为实体建筑终于成为现实。1984 年，央视版电视剧组于北京西城区南菜园护城河畔建造大观园作为拍摄基地，摄制完成后，景区对外开放；1991 年上海淀山湖风景游览区更名为上海大观园；此后南京大观园也落成。这三者可能是《红楼梦》延伸出的最大的实体性周边产品。

清・孙温绘《大观园图》局部

鲁迅说过:“一部《红楼梦》,经学家看见《易》,道学家看见淫,才子看见缠绵,革命家看见排满,流言家看见宫闱秘事。”这句话既表明对同一文化现象可能会产生多元解读,也表明因小说及作者的传世资料稀少,而加深了其扑朔迷离之感。自小说问世以来,众多“红迷”烛幽索隐,试图破解、还原《红楼梦》的本来面目,由此催生了“红学”。五四运动前后,王国维、胡适、俞平伯等学者引进西方现代学术范式研究其版本、历史背景、作者家世生平等,从而发展出“新红学”。历经多年发展,其不仅在国内成为显学,与甲骨学、敦煌学并称,而且作为一门严肃的学问进入了世界学术之林。曾涉猎这门学问,曾执此业和正从事红学研究者人数繁多,无从估计。这无疑也应归属于《红楼梦》的周边产品。至于小说所带来的隐性影响,评价其已经作为一种文化基因融入了中华民族的脉动,也不为过。

(本文发表于《中国科学报》2015 年 9 月 23 日)

刘姥姥与西方文明的一次邂逅

在《红楼梦》一书中，曹雪芹设置了刘姥姥三进荣国府的情节，通过对三次探访的记述，以刘氏这一局外人的眼光审视贾府的奢侈繁华，表现食不果腹的底层社会与钟鸣鼎食的公侯府第之强烈对比，演说贾府从“鲜花着锦，烈火烹油”到奏响“好了歌”，最终“落了片白茫茫大地真干净”的由盛及衰过程。

书中的刘姥姥虽然贫困却见识非凡，她世事洞明、人情练达，以一派野趣得众人欢心，尤其投贾母之缘，故被携带宴游于大观园，遂有酒醉后误入宝玉所居怡红院之情节。在这一场景中，曹雪芹并没有过多着墨于宝玉居所之奢华，而是颇具匠心地设置了刘氏与西方器物，甚至可以说西方文明的一次邂逅。短短千余文字中，所涉者有三事。

其一：“于是进了房门，便见迎面一个女孩儿，满面含笑的迎出来。刘姥姥忙笑道：‘姑娘们把我丢下了，叫我碰头碰到这里来了。’说着，只觉那女孩儿不答。刘姥姥便赶来拉他的手，咕咚一声却撞到板壁上，把头碰的生疼。细瞧了一瞧，原来是一幅画儿。刘姥姥自忖道：‘怎么画儿有这样凸出来的？’一面想，一面看，一面又用手摸去，却是一色平的，点头叹了两声。”这里记述的“凸出来”的画无疑是西方油画。根据对书中情节的解读，首先可知此画画幅当与真人大小相近；其次，此画既无画框亦非卷轴，应该是画在或张贴在“板壁”上，与居室浑然一体的装饰画；其三，可判断画中人物并非西洋女孩，很大可能是着中国衣饰的中国女孩。此三者当是刘姥姥产生误判的前提。

关于西方油画的特质，对于见惯中国画的初识者，尤其是绘画外行来说，最直观的感受无疑是“怎么画儿有这样凸出来的?”。这是因为西洋画基于光影法和透视法，从而产生凹凸感、立体感、空间感所致。一般认为，西洋画最初在明代中期由传教士携入我国，渐有传布，并对当时的画者和欣赏者产生冲击。

清代熙朝官员高士奇(公元1645—1704年)在《蓬山密记》中记载康熙四十二年某日，康熙来到畅春园观剧处，“高台宏丽，四周皆楼，设玻璃窗，上(指康熙)指示壁间西洋画。”清代王士禛(公元1634—1711年)在《池北偶谈·谈异七·西洋画》中记载道：“西洋所制玻瓈(玻璃)等器，多奇巧，曾见其所画人物，视之初不辨头目手足，以镜照之，即眉目宛然姣好。”还有记载，有位出生于1674年叫傅仲辰的人，曾经购得几幅姑苏所摹的西洋画，遂赋诗描述其特质：“峥嵘台榭望玲珑，木石参差分界限。高下方圆总不淆，阴阳向背亦善变。睥睨何异剥蕉心，层层入胜逾宽展。”

根据目前不多的对曹雪芹的研究资料，以及结合《红楼梦》一书中对画技的细致描摹来看，曹雪芹应该工于绘事。与其相交的旗人敦敏曾在《赠曹雪芹》一诗中称其“卖画钱来付酒家”，在《题琴圃画石》一诗中曾写道：“傲骨如君世已奇，嶙峋更见此支离。醉余奋扫如椽笔，写出胸中块垒时。”此外还有张宜泉的《题琴溪居士》诗云：“门外山川供绘画，堂前花鸟入吟讴。羹调未羡青莲宠，苑招难忘立本羞”，借李白和阎立本供奉朝堂的典故，似乎暗示曹雪芹曾有去宫中绘画的机遇。

基于对绘事的浸淫，再加之曹氏家族在江宁织造任上曾多年负责接待外国使团和洋商，所以说曹雪芹曾较多地接触西洋画并将其引入书中并不为奇。并且，如果判定书中的画是装饰画，且画中人物是中国女孩的话，则说明在当时西洋画有可能已经被“汉化”且“市场化”了。实际上在清代中期，一些桃花坞年画作品如《苏州万年桥》《三美人图》《西厢记图》中，已经表现出对西洋铜版画雕刻风格的模仿，在画面上多采用焦点透视，甚至还题明“仿大西洋笔法”“法泰西画

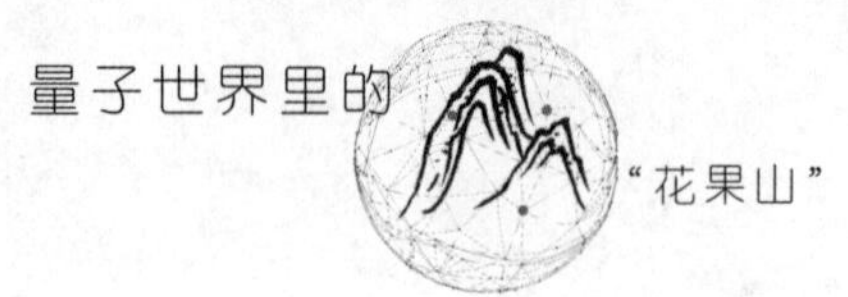

意”等。

其二是刘姥姥与玻璃穿衣镜的一次邂逅：“只见一个老婆子也从外面迎着进来。刘姥姥诧异，心中恍惚：莫非是他亲家母？……刘姥姥便伸手去羞他的脸，他也拿手来挡，两个对闹着。刘姥姥一下子却摸着了，但觉那老婆子的脸冰凉挺硬的，倒把刘姥姥唬了一跳。猛想起：‘常听见富贵人家有种穿衣镜，这别是我在镜子里头吗？’想毕，又伸手一抹，再细一看，可不是四面雕空的板壁，将这镜子嵌在中间的，不觉也笑了。”

我国古代曾以铜为鉴，但至明代以后，铜镜渐渐淡出。据考证，1508年，意大利玻璃工匠达尔卡罗兄弟研制成功实用的玻璃镜，此为玻璃镜之滥觞。在清初，西欧各国开始以大穿衣镜作为礼物供奉清廷。如高士奇在《蓬山密记》中记载：“上赐（玻璃）各器二十件，又自西洋来镜屏一架，高可五尺余。”根据书中所述，可以想见当时富贵阶层使用大玻璃穿衣镜已较为普遍，故连刘姥姥也曾有所耳闻。

其三是与玻璃镜相配合的西洋机括：“（刘姥姥）因说：‘这可怎么出去呢？’一面用手摸时，只听‘硌磴’一声，又吓的不住的展眼儿。原来是西洋机括，可以开合，不意刘姥姥乱摸之间，其力巧合，便撞开消息，掩过镜子，露出门来。”由此可知，书中所记述穿衣镜的构造较为繁复，上有机关可以开合，且是嵌入壁中的，当属工艺考究的上品。

除了此三事，如果细细考量全书的话，可以发现怡红院中的西洋物品并不局限于此。比如说，晴雯患伤风后用中医调治，疗效不显，因此贾宝玉建议用鼻烟诊治，遂取来盛有“上等洋烟”（鼻烟）的“金镶双金星玻璃小扁盒儿”。盒子里面绘有“西洋珐琅的黄发赤身女子，两肋又有肉翅”，这无疑是基督教中的“天使”形象。晴雯嗅闻后果然病势减轻，于是宝玉进一步建议：“越发尽用西洋药治一治，只怕就好了”，便命麝月往王熙凤处讨要“西洋贴头疼的膏子药，叫做‘依佛哪’……”。此外书中还提到居所中有作为摆件的“金西洋自行船”，以及随处可见的钟表、时辰钟等。

曹雪芹对刘姥姥前两次进荣国府所受到的视觉冲击和心理冲击的描摹，侧重点不同，第一次侧重于描摹贾府生活之奢华、等级之森严，第二次则在刘姥姥较深入地介入了贾府日常生活之后，设置了西方器物对其造成视觉和心理冲击的情节。

如果按照杜威“所强调的往往是当下所缺乏或者被忽略的”这一观点来分析的话，我们或许有理由相信，曹雪芹的上述描写并非闲笔，这或许脱胎于其身边人曾较为普遍的经历。甚至可以说，设置刘姥姥表现出无所适从这一情节，基于曹雪芹已经意识到西方器物或者说西方文明的进入对时人所造成的心理冲击。

更进一步推断，结合书中对晴雯的诊治过程中，贾宝玉建议“越发尽用西洋药治一治，只怕就好了”，以及刘姥姥对西洋画“一面又用手摸去，却是一色平的，点头叹了两声”两处情节来看，曹雪芹或许已经表现出对西方器物乃至西方文明一定程度的认同。

（本文发表于《中国科学报》2017 年 8 月 4 日）

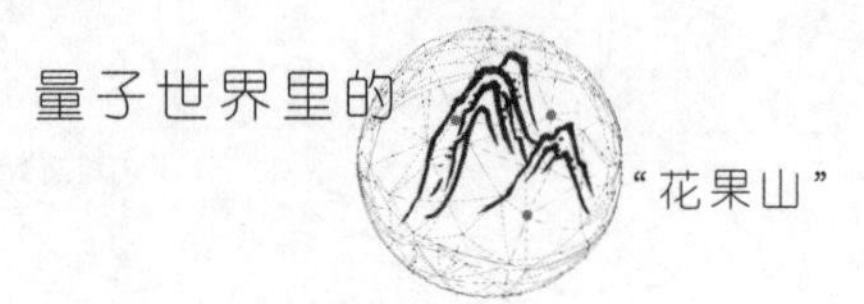

从“海棠社”看古人的“朋友圈”

诗社和文社是指志趣相投的文人所结成的团体，成员定期聚会砥砺诗艺、切磋文章、一竞雄长。比如说在《红楼梦》第三十九回，写道探春“偶然起了个念头”要筹建诗社，遂致书宝玉：“……忽思历来古人，处名攻利夺之场，犹置些山滴水之区，远招近揖，投辖攀辕，务结二三同志，盘桓其中，或竖词坛，或开吟社：虽因一时之偶兴，每成千古之佳谈……孰谓雄才莲社，独许须眉；不教雅会东山，让余脂粉耶？”这是大观园中成立“海棠社”的缘起。这封信文采斐然、辞句典雅，并且表达了女性对文化权利的诉求，但令人不解的是探春似乎并未把宝玉视为男性。

解释一下信中几个词语：“投辖攀辕”，“辖”是古代车轴头上固定车轮的装置，“辕”指车辕，这句话表示采取极端行为留宾的意思，类似现代人聚会时为了杜绝早退而藏起车钥匙。“莲社”是佛教净土宗最初的结社，由东晋时慧远在庐山东山寺创立，曾汇聚一批名儒。“东山”是晋代谢安的隐居地，常用来指代谢本人。

探春心目中的诗社，成员必须是地位相近且志趣相投者，所以不但不会邀请焦大、赖大家的等人入社，连不会吟诗作赋的王熙凤也不在创始人之列。虽然凤姐后来被聘为“监社御史”，但她非常明晰自己的定位：“分明叫了我去做个进钱的铜商罢咧……想出这个法子来勾了我去，好和我要钱。”“‘监察’也罢，不‘监察’也罢，有了钱了，愁着你们还不撵出我来！”同样，虽然也能为文但志趣不相投的贾环也不属邀请对象。从这一点看，诗社对成员的甄选很像现代社交软件中建立“朋友圈”。

“海棠社”的成立标志着一个小小的“大观园学派”诞生。从此以后诸君定

期聚会，砥砺研讨诗词、文学理论、美术、戏曲、音律、宗教等。比如说一起吟咏白海棠、填咏絮词、品评画技、赏析真真国女孩的诗、拟灯谜……品评高下、各抒己见，间或也提高自己捎带贬低别人——“只见宝玉跑至围屏灯前，指手画脚，信口批评：‘这个这一句不好。’‘那个破的不恰当。’如同开了锁的猴子一般。”“起的平平……有些意思了……小巧而已(黛玉点评宝玉咏红梅诗)。”在前互联网环境下，这和现代社交软件平台上“朋友圈”好友围绕某个主题发言，或“顶”或“踩”的场景十分相近。

当然这种结社行为并不是文人的特权，没有文化的人也有交际需求，并且交往的目的和内容主题会更接地气。《金瓶梅》第一回的回目为“西门庆热结十弟兄　武二郎冷遇亲哥嫂”，开篇写道会期临近，西门庆与妻子月娘商议安排事宜，准备“整两席齐整的酒席，叫两个唱的姐儿，自恁在咱家与兄弟们好生玩耍一日”。然后写到因会中成员卜知道死了，准备约请隔壁李瓶儿的丈夫花子虚入会，补齐十人之数。这里所说的“会”和现代意义上的“朋友圈”更接近。会中成员如应伯爵、谢希大、孙寡嘴、吴典恩、白赉光等和西门庆志趣相投、价值观相近，无一不以吃喝玩乐、追欢逐笑为能事。

在小说《水浒传》中提到了“圆社”，根据历史文献推断，这是当时全国性的踢球组织。据《蹴鞠谱》记载，至少在宋代就出现了圆社，又名“齐云社”，社里经常组织竞技。当时全国许多地方设有圆社，社成员可以挟技四处遨游，与同好切磋。比如《水浒传》中说高俅在发迹之前是隶属于“东京圆社”的“帮闲的高二”；写到端王即后来的宋徽宗在劝高俅下场踢球时，自云“这是齐云社，名为天下圆，但踢何伤?”，貌似也以圆社子弟自居。因此圆社可以看作是古代有志于竞技体育的人所组成的行业性的“朋友圈”。

古人除了以诗社、文社、圆社、会等名目组织活动、结识同好、扩大交游外，也有虽无固定组织形式，但是同好之间不定期聚会、过从紧密的“朋友圈”。其中有些知名的，被时人或后世人以类似于“江南七怪”“桃谷六仙”这样的名目来称呼。比如说大家熟知的“竹林七贤”“建安七子”“饮中八仙”“香山九老”“金谷二十四友”等。如果聚会人数太多或者成员不是非常固定的话，也可以笼统地称为“雅集”。

“竹林七贤”指的是嵇康、阮籍、山涛、向秀、刘伶、王戎及阮咸七人，他们最初都蔑视礼法，主张清静无为，与执掌政权的司马氏集团采取不合作态度，遂常在当时的山阳县(今河南辉县、修武一带)竹林之下聚会，飞觞醉月、纵酒狂歌。在《晋书·嵇康传》中就已经称他们“世所谓‘竹林七贤’也”。当然“只有永远的利益，没有永远的朋友”，在司马氏集团的压力和利益驱动下，这个朋友圈出现了“互撕”现象，最终分崩离析：阮籍、刘伶、嵇康始终与司马朝廷不合作，嵇康被杀，阮籍借佯狂避世。王戎、山涛则投向司马朝廷并劝嵇康出仕，嵇康因此写下了名篇《与山巨源绝交书》。向秀也写下了缅怀嵇康和吕安的辞意隐微的《思旧赋》，在当时的政治高压之下表达一点隐晦的思念。

建安七子，是汉建安年间(公元196—220年)七位文学家的合称，包括孔融、陈琳、王粲、徐干、阮瑀、应玚、刘桢。七人均依附于曹操父子。曹丕在《典论·论文》中称赞他们“于学无所遗、于辞无所假，咸以自骋骥騄于千里，仰齐足而并驰”，大意是说这七人在学问都是兼收并蓄，没有什么遗漏的，在文辞方面都有独创，在文坛上都各自像骐骥千里奔驰，并驾齐驱。与“竹林七贤”类似的是，这个“朋友圈”也没能永远一起好好地玩耍，先是孔融因触怒曹操而被处死，此后徐、陈、应、刘在东汉末年爆发的大瘟疫中“一时俱逝”。

“饮中八仙”的说法最早见于《新唐书·李白传》，称李白、贺知章、李适之、汝阳王李琎、崔宗之、苏晋、张旭、焦遂为“酒中八仙人”。这是一个好饮但才气纵横的“朋友圈”，并非单纯是酒徒的狂欢。其中李、贺为诗人，分别被尊为“诗仙”和“诗狂”；张旭为草书大家，被尊为“草圣”。杜甫有《饮中八仙歌》描述八人聚饮的场景，刻画生动传神，被称为“肖像诗”。

总体来看，古代文人的结社聚会活动，催生了众多中华传统文化佳作，著名的如王羲之主导的兰亭雅集之于《兰亭集序》，曹操父子主导的邺下雅集之于建安文学，滕王阁雅集之于《滕王阁序》等。在明代，以顾宪成和高攀龙创立东林党和张溥等创立复社为标志，文人结社活动达到巅峰。据《复社姓氏录》记载，复社里有名望的士大夫就有 2025 人，甚至许多朝廷官员都自称是张溥门下，“从之者几万余人”。这样的“朋友圈”已经不局限于论文，聚会时往往集声色于一体，挟妓侑酒，梨园笙歌，到后期不仅点评时政，甚至左右朝局并影响了政权的更迭。

（本文发表于《中国科学报》2017 年 11 月 3 日）

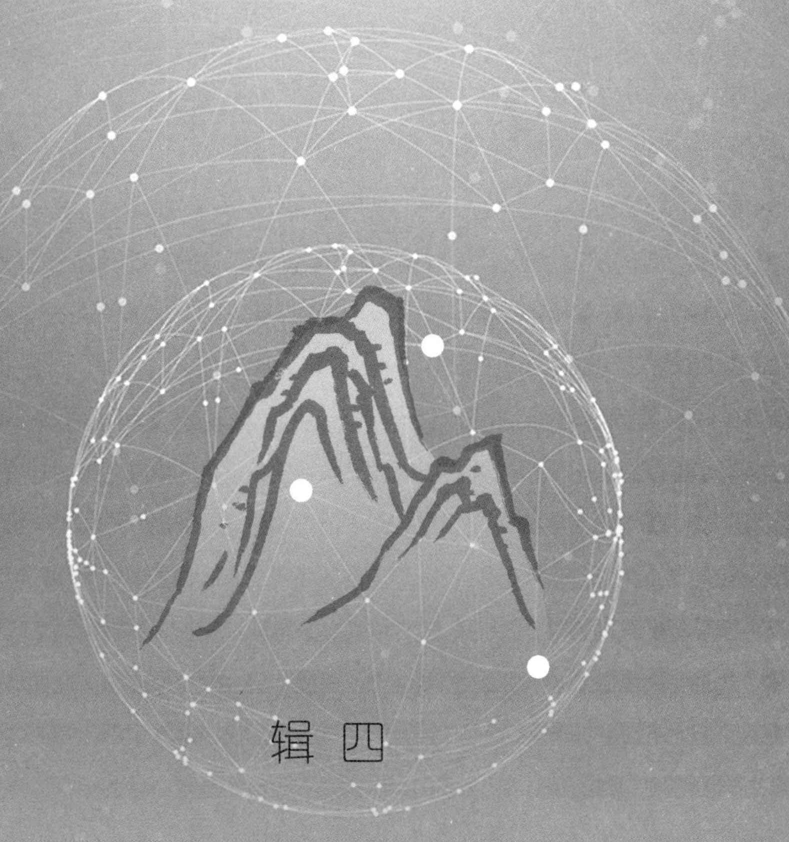

辑四

教/育/之/思

贾宝玉何以取得乡试资格?

在科举时代，习举业的人先要考取童生，然后再参加童子试，通过后即“进学”了，成为生员，俗称秀才，才能获得参加乡试的资格。秀才的第一名称为“案首”，成为秀才之后算是有了“功名”，进入士大夫阶层，享有免除差徭、见知县不跪、不能对其随便用刑等特权。

乡试考中之后称为举人，举人的第一名称为解元。举人再参加会试，考中之后称为贡士。被录取的贡士再参加由皇帝亲自出题的殿试，录取后称为进士。进士按照录取排名分为三甲：一甲取前三名，分别为状元、榜眼、探花，叫赐进士及第；二甲和三甲各录取若干人，分别叫赐进士出身和赐同进士出身。

《红楼梦》第一百一十九回提及贾宝玉参加乡试，得中第七名举人。检点此前的一百一十八回文字，却未见他有进学的经历，有的只是“不喜读书”“学了些精致的淘气”和嘲弄读书人是禄蠹的记载。那么贾宝玉何以取得乡试资格?

北京贡院

《红楼梦》一书所记载的事件虽“无朝代年纪可考”，但学界基本确认曹氏心目中设置的时代背景为清朝。在清代，自雍正二年起，全国共设置16个贡院，分散于各省省会，作为乡试的场所。贾宝玉身在都城，参加的应该是顺天府乡试(明清两代称北京地区为顺天府)，考试地点在北京贡院。在当时，因为分配给各行省的乡试录取名额不同，导致录取难易度有很大差异，因此"高考移民"现象层出不穷。顺天乡试即为"高考移民"的重灾区。为了应对这种现象，当时法令规定对冒籍者采取逮治问罪和遣送原籍处理的措施，并派生出一系列顺天乡试甄别考生籍贯的措施，比如"审音"（辨别是否为当地口音）、"童生互保机制""官员担保机制"等。

虽未进学，但贾宝玉的"官二代"身份保证了他的参试资格。当时规定顺天乡试考生包括直隶各府、州、县学生员和东北奉天府学生员，还包括八旗生员、国子监贡监生及规定品级以上的在京官员子孙（官生）。按照当时科举制度，四品以上京官之子、孙、曾孙，及胞兄弟侄可以官生身份应乡试。贾政初为工部员外郎，品级估计为六品；后"报升郎中任"，品级当为五品。但在贾赦被剥夺世职后，贾府蒙恩被发还世职，贾政承袭了世袭一等将军，品级骤增，这样贾宝玉的官生身份自然了无阻碍了。

顺天府乡试的规模全国最大，备受瞩目，在某些方面与其他行省乡试也有不同。首先来说，命题者不同，顺天乡试第一场试题由皇帝钦定，后两场试题也要由皇帝过目圈定才能投放考场。其次，顺天乡试的主考为一二品的大员，在清后期，多由内阁大学士、协办大学士、尚书等要员担任，以显重视。第三，皇帝参与录取。在乡试阅卷后，主考拟定前十名，由监临、知贡举将试卷进呈钦定。所以《红楼梦》第一百一十九回中"知贡举的将考中的卷子奏闻，皇上一一的批阅……见第七名贾宝玉是金陵籍贯""北静王奏人品亦好，皇上传旨召见"，并非是小说家言。

贾宝玉当时考试的内容毫无疑问应该以八股文为主。这种文章形式自问世以来历经挞伐、饱受指摘，其弊处毋庸赘言。但是后世之人没有深究根底，人云亦云，又造成了对八股文百无一是的误读。

八股文在写作内容上是从《四书》中摘一句，加以阐发，“代圣人立言”。然而《四书》中辞句有限，经数百年拣选，可以说每一个句子都经过成千上万人反复揣摩训练，所以文章立意想要出新极难。有时为了出题，甚至会出现把前后不相干的两个半句拼为一句话的“截搭题”，更加剧了难度。再加上八股文在文章形式上有极其严格的限制，应试时要求在极短的时间内成文，且立意、文辞、誊写均要有可取之处，这样的写作犹如带着镣铐起舞。但也正因为如此，它对思维的训练是十分严酷而有效的。正如邓云乡先生所言：“如果说‘八股文’在历史上起过什么作用，用现代的科学观点来分析……就是起过严格训练儿童和青少年思维能力的作用。”“锻炼出这样的思维能力，再灵活运用到实际上，那便无往而不利……”其次，八股文对于传承儒家文化，推动钩沉古籍学风的形成也功不可没。

因此，能在科举考试中脱颖而出的人，应该不全是庸才。乾隆朝重臣鄂尔泰这样评价过八股文：“虽曰小技，而文武干济，英伟特达之才，未尝不出于其中。”至于能走到翰林这一步的人，则更是优中选优。正如雍正所言：“国家建官分职，于翰林之选尤为慎重，必人品端方，学问纯粹，始为无忝厥职，所以培馆阁之才，储公辅之器。”翰林院是储才养望之所，翰林在这里要遍览前贤典籍，包括史书、典章制度、历代名臣策论等，并接受行政训练，学习漕政、盐政、捕事、讼事等。

从历史的角度看，科举考试制度是时代的产物，在其存在的大部分时期有其合理性和先进性。否则就很难解释为什么通过这种机制选拔的人才，能支撑庞大帝国运作了一千余年。

根据当时的科举制度，官生考试的试卷名为官卷。官卷另编字号，不占民额，并不能取中解元与经魁。因此贾宝玉不可能考中解元，得中第七名举人实在是一个很不错的成绩，可以说他已经具备了成为行政人员的基本要素。

（本文发表于《中国科学报》2014 年 6 月 20 日）

私塾教师顾綮的教育智慧

在清政府于1904年颁布“癸卯学制”之前，私塾称得上是中国唯一的直接教育机构。它和侧重于教育管理的“县学”“府学”“国学”等官方机构并行，在开启蒙昧、化育人才，乃至数千年的文化传承中起到了举足轻重的作用。纵然有瑕，难掩其功。

在私塾教育中并没有专门培养教师的机构，更没有教师的考核准入机制，因此师资来源颇为庞杂。其中既有孔子这样的“至圣先师”，也有如《红楼梦》中贾雨村这样在野的两榜进士，还有如《儒林外史》中周进那样久试不第的老童生。其教育水平当然也高下参差。

在古典小说《儿女英雄传》中摹画了一位叫顾綮的塾师，他在对后进生纪献唐的转化教育中所表现出的教育理念、教育智慧，至今看起来仍不无借鉴价值。

《儿女英雄传》为清代满族文人文康所著，最早刻本见于清光绪四年(1878年)。众多研读者倾向于书中纪献唐这一人物的原型即为雍正时期权臣年羹尧。从人物的名字也可看出端倪，有“纪对年，献对羹，唐对尧”之谓。

书中的纪献唐生来即为桀骜不驯、顽劣异常而又天资聪颖的人物。在际会顾綮之前，他对平庸的塾师、平庸的说教问疑诘难，甚至拳脚相向，曾引发多次教育冲突。他也因此处于失学状态。此时落魄寒酸的顾綮翩然而来。

顾綮首先通过与纪献唐的父亲纪太傅的恳谈达成了教育共识，从而获得了家长的支持和理解：“天下无不可化育的人材，只怕那为人师者本无化育人材的本领……自然就难得功效了。如今既承大人青盼……晚生定要把这位公子送入清秘堂中，成就他一生事业。只是此后书房功课，大人休得过问。”

在开学伊始，顾綮并未急于求成，而是先示之以弱：“我料公子决不打我……想他那讨打的原故，不过为着书房的功课起见。此后公子不愿到书房来，我正得一觉好睡，从那里讨你的打起?”纪献唐也因此缓和了戒备和敌对心理：“倒莫看你这等一个人，竟知些进退!”

此时的顾綮并非无为，而是在精心营造教育契机。终于，在一个天气晴明、月光如雪的晚上，在纪献唐带领家人子弟跨马玩耍时，顾綮用一时如金戈铁马破空而来，一时如流水落花悠然而去的琵琶声引起了他的注意，并激发起了他的向学之心。纪献唐开始主动接近老师：“先生，我学得会学不会?”

顾綮因势利导：“既要学，怎有个不会!”便把丝弦、竹管、羯鼓、方响各样乐器一一地教他。渐次学到手谈、象戏、五木、双陆、弹棋，又渐次学到作画、宾戏、勾股、占验，甚至镌印章、调印色。凡是他问的，顾綮无一不知，无一不能。纪献唐也每见必学，每学必会，每会必精，却是每精必厌。

顾綮的本意当然不是教授这些游戏杂学，他意在借此收敛纪献唐的心性，等待合适的教育契机把他导入所谓的“正学之途”。终于在又一个月夜，在纪献唐提出“这一向闷得紧，还得先生寻个甚么新色解闷的营生才好”时，顾綮适时进行了教育转化：“我那解闷的本领都被公子学去了……我们‘教学相长’，公子有甚么本领，何不也指点我一两件?”

纪献唐嗜武成癖，对自己的武技颇为自得：“我的本领与这些顽意儿不同。这些顽意儿尽是些雕虫小技，不过解闷消闲；我讲得是长枪大戟东荡西驰的本领。先生你那里学得来!”然而在与顾綮较量时却“说破英雄惊煞人”，原来顾綮竟是深藏不露的武学大师：“……纪献唐一个站不牢，早翻筋斗跌倒在地。顾先生连忙丢下杆子，扶起他来，道：‘孟浪！孟浪!’”

至此，纪献唐已对顾綮完全消除了戒备心理，并由衷产生了信任感：“先生，你这才叫本事！我一向直是瞎闹！没奈何，你须是尽情讲究讲究，指点与我!”而顾綮则通过两次教育契机完成了身份转化，从寒蹇落魄复回睿智深沉、宝相庄严的真身。他顺势而为，把纪献唐导入“正学之途”：“你岂不闻西楚霸王有云‘一人敌不足学，请学万人敌’的这句话么……要学‘万人敌’，却也易如拾芥。只是没第二条路，只有读书……”纪献唐因此被一语点破，从此潜心向学，不数

年连捷进士、放官外任、建牙开府。

剖析这个教育案例，可以发现在教育之初，教师首先运用的是循序渐进的教育等待策略。曾经有教育者说过：“教育是慢的艺术”“三分教育，七分等待”，仓促、急功近利往往适得其反。其次，该案例很好地运用了在后进生转化过程中经常采用的消除学生戒备心理，以拉近师生距离的方法。另外，在抓住教育契机、恰如其分地设置教育情境，以推动教育过程质变方面，该案例也让人颇受启发。

在中国古代，很早就形成了“因材施教，启发诱导”“循序渐进，由博返约”“长善救失，教学相长”“言传身教，尊师爱生”等宝贵的教育思想。该案例对此多有体现。

这个案例虽然是虚拟的，但是据此也可以想见在一百三十多年前的私塾教育中，对这些教育思想的践行并不罕见。而回想起仅在数十年前中国尚经历为时不短的教育蒙昧期，洪荒过后，华夏因之荆榛遍野，对比此案例，让人有不胜喟叹的感觉。

（本文发表于《中国科学报》2014年8月8日）

科举考试中的“高考移民”现象

在《儒林外史》中，杜少卿出身于“一门三鼎甲，四代六尚书”的世族，却藐视科举。书中第三十二回提及他要堂而皇之地帮助一位考生“冒籍”参加童试，这既在一定程度上反映了他离经叛道的个性，也可使读者管窥“冒籍”这一科举舞弊行为。

在科举考试中，从县试、州试、府试到乡试，原则上都要求考生在籍贯所在地应考。如果考生违背规定，以假冒的籍贯到其他地区应试，即所谓冒籍。这类似于今日的“高考移民”现象。总体来说，吸引应试考生敢于犯险冒籍的原因有两个，其一，为趋易避难；其二，为取得考试资格。

在明、清的科举考试中，乡试的录取采取“分省定额制”，也就是说各地的举人录取名额基本上是固定的；同样，不同地区的生员录取名额也有所限定。这样，因为不同地区的人口数量不同、教育水平参差，就导致在中试的难易度上有较大差异。以清代乾隆年间乡试的录取比例为例，乾隆十八年时安徽省的人口数为12435361人，录取名额为45人；四川省的人口数为1368496人，录取名额为60人，两地在录取比例上竟然相差十二倍之多。

为了方便客居他乡的商人子弟就学和就近应考，明、清两代均在一些省份设置了商学，这些考生归属于商籍。商籍人数较少，录取比例较高。此外，在清代科举考试中，八旗子弟享受一定的优遇，旗籍的录取比例也较高。因此就有考生避难就易，通过在其他地区应考和冒占商籍、旗籍等来提高跃过龙门的可能性。

在各个朝代的科举考试中，对于考生的应试资格均有严格的限定，而且不同朝代对此的限制也有所不同。明代和清代规定胥吏、倡优者的子孙，被罢免的官吏，犯过罪的人等，均属于身世不清者，禁止参加科举考试。如在《明史》卷七十中记载：“其学校训导专教生徒，及罢闲官吏，倡优之家，与居父母丧者，俱不许入试。”在清代，曾先后规定：“民快之子，虽经出继，仍不准考试”“户部库丁，自属贱役，不准捐考”。其中还有一条是“冷籍不得入试”。所谓“冷籍”，按清代规定就是三代没有做过官，或三代以内不曾有人中过秀才、举人之类的家族。这些家族的子弟如隐瞒身份应考，也属于冒籍，一经查出，要受到严厉处置。

为了最大程度地保证在当时所设置制度下的应试公平，明、清两代针对冒籍现象采取了一系列应对措施，例如：严格报名程序，规定在报考生员时由每五位考生相互担保，再选择一位廪生（考试成绩优秀，由府、州、县按时发给津贴补助生活的生员）为他们担保。五位考生和廪生互相承担连带责任。在清代，为了甄别考生的籍贯，还派生出了审音制度，即由专人核对考生口音，以防冒籍。到乾隆十年，这一制度趋于完善，专门设立了审音御史负责审音事宜。

清末状元张謇

虽然设立了相应的审核制度，但是由于当时信息渠道不通畅，科举弊端横行，加之“一举成名天下知”的诱惑力，使得考生敢于犯险，冒籍现象仍然屡禁不止。其中离我们生活的时代最近，且影响最大的一次冒籍事件的当事人为清末状元张謇。

张謇于清光绪二十年（公元 1894 年）得中甲午科状元，荣耀一时。但是他此前的科举之路并不顺畅。他自 16 岁被录取为生员后，先后五次应江南乡试不中，在第六次得中“南元”。此后他又四次应会试不中，在第五次时终于得中状元，是年已 41 岁。除了屡试不中外，在他的科举之路上遇到的最大磨难当属在考生员过程中发生的“冒籍风波”。

张謇的祖籍为通州（今江苏南通市）。他出生于海门县，后定居南通县，因此户籍在南通，应该在南通县报考生员。但是张謇的祖先世代均务农，属于当时规定的“冷籍”。虽然他自幼勤奋苦读，才华已显，但苦于制度限定而无法应考。因此在他的老师宋璞斋的建议下，他的父亲决定让他冒认为如皋张氏的族孙，改名为张育才，并在如皋应试。他后来也因此顺利考中生员。

但是张謇所冒认的张氏一家品行不端，借机反复勒索钱财。张謇家不堪其扰，几近破产。不但如此，张氏一家稍有不逞就向官府举告了“张育才”有忤逆不孝之罪，并买通官府出签传唤张謇，张謇因此被囚禁达三个月之久。张謇为此事所扰，进退失路，甚至一度产生了轻生念头。在这段风波中，他曾以《占籍被讼之如皋》一诗记载了当时的窘况和愤懑之情：

丝麻经线更谁尤，大错从来铸六州。
白日惊看魑魅走，灵气不告蕙荪愁。
高堂华发摧明镜，暑露凋颜送客舟。
惆怅随身三尺剑，男儿今日有恩仇。

在忍无可忍之下，张謇破釜沉舟，主动请求革除秀才身份，改回通州应试。所幸的是，一些正直的官员和读书人如江苏学政彭久余、通州知州孙云锦、海门厅训导赵菊泉等怜士惜才、曲为援护，几经周折，最后经礼部核准，他被划归为通州籍生员。

数十年的苦读生涯和坎坷的应试之路并未涤平张謇的峥嵘。他中状元后数月，对中国近代史发生过重要影响的“中日甲午战争”发生，他为此所感，加之曾亲历官场贪劣、目睹国家贫弱，遂逐步走上了实业救国之路。他先后兴办了纱厂和航运等，创造了惊人的财富。据资料记载，自 1914 年到 1921 年的 8 年间，仅他所拥有的两个纱厂的利润就有 1000 多万两白银。他也因此被誉为“状元实业家”，被公认为历朝历代状元中对国家经济贡献最大者。

（本文发表于《中国科学报》2015 年 1 月 9 日）

张松“过目不忘”背后的智力崇拜

在《三国演义》中，张松虽然出场次数不多，却带着“智慧”的高光。他折冲于樽俎之间，处危地而不惊，面对曹操、杨修的诘难才如泉涌、舌辩如剑，以才智让曹操束手，让杨修心折，尤为奇特的是他在读《孟德新书》时以超强的瞬时记忆力迷惑了曹操：“莫非古人与我暗合否？”遂使该书被付之一炬，未问世而成绝响。

罗贯中的通俗演绎，使三国这段历史成为国人最熟知的一段古代史，功莫大焉，同时也使得张松作为具有超强记忆力的代表人物而广为人知。流风所及，甚至影响了金庸先生，在其所著的《射雕英雄传》中，黄夫人背诵《九阴真经》的情节与此极为相似。舍小说之外，历史上真有这种具超强记忆力的人物吗？据各种史籍记载，与张松同时代的王粲、蔡文姬，以及东汉初期的王充、东汉中期的应奉，以及唐代的常敬忠等均以“强识”知名。

王粲为“建安七子”之一。曹丕在《典论·论文》中这样评价他：“今之文人：鲁国孔融文举、广陵陈琳孔璋、山阳王粲仲宣、北海徐干伟长、陈留阮瑀元瑜、汝南应瑒德琏、东平刘桢公干，斯七子者，于学无所遗，于辞无所假，咸自以骋骥騄于千里，仰齐足而并驰……王粲长于辞赋……如粲之初征、登楼、槐赋、征思，干之玄猿、漏卮、圆扇、橘赋，虽张、蔡不过也……”

据《三国志·王粲传》记载，王粲去拜访才学优长、位高爵显的左中郎将蔡邕，蔡邕倒屣相迎。其时蔡家宾客盈门，见蔡邕如此礼敬年龄幼弱、容状短小的王粲，举座尽惊。蔡邕解释道：这个人有异才，我不如他，我收藏的文章书籍，将来都要留给他。蔡邕喜藏书，多达万卷，在晚年果然给王粲拉去了几车。有一次王粲与友人同行，边走边读道旁的碑文。友人问他能不能背诵出来，他于是试背，竟然没有错一字。他观看别人下围棋，见棋局被不慎弄乱，于是把棋子一一复原。下棋的人也不能确认原来的布局，不信他竟然有这样的记忆力，遂重新布设一局，用巾帕覆盖，让他用另一副棋复原。王粲复原之后，两相比较，竟然一子不错。

蔡文姬为蔡邕的女儿，才气纵横，精音律、文学和书法。据《太平御览》记载，蔡邕抚琴时偶断一弦，在隔壁房间倾听的蔡文姬竟然辨别出断的是琴上第几根弦，屡试不爽。据范晔《后汉书》记载，汉末战火纷扰，匈奴乘机劫掠中原，蔡文姬被左贤王掳走，被迫委身匈奴人，并生育两子。漂泊十二年后，曹操统一北方，用重金将其赎回，问她：听说你的家里曾经收藏了很多典籍，现在你还能记起来吗？蔡文姬回答道：先父曾经赐给我四千多卷书，但经历战火离散，已经全部遗失，现在能记忆的只有四百多篇。曹操请她誊录，她于是把这四百多篇文章一一默写出来，无一遗漏。

稍早于三国时期的东汉著名思想家王充同样具有过目不忘的超强记忆能力。据范晔《后汉书》记载："（王充）好博览而不守章句。家贫无书，常游洛阳市肆，阅所卖书，一见辄能诵忆，遂博通众流百家之言。"

应奉生活于东汉中期。据范晔《后汉书·应奉传》，其自幼就表现出超强的记忆力，读书能一目五行，遇到的人和事均能过目不忘，年长以后为郡曹，有一次在辖区巡查四十多个县，记录了成百上千罪囚的案情。返回以后太守问起来，他一一数说罪囚的姓名及定罪情况，毫厘不爽。

谢承是三国时吴国国主孙权的妻弟，他也著有一部《后汉书》。唐高宗李治的第六子李贤曾经召集文官对此书进行注引，其中进一步记载了应奉的事例：有一次应奉去拜访彭城长官袁贺不遇，转身要离开时，袁家有位正在制作车子

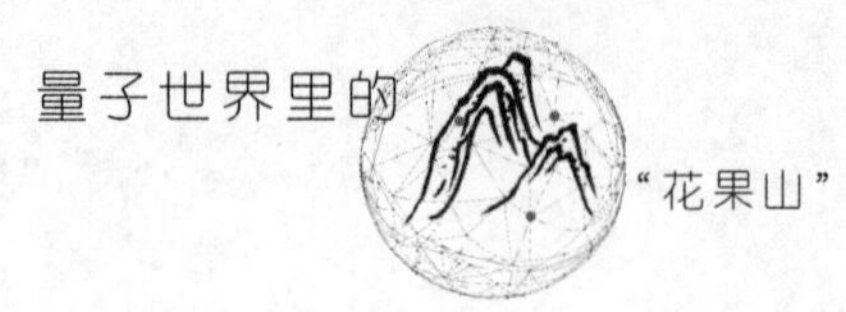

的工匠从门内露出半张脸看了他一眼。数十年以后，二人路遇，应奉主动向车匠打招呼，车匠不明所以，经过询问才知道原因。这个故事后来演变成了成语“半面之交”。

唐代文人封演在其所撰写的《封氏闻见记·颖悟》中记载了常敬忠“七遍诵万言”的事例：常敬忠上书自荐“读一遍能背诵千言”，由此得以参加内阁中书的选拔考试。主考官问他：“学士能一遍诵千言，能十遍诵万言乎？”常敬忠回答未曾自试过。于是主考官拿出一本未曾面世的书，让他读十遍后试着背诵。常敬忠正襟危坐，专心诵读，每读一遍就画地为标记。读完第七遍后起身，说可以背诵了。考官说可以读完十遍后再背，常敬忠回答：“若十遍，即是十遍诵得，今七遍诵得，何要满十？”遂背诵，主考官手执书本对照，竟然“观览不暇”。顷刻之间，常敬忠背诵完毕，未错一字，“见者莫不叹羡”。

在中国古代文化中对记忆力表现出了别样的推崇，这大概和我国传统的崇尚“博闻强识”的教育倾向、以识记为基础的人才选拔制度，以及由此衍生出的，包涵记忆力崇拜的智力崇拜有关。

历史上的张松在三国历史的特定阶段，即劝说刘璋迎刘备入蜀这一事件上起了决定性作用，他在《三国志》中无传，其事迹散见于《刘璋传》和《法正传》。据两传记载，刘璋曾三次遣使致敬曹操，在前两次，曹操均对来使礼敬有加并授予官职。而在第三次，即张松为使时，适逢曹操平定荆州，志得意满，因此未留用。张松因此怨尤，遂有了劝说刘璋迎刘备入蜀之举。

真实的张松无疑是机警百变的人物，但在《三国志》中却未记载他以“强记”知名，因此背诵《孟德新书》这一事例未必为信史。《三国演义》或许是中国古代小说中智力崇拜意识最为浓郁的一种，鲁迅先生曾以“状诸葛之多智而近妖”来评价诸葛亮这一形象，此外书中文人弄巧的情节所在皆是。罗贯中之所以把超强的记忆能力迁移到张松身上，其原因或许正在于此。

（本文发表于《中国科学报》2015 年 9 月 18 日）

从诸葛亮、焦耳等看“民科”

中国古代到底有没有产生现代意义上所认为的科学，这一直是一个颇有争议的话题，赞成者和反对者各持所见，莫衷一是。但是如果说在中国古代曾产生了对科技和发明做出过贡献的诸多人物，这应该是不争的事实。这些人物大致可分为两类，一类致力于发明创造，如诸葛亮、蔡伦、毕昇等；另一类则鼎力于天文、术数、地理、医疗、农学等研究，如张衡、僧一行、郭守敬，刘徽、祖冲之，郦道元、徐光启，华佗、张仲景、孙思邈、李时珍，贾思勰、王祯，等等。

众所周知，在相当长的时期里，在世界范围内，进行科学研究和发明创造并不是非常专业的事情。比如说，焦耳的父亲是一位富有的酿酒商，他也自幼追随父亲从事酿酒劳动，并没有接受过正规的教育，但这并不妨碍他在热力学等领域做出卓越贡献，在物理学上写下浓墨重彩的一笔；拉瓦锡在大学里学的是法律，曾先后当过律师、众议院议员以及包税官，却因提出“元素”的定义、发表第一个现代化学元素列表、创立氧化说等贡献被尊称为“近代化学之父”；爱因斯坦虽然接受过正规科学教育，但是他提出光量子学说、发表狭义相对论、提出质能关系式等重要成就，却是在担任瑞士联邦发明专利局的三等职员时做出的；发明了显微镜的列文虎克，其主业是经营绸布店以及做市政事务性工作，等等。

在中国也是如此，比如说诸葛亮的主业是军事家和政治家，却因发明了“木牛流马”和“连弩”而同时荣膺“发明家”的称号。陈寿在《三国志》一书中对此有多处记载，比如说在《三国志·蜀志·诸葛亮传》中写道：“亮性长于巧思，损益连弩，木牛流马，皆出其意”；在《三国志·蜀志·后主传》中写道：“建兴九年，亮复出祁山，以木牛运，粮尽退军；十二年春，亮悉大众由斜谷出，以流马运，据武功五丈原,与司马宣王对于渭南。"因为没有任何实物与图形存留后世,曾有人怀疑木牛、流马的真实性。但是应该看到的是,《三国志》的作者陈寿的生平年代是公元 233 年—297 年,他出生于诸葛亮去世的前一年,与诸葛亮的生存年代相去不远,并且一身出仕蜀汉和西晋两朝,因此即使对木牛流马的记载不确,按常理推断应不至于无中生有。

祖冲之也以做官为主业,曾担任过南徐州从事、公府参军、娄县县令、谒者仆射、长水校尉等官职,居官之余毕生钻研自然科学,其主要贡献在数学、天文历法和机械制造三方面。他在刘徽开创的探索圆周率的精确方法的基础上,首次将"圆周率"精算到小数点后第七位,即在 3.1415926 和 3.1415927 之间,直到 16 世纪,阿拉伯数学家阿尔·卡西才打破了这一纪录。由他创制的《大明历》是当时最科学、最进步的历法,对后世的天文研究提供了正确的方法。

总而言之,在专业的科学研究和发明创造群体出现之前,所有从事这项工作的人的出身是一样的,都是业余科学爱好者。但是何以焦耳、拉瓦锡、祖冲之等能登堂入室,而现代"民科"(全称民间科学爱好者)却鲜获认同?

现代意义上的"民科"是指没有受过科学训练,也无意接受科学训练;不懂科学理论,但对科学研究感兴趣,并致力于科学研究的人。他们却不接受也不了解科学共同体的基础范式,与科学共同体不能达成基本的交流(田松)。对照上述特征,我们可从中发现其与早期的非学术群体成员的不同之处。那就是,后者中即使有的成员未在象牙塔中接受过正规的科学教育,但这并不代表他们对已存在的科学理论及科学研究方法是无知的,相反,他们恰恰是站在前行者肩上极目远处,因此往往能有所收获。

比如说焦耳就接受过道尔顿的教导,从他那里学习了数学、哲学和化学方面的知识,以及理论与实践相结合的科研方法,这为其后来的研究奠定了理论基础。拉瓦锡虽然在大学里学习的是法律,但是他却在课余时间学习自然科学,从鲁埃尔那里接受过系统的化学教育。祖冲之自幼便"专功数术,搜烁古今"。他遍览自上古时起直至他生活时代止的各种文献、记录、资料,同时主张决不"虚推古人",每每"亲量圭尺,躬察仪漏,目尽毫厘,心穷筹策"。

而在发明方面获得成功，则往往源于兴趣和丰富的实践，比如说诸葛亮之所以能发明“木牛流马”和“连弩”，应该和其漫长的军旅生涯密不可分；列文虎克之所以能发明显微镜，原因之一当在于其业余爱好是磨镜片。

此外，当时虽然没有形成现代意义上的统一的、相对独立的科学共同体，但是科学研究者之间并不乏小范围内的分享与合作，比如拉瓦锡和化学家普利斯特里、数学家拉普拉斯等都有过广泛的交流。

笔者认为，科学发现是永无止境的，并非后来者便无立足之地。现代“民科”难以取得成就的原因并不在于现代科学门类繁多，科学上的空白区越来越小，而在于他们往往对已有的科学知识和科学理论尚不甚了然，对基本的研究工具并不掌握，却热衷于颠覆性地提出理论，不致力于“厚积”，而图侥幸于“一飞冲天”。由此产生的问题是，如果他们真的热爱科学，为什么不设法弄懂已有的科学知识和理论？科学所带来的荣耀和成就感与科学本身，哪个对他们的吸引力更大？

物理学家焦耳

曾有学者说过：到了 20 世纪，科学界已经通过大学、科研机构实现了专业化，通过学术会议、学术期刊、专题演讲等搭建起交流沟通、互相批判的正式机制。与之相伴的，还有学术身份层级制——教授、副教授、讲师、助教、研究生，期刊匿名审稿制，基金会赞助制，专职教席，客座教授，学术访问，系列演讲等一大套专门的技术手段。这些就构成了所谓的科学共同体。这样的体系虽然并不尽善尽美，但是其对科学研究成果的甄别无疑具有权威性，而且往往是失之于宽，使得不那么优秀的成果有机会登堂入室，而非因失之过严而造成遗珠之憾（李子旸）。因此现代“民科”不受认可并不为奇。

近期因为“引力波”的发现而旧事重提，引发了全民对以“诺贝尔哥”为代表的“民科”的热烈讨论，笔者认为对于这场闹剧本身没有太多探寻的价值，相比

于思考现代“民科”所提出的理论的荒谬性，更应该追问的是赋予他们对科学缺乏基本敬畏感这种勇气的原因，因为“民科”现象的存在，并非仅仅是“为无益之事，遣有涯之生”这么简单，其背后折射出的是并非独属于这一群体的浮躁，并昭示我们在更大的范围内有适合其生存的土壤。

（本文发表于《中国科学报》2016 年 2 月 26 日）

生物学家与文学

在科学教育史上的大部分时期，人们往往侧重于科学教育的工具性价值，走入了一个认为人文精神的培养与科学教育无关的误区。在这种观念指导下，人为造成受教育者在人文素养方面的严重缺失是毋庸置疑的。

而检点古今中外的科学家，有不少人都是融科学素养和人文素养于一身的典范。19世纪意大利的著名艺术家达·芬奇同时也是一位伟大的科学家，他描述过合力与分力的平行四边形关系，探讨过光和影的规律，研究过眼球的构造，认为宇宙是无限的等。他还发明了许多机械装置，如他曾模仿鸟类的飞行设计了飞行器。他用深刻的观察、敏锐的思考丰富了天文学、物理学、生物学和哲学等各个学科领域的知识。中国数学家苏步青则以诗闻名，他早年组织“湄江吟社”与同道唱和吟咏，后整理成《湄江吟社诗存第一集》。他在一首诗中写到："草草杯盘共一欢，莫因柴米话辛酸。春风已绿门前草，且耐余寒放眼看。”这首诗写于中华人民共和国成立前，是作者对自己生活状况和人生态度的自况，曾受到文学家、画家丰子恺的盛赞，认为“数学家的诗句，滋味尤为纯正”。

在生物学家中，法国昆虫学家法布尔，美国海洋生态学家雷切尔·卡逊，中国的植物学家胡先骕，寄生虫学家江静波等均以文学知名，当属科学素养与人文素养双修的翘楚。

法布尔一生留下了许多动植物学术论著，其中包括《茜草：专利与论文》《阿维尼翁的动物》《块菰》《橄榄树上的伞菌》《葡萄根瘤蚜》等，而影响最大，享誉最隆的则是《昆虫记》。《昆虫记》在法国自然科学史与文学史上都有它的地位，这部巨著所表述的是昆虫为生存斗争所表现的妙不可言的、惊人的灵性。除了介绍自然科学知识以外，作者利用自身的学识，通过生动的描写以及拟人的修辞手法，将昆虫的生活与人类社会巧妙地联系起来，把人类社会的道德和认识体系搬到了笔下的昆虫世界里。书中虫性、人性交融，使昆虫世界成为人类获得知识、趣味、美感和思想的文学形态。法布尔被当时法国文学界誉为"昆虫界的荷马"。法国学术界和文学界曾推荐法布尔为诺贝尔文学奖的候选人。可惜没有等到诺贝尔奖委员会下决心授予他这项大奖，这位歌颂昆虫的"科学界诗人"已经瞑目长逝了。《昆虫记》在全世界拥有众多读者，早在 1923 年，周作人即将这本书介绍到了中国。

雷切尔·卡逊以报告文学《寂静的春天》为世人所知。作为一名生态学家，早在 1945 年，她就对农业上大量使用化学杀虫剂产生了警觉，特别关注 DDT 对鸟类的影响。其后，她在一些生物学家、化学家、病理学家和昆虫学家的帮助下，掌握了许多由于杀虫剂、除草剂的过量使用，造成野生生物大量死亡，乃至化学毒性通过食物链进入人体，诱发胎儿畸形和癌症的证据。科学家的责任和良知使她不能沉默，根据这些证据，她用四年时间写成了《寂静的春天》，写作期间身患乳腺癌，几乎濒临瘫痪和失明。在书中，她对一些农业科学家的科学实践活动和政府的政策提出挑战，并号召人们迅速改变对自然世界的看法和观点。在该书写作期间和出版后，她饱受化工产品生产商及受到农业部支持的各种媒体的攻击。1962 年该书正式出版后引起轰动，激起了公众的环境保护意识，杀虫剂开始引起全社会的关注，并引起广泛的国际反响。她超前的环保意识使她遭受了不亚于中世纪科学先驱遭受宗教裁判所火刑的围攻。曾有许多生产化工产品的大公司施压要求禁止这本书的发行，但没有成功。1963 年，她在电视节目中和化学公司的发言人进行辩论，这时她的病情已经很严重。

1963 年，美国政府认同了书中的观点，她被邀请参加美国总统的听证会并作证。在会议上，她要求政府制定保护人类健康和环境的新政策。1972 年，美国全面禁止 DDT 的生产和使用，其后世界各国纷纷效法，目前全世界几乎已经没有 DDT 的生产厂了。《寂静的春天》成为促使环境保护事业在美国和全世界迅速发展的导火线，成为引发了现代环保运动的经典名著。1964 年 4 月 14 日，雷切尔·卡逊辞世，1980 年美国政府追授她对普通公民的最高荣誉——"总统自由奖章”。美国前副总统阿尔·戈尔为该书再版所作的前言中写到:“……她的声音永远不会寂静。她惊醒的不但是我们国家,甚至是整个世界。”

作为“中国植物分类学的奠基人”的胡先骕先生一生著述斐然,共发表1个新科,6个新属,百余新种,其中包括“水杉”——该论文于1946年发表,他以发现这一“世界珍奇活化石”而震惊中外。除生物学外,他在历史、地理、语言、文学方面同样有很深的造诣。20世纪30年代,胡先骕先生即与梅光迪、吴宓等倡“学衡社”,创办《学衡》杂志,论诗文无虚日,并因“主张以古典主义的新人文主义眼光重新发掘与张扬传统人文精神,从而达到‘昌明国粹,融化新知’的目的”等观点,与茅盾、郑振铎、鲁迅等发生论战。胡先骕先生在诗词方面著述颇多,著名诗人陈三立对胡的诗极为欣赏,认为“意、理、气、格俱胜”。1960年,胡整理生平所作,得诗296首,分上下两卷成集,名之《忏盦诗稿》。20世纪60年代初,胡先骕先生又作《水杉歌》长韵,1962年2月17日,在《人民日报》发表,同时刊出陈毅的读后感。《水杉歌》全诗共计476字,科学内涵丰富,文学意境高远,被誉为亘古未有之科学诗。

从事生物学教学和科研的人对江静波先生所著的《无脊椎动物学》一书想必不会陌生,这本书在我国动物学教学中使用了40余年,被评为国家级优秀教材。江静波先生长期从事寄生原虫和疟原虫的研究,因对热带疾病——疟疾的研究做出重大贡献,先后获中国人民解放军后勤部和国家医药总局联合授予的“疟疾防治重大贡献奖”和英国皇家学院授予的“热带病研究奖”,1985年被法国国家自然历史博物馆授予外籍院士称号。然而并不广为人知的是,先生还是才情洋溢的作家,他在晚年著有《师姐》《晚霞》等文学作品。长篇小说《师姐》在《羊城晚报》上连载后好评如潮,被广东人民广播电台制成朗诵节目连续播出,又被珠江电影制片厂改名为《一夕是百年》搬上银幕,1992年《师姐》和《晚霞》获得鲁迅文学奖。

贾祖璋先生是著名的科普作家。早在20世纪30年代,他就已是我国科学小品的开拓者之一,60多年笔耕不辍。他以绚丽多彩的自然界为描述对象,把丰富的科学知识、历史知识和文学知识融为一体,用独具风格的科学小品体裁,向读者描绘了奇妙的生物世界中的种种珍闻趣事。

贾祖璋先生的代表作品有《鸟类研究》《鸟与文学》《生物素描》《生物学碎锦》《花与文学》等。《鸟与文学》创作于 1931 年，该书以科学的内容、文学的语言记载我国常见的鸟类，注意介绍近代鸟类科学研究的成果，科学讲述它们的名称、种类、形态、生态习性以及与人类的关系，同时应用诗词歌赋、笔记、史籍等，介绍我国历史上对这些鸟类的记载和描述，实现了科学与文学的完美结合。当时发表这些文章的《自然界》杂志，辟出一个栏目叫“趣味科学”，并第一次提出了“科学小品”这一新文体的名称。因此，贾祖璋先生的这一系列作品在我国科普创作史上具有奠基性和首创性的意义。1989 年，贾祖璋先生出版了《花与文学》，该书融科学、史学和文学知识为一体，描绘了绚丽多彩的花的世界。该书与《鸟与文学》堪称我国科学小品创作的双璧。《花儿为什么这样红》《南州六月荔枝丹》《蝉》等篇章入选过各种版本的语文教材，在语文、文学、科普教育方面惠及了几代人。

周本湘教授墨迹

中国生物学界曾经有这样一位文理兼优的教授，他既担任生物学的教学、科研工作，同时又担任中文专业的教学工作，这位教授就是华东师范大学生物系已故的鸟类学家，曾任中国鸟类学会副理事长、上海自然博物馆动物分馆馆长的周本湘教授。他学贯中西，融通文理，有深厚的人文底蕴。先生早年在浙江大学求学，1940 年，浙江大学西迁至贵州湄潭，周本湘先生同苏步青、祝廉先、郑晓沧等教授组织“湄江吟社”，与同道唱和吟咏。在离湄返杭时，先生曾写下了“留得他年寻旧梦，随百鸟，到湄江”的词句。现吟社旧址“西来庵”已成为市级文物保护单位，保存有苏步青、周本湘诸先生的 7 首诗词。1991 年，周本湘先生出版了《惜春禽·爱鸟诗词歌集》，歌词由上海昆剧团著名昆曲作曲家顾兆琳先生谱曲，并曾在上海市“爱鸟周”的宣传活动中演唱，在电台播放。周本湘先生已于 2000

年去世，品读先生的诗词，可以想见先生对自然和美的眷眷情怀。

虞美人·惜春禽

东风桃树双飞燕，檐底香巢现。莺梭往复自匆忙。更向绿云深处弄笙簧。

流光换得新雏老，花瘦青梅小。劝君有意惜春禽，一望溪山尽是好园林。

品读以上的生物学家，或把科学素养与人文素养熔铸为一，以人文素养弘扬科学知识，或在科研工作之余，以其深厚的人文素养凝铸艺术之明珠，人文素养成为其科学研究之助力而非阻滞。关于科学与人文的关系，爱因斯坦曾经说过："真正的科学家和真正的音乐家需要同样的思维过程。"文学家福楼拜曾经说过："艺术和科学在山麓分手，有朝一日终将在山顶重逢。"李政道也曾经说过：科学和艺术是不可分割的，就像一个硬币的两面。它们共同的基础是人类的创造力。它们追求的目标都是真理的普遍性。

当今，越来越多的人已经认识到"科学"与"人文"由分野到整合的必要性和迫切性，科学与人文的融通多有体现。北京申办2008年奥运会的口号就是"绿色的奥运、人文的奥运和科技的奥运"。在教育活动中，科学与人文的并重已经成为当前的教育理念。与其他学科一样，生物学科同样肩负着培育学生人文素养的责任，必须在使学生具备必要的科学基本知识和技能的同时，逐步形成科学的自然观、世界观、价值观与审美观，养成良好的科学精神气质，具备良好的科学与人文素养。在这种背景下，追思前辈生物学家的风范，乃至探究其人文素养习得的根由，高山仰止，景行行止，对当前的教育活动当不无裨益。

（本文发表于《生物学教学》2008年6月）

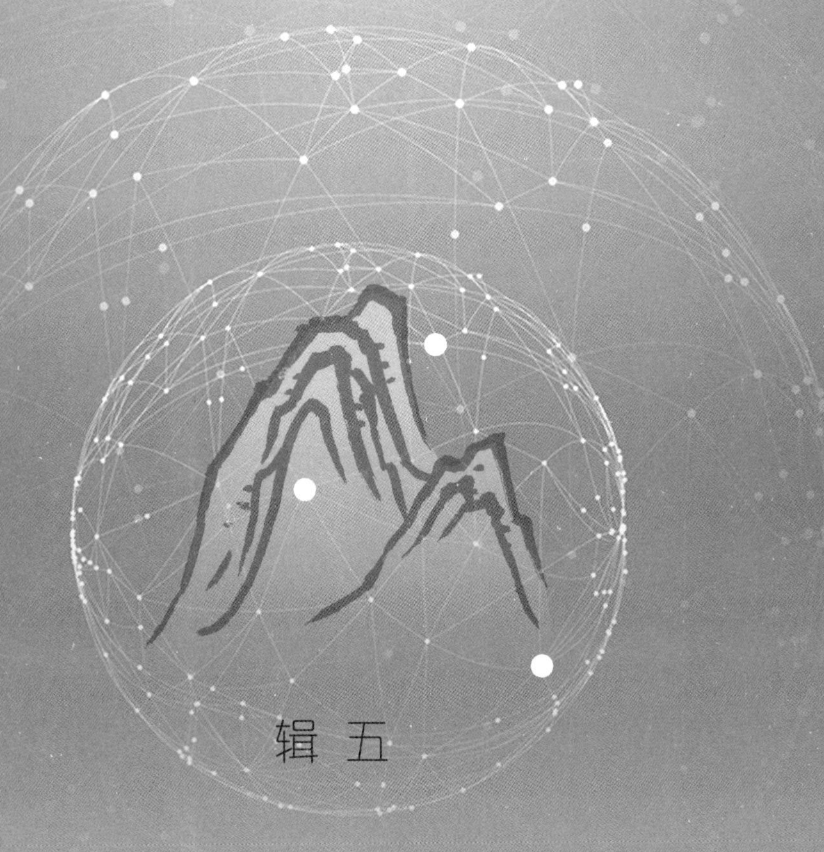

辑五

高/山/仰/止

晴空一鹤排云上，便引诗情到碧霄

——记人文世界里的鸟类学家周本湘教授

江　城　子

骊歌一曲别情长，藕丝香，燕飞忙。回首春风，桃李又成行。天下兴亡俱有责，愿此去，莫彷徨。

云程健翮及时翔，应难忘，耀炎黄。缺补金瓯，重聚在钱塘。留得他年寻旧梦，随百鸟，到湄江。

这首《江城子》是《国立浙江大学附属中学毕业歌》的歌词，创作于20世纪40年代，由当时随浙江大学西迁至贵州湄潭的生物系学生周本湘先生撰写。时值抗战时期，大半河山沦于夷狄，战火方殷，旌旗猎猎，先生用这首词句典雅、意蕴深沉的歌子勉励众多学子在告别师长后奔走四方，去重拾金瓯一片。在2007年，这首歌被浙江杭州第二中学（前身为私立蕙兰中学和西迁时期的浙江大学附属中学）确立为校歌，流风余韵，绵延不绝。

周先生于1938—1942年就读于浙江大学生物学系，毕业后，先任教于浙江大学，在1952年高等院系调整时进入华东师范大学生物学系，在杏坛耕耘一生。

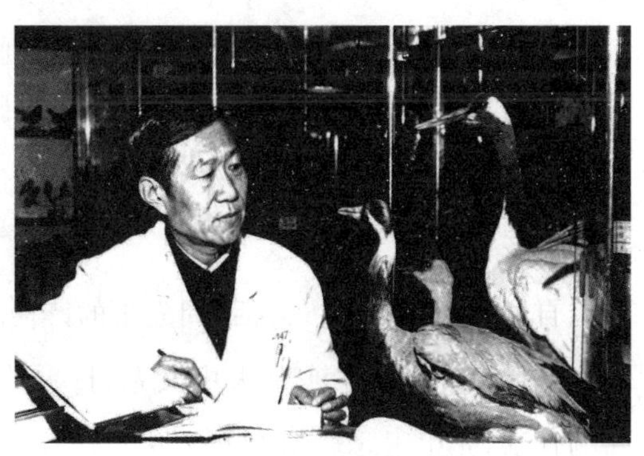

周本湘教授

先生平生治动物学，是著名的动物学家、鸟类学家，专业领域涉及脊椎动物学、比较解剖学及鸟类学等，而最擅长于鸟类学研究，著有《蛙体解剖学》《中国珍稀动物（鸟纲）》等，主译[美]约翰·W·金布尔《生物学》一书,发表研究论文数十篇。1980年中国鸟类学会成立,先生任第一届学会理事,继任第二、三届副理事长;此外,还曾任中国野生动物保护协会常务理事,中国鹤类联合保护委员会顾问、专家组主任,中国西北五省野生动物保护委员会特邀顾问,上海市野生动物保护协会副会长,上海动物学会常务理事兼秘书长,兼任上海自然博物馆动物馆馆长等,为我国动物科学发展、野生动物保护和动物科学普及做出了重要贡献。

然而并不广为人知的是,周本湘先生还是才情洋溢的诗人。先生出身于名门望族,祖上为著名淮军将领周盛传。周氏家族于明代自江西迁至合肥,卜居于紫蓬山下的紫蓬镇,家族的世代班辈是:"国有文方盛,家行孝本先,典章崇法守,理学绍心传。"周本湘先生和其兄弟,中科院院士周本濂均为周盛传将军的五代裔孙。家学渊源,再加上严以律已,他自幼遍读诗词文章,由此奠定了深厚的文学艺术功底。先生从此徜徉于诗词的世界里,一生中吟咏不辍,这曲《江城子》便是他平生所咏众多华章中的一阕。

1940年,正值中华民族奋起抗日之时,是时国运疾危,山河破碎,国立浙江大学为避战火,延文脉,举校西迁,到贵州湄潭办学七年。1943年,浙大苏步青、钱宝琮、祝廉先、郑晓沧等教授在湄潭组织"湄江吟社",在"吴越久沦丧,音信渺萧瑟"(钱宝琮诗)的环境中,与同道唱和吟咏,感怀时局、抒发感慨、陶冶性情。其成员初为七人,继增为九人。

诗社成立之时,周本湘先生尚为学生,他追随师长步武参与其中。在当时,浙大师生经常到湄潭的名胜"西来庵"游览踏青、砥砺诗艺,留下诗词歌赋二十余首。现"西来庵"已成为市级文物保护单位,保存有苏步青、祝廉先、周本湘诸先生的7首诗词。

自浙大入华东师大之后,周先生的诗词之名渐为人所知。20世纪60年代,先生受邀设绛帐于华东师大中文系,授古典诗词鉴赏、创作的课程。这在当时传为佳话,先生因之名动沪上学界。

除了诗词以外,先生还精于戏曲艺术,对京昆"国粹"喜爱有加,在浙江大学任助教时,即加入浙大西湖曲社,出演过《凤还巢》等名剧。他擅长青衣角色,在念、唱、做等表演艺术上造诣精深，曾饰演《宇宙锋》中的赵艳容、《贵妃醉酒》中的杨贵妃、《打渔杀家》中的萧桂英等角色。华东师范大学建校后不久，先生在科研之余参与校工会组织的京剧组活动，参与排演《苏三起解》《捉放曹》《法门寺》《空城计》《贵妃醉酒》《二进宫》《甘露寺》等剧目，并多次在校礼堂和虹口工人俱乐部等地演出。

20 世纪 80 年代，华东师范大学组织成立昆曲社，当时的参加者包括张作人、周本湘等教授。曲社成立后曾约请昆曲名家顾兆琳先生前去指导，周先生和顾先生一见订交，由此展开了动物学家和昆曲名家合作的一段佳话。

其时，周本湘先生撰写了多篇爱鸟诗词，顾先生为其中一首谱了曲。周先生对顾先生的谱曲非常喜爱，其后二位名家进一步合作，顾先生殚精竭虑，融合昆曲、古琴曲和民歌曲调，为更多的诗词一一度曲。其曲谱成，周先生激赏不已，反复吟唱。1991 年，华东师范大学出版社汇集这些诗词，出版了《惜春禽·爱鸟诗词歌集》，并录制成音带。音带由沪上名家华文漪、计镇华、岳美缇、梁谷音、张静娴、蔡正仁、方洋演唱歌曲，由上海昆剧团首席笛师顾兆琪先生演奏笛曲。意蕴深沉的歌词，余音绕梁的曲调，一唱三叹的吟唱，凝成艺术之明珠。

《惜春禽·爱鸟诗词歌集》

惜春禽·爱鳥詩詞歌集

周本湘詩詞

顧兆琳譜曲

隋淑光：

惠存

顾兆琳

2013.11.12.

華東師範大學出版社

顾兆琳先生墨迹

此后，上海开展爱鸟周活动，上海昆剧团的众多名家对《惜春禽·爱鸟诗词歌集》进行了专场演唱。这些爱鸟诗词歌曲还在电台中反复进行了播放。后来《惜春禽》词等5首，收入《当代科学家诗文选》。先生斯人已去，品读先生的诗词，那种对自然和美的眷眷情怀历历可见：

虞美人·惜春禽

东风桃树双飞燕，檐底香巢现。莺梭往复自匆忙。更向绿云深处弄笙簧。

流光换得新雏老，花瘦青梅小。劝君有意惜春禽，一望溪山尽是好园林。

20世纪90年代初，上海昆剧团在新排剧目《上灵山》时，仰慕于周先生深厚的诗词功底，请他撰写幕前曲的词，该词完成后赢得了一片赞赏。后来剧团聘请周先生担任了《上灵山》一剧的文学顾问。

青玉案(《上灵山》幕前曲)

云程万叠西天路，发宏愿，求经去。向往灵山心彻悟。须弥净土，宝函无数，就在凝眸处。

师徒历尽千般苦，十地神明暗相助，得见光华参佛祖。庄严妙境，香花飞舞，齐赞勋功著。

先生晚年，在一次生病住院时遇到了同在病中的著名剧作家陈西汀先生。陈先生久慕周先生之名，一直以未曾谋面为憾。这次偶遇后相见恨晚，二人在病榻上唱和吟咏，互相砥砺。后来周先生写了评论陈先生的名作《蝴蝶梦》的诗词，发表在《新民晚报》。

除了诗词之外，先生还致力于科普写作，留下不少名篇。科普散文《红叶西风白雁秋》脍炙人口，先后被编入《百年人文随笔》《聆听科学——中国科普佳作百年选》《广东第二课堂(中学版)》《天地徜徉录》等书刊中。

"是能读《三坟》《五典》《八索》《九丘》""究天人之际，通古今之变，成一家之言""上马击狂胡，下马草军书"，这是古代中国对通识人才的期待。而在民国时期，这种期待在相当程度上转变为了现实，如周先生这样科学素养与人文素养双修的学者并非个例。有学者关注到这种现象并进行过思考：

刘丽女士在"《湄江吟社诗存》的价值探析"一文中这样写道："湄江吟社创

作人员的构成,体现了诗人群体学术渊源和文学底蕴的'文理兼通'。'吟社'成员共九人,王琎(季梁)、郑宗海(晓沧)、江恒源(问渔)、刘淦芝、祝文白(廉先)、钱宝琮(琢如)、胡哲敷、苏步青、张鸿谟,除祝廉先、胡哲敷为中文教授外,其余皆为理工、教育学科教师……在他们身上,浓厚的中国古典文化的浸润和近代科学理性精神相互交织……同时也体现了文理兼容、培养通才的近代教育思想及其教学成果。"

对那个时代高等教育思想的价值,学者也有所认识。杨东平先生在专著《倾斜的金字塔》中这样写道:"中国高等教育的童年呈现蓬勃的生机,在短短二三十年的时间内,出现了北大、清华、西南联大为代表的一批现代大学,出现了一批各个学科领域的学术大家以及一大批教育家,谱写了现代教育史上壮丽的一页,其时其地,大师云集、学术灿然、人才辈出,成为现代教育史上一个辉煌的坐标,一座真正的高峰。"

那是一个俊采星驰的时代,文星如云、科研人才似雨,他们迅速奠定了中国现代学术研究的框架体系,并有极大拓展。回顾这段历史,笔者不禁产生这样的设想:这或许得益于儒家"立功、立德、立言""修身、齐家、治国、平天下"等中华传统思想文化的积淀和余韵?

近年来,"钱学森之问"把人们对当前人才培养现状的举国焦虑推向极致,并引发了人们对人才培养机制的更深入探讨。对那个时期的教育思想保持足够的审视,鉴往知今,也许会寻找到对这个问题的一种解答。

(本文发表于《中国科学报》2013 年 12 月 13 日。感谢史新柏、赖伟、顾福康、顾兆琳、盛和林、孙心德、唐思贤诸先生就此文接受的访谈)

动物学家张孟闻与鲁迅的文学交往和论争

张孟闻(1903—1993年)是鲁迅先生奖掖、提携过的文学青年之一。1928年至1929年间,这位当时尚名不见经传的青年学者,后来成就卓然的动物学家,得到了鲁迅先生的帮助,继而二人因观点不同发生了笔墨之争。

张孟闻时任浙江省立第四中学教员,同时在上虞春晖中学兼课。他和春晖同事王任叔(即著名作家巴人)均为文学研究会宁波分会外围组织"雪花社"的发起人。1928年,以二人为主发起成立的《山雨》创刊号,因张以笔名"西屏"撰写的《备考:偶像与奴才》一文被印刷商认为"违碍",出版受阻,故他于3月28日写信向素未谋面的鲁迅求助:"鲁迅先生,我们青年的能力,若低得只能说话时,已经微弱得可哀了……总之,我们就是这样送了《山雨》的终……不过还留有几许落寞怅惘的酸感,所以写了这封信给你。倘使《语丝》有空隙可借,请将这信登载出来……《山雨》最'违碍'的文章,据印书店老板说是《偶像与奴才》那一篇……这信里一并奉上……倘使看去太不像文章,也请寄还,因为自己想保存起来,留个《山雨》死后——夭折——的纪念!!"

鲁迅对《偶像》一文中的部分观点并不认同,但这无碍于他对文学青年伸出援助之手。

他在4月12日写了复信,并把张的来信和这封复信以及《偶像》一文,一并发表在《语丝》第4卷第17期(1928年4月23日)上。复信中这样写道:"读了来稿之后,我有些地方是不同意的。其一,便是我觉得自己也是颇喜欢输入洋文艺者之一……但我极愿意将文稿和信刊出,一则,自然是替《山雨》留一个纪念,二则,也给近年的内地的情形留一个纪念……"这封信后题为《通信(复张孟闻)》,收入《集外集拾遗补编》。

张孟闻诧异于鲁迅认为自己反对输入洋文艺，于是在《山雨》第 4 期(1928 年 10 月)中发表《联想三则》一文，对鲁迅的观点进行质疑："这回读了鲁迅先生给我的回信，硬派我是不喜欢输入洋文艺者，使我诧异于鲁迅先生也不会读书，因为在那篇附去的旧作里至少记载了四个洋人的名字……"

1929 年 2 月，张孟闻应北平大学农学院的聘约来到北京，期间和襟兄范文澜过从甚密。而鲁迅先生也因事于 1929 年 5 月 15 日抵达北京，寓于西三条胡同 21 号。5 月 28 日，范文澜携张孟闻拜访鲁迅。鲁迅绝口不提二人的文字之争，

（31）

偶像與奴才（自霹之什第六）　西屏

七八歲時，那時我的祖母還在世上，我曾經扮了一會犯人，穿紅布衣，上了手銬，跟着神像走。神像是擡着走的，我是兩脚走的，經過了許多街市。到了一個廟裏停止，于是我脫下了那些東西而是一個無罪之人了。據祖母說，這樣走了一遍，可以去災離難，却病延年。可是在後我頗能生病，——但還能活到現在，也許是這扮犯人之功了。那時我聽了大人們的妙論，看見了泥菩薩，就有些敬懼，莫名其妙的駭怪的敬懼。後來在學校裏聽了些「新理」回來，這妙論漸漸站脚不住。十歲時跟了父親到各「碼頭」走走，怪論越聽越多，于是泥菩薩的尊嚴，在我腦府裏丟了下來。此後看見了紅臉黑眼的泥像，就不會鞠躬的崇奉，而伯母們就叫我是個書獃子。因爲聽了洋學堂裏先生的擋不住說話，實在有些獃氣。

這獃氣似乎是個妖精，纏上了就擺脫不下，一直到現在，我還是不相信泥菩薩，雖然我還記得「災難離，難離身，一切災難化灰塵，救苦救難觀世音」等的經語。據說，這並不希奇，現在不信神道的人極多。隨意說說，大家想無疑義，——但仔細考究起來，覺得不崇奉偶像的人並不多。穿西裝染洋氣的人，也儼然是「擡頭三尺有神明」，虔虔誠誠的相信救主

偶像與奴才　三一

刊登于《语丝》的《偶像与奴才》

热情款待，亲自奉茶。在畅谈时事时，他说道："斗争要有长期而坚强的韧性，不能赤手空拳，挺身而出地硬干，而是沉着机智地去应付艰危。站出来讲话尤需要明喻暗譬……借以避免授人以柄……对敌人必须讲求应付的妥善而巧妙的策略。"临别时他又邀请张孟闻于次日到北大红楼听他的演讲，说："我明天就是用机智的隐喻来讲话，正要抓紧策略来应付敌人，冲击敌人，而不被敌人钻空子。"

张孟闻深感这席话是鲁迅先生战斗经验的总结，也正是对自己的告诫，将对自己今后的生涯大有裨益。第二日，他赶到北大聆听了演讲。在这次演讲中，鲁迅提出了"壕堑战"这一名词，主张进行韧性的斗争，切忌赤膊上阵，鲁莽行事。

有趣的是二人的文字之争并没有因这次见面畅谈而画上句号。鲁迅在 1929 年 12 月份写《我和〈语丝〉的始终》一文时重提此事："去年，非骂鲁迅便不足以自救其没落的时候，我曾蒙匿名氏寄给我两本中途的《山雨》……其中有一篇短文，

大意是说……自己(指鲁迅)一做编辑,便在投稿后面乱加按语,曲解原意,压迫别的作者了……这听说是张孟闻先生的大文,虽然署名是另外两个字……"

鲁迅何以在已相谈甚欢,并时隔 7 个月后重提这段往事?这让人颇费思量。一种解释是鲁迅并非完人,更绝非圣人,他也会因误解甚至攻讦而介怀。而且因为记忆力绝佳的缘故,他在行文时记忆常会闪回某段文字之争,顺便带上几笔,就会"无意中触着了别人的伤疤"。而另一种解释则是可能源于他对青年人态度的变化。鲁迅曾经怀有一个信念,认为青年必胜于老年,将来必胜于现在,因此尽力奖掖、提携青年。但他在广州目睹国民党"清党"以后,寄希望于青年人的信念破灭了。在《答有恒先生》一文中他曾沉痛地写道:"我的一种妄想破灭了。我至今为止,时时有一种乐观,以为压迫,杀戮青年的,大概是老年人……现在我知道不然了,杀戮青年的,似乎倒大概是青年……"从此以后,鲁迅先生对青年人开始有了冷峻的审视。而这段论争也许正说明了鲁迅在现实和思想上所面临的艰难处境。

张孟闻对鲁迅文中的"非骂鲁迅便不足以自救其没落""匿名氏"等说法倍感委屈,但在王任叔的劝告下没有回应,主动平息了论争。对这段往事他曾这样反思:"我却觉得因为有这等文人习气表示出鲁迅先生具有人之常情,绝不是口是心非的两面派……而是和我们自己同样的一个常人。这使人感到他是个可爱可亲近的人。易地而处,如果我有他这样的地位而被人讥讽为不会读书的人,也会动更大的火气……(我的)文字写得尖刻些,颇有撩拨虎须的口气,则是自己的过错。"

笔墨之争无损于张孟闻对鲁迅先生的一贯敬重。他在晚年时曾无比崇敬地说过:"太史公司马迁《孔子世家》引古语云:'泰山仰止,景行行止。虽不能至,然心向往之。'我对鲁迅先生也有同样的心情,而因为亲接謦欬,也比司马迁对孔子的感情更为深厚。"

(本文发表于《中国科学报》2014 年 1 月 24 日)

从电影《南海十三郎》想到了赵保国

已经不记得有多少次在暗夜中静静地欣赏电影《南海十三郎》。

南海十三郎，粤剧编曲名家，本名江誉镠，生于1909年，广东南海县人。父亲江孔殷早年参与“公车上书”，后中进士，放官广东，慈禧赐一百二十盆兰花而还，故名其居为“百二兰花室”。江誉镠早年在香港大学学医，后因痴迷戏曲辍学，入粤剧名伶薛觉先的剧团编写剧本，名动一时。因其在家排行十三，故笔名为“南海十三郎”。粤剧名家唐涤生即出自其门下。江性格高傲，目下无尘，一生立志编写“至情至性之曲，大仁大义之词”。抗战期间，他曾积极编演抗日剧本以纾国难。战后至香港，因不愿编写内容荒诞、格调低下的剧目，为商业利益至上的戏曲界不容。后疯癫，行乞街头，潦倒而终。

这部电影可分为两部分。前半部分极尽奢华，十三郎高轩驷马、轻裘华带、顾盼神飞、才气纵横；后半部分，十三郎芒鞋破钵、癫狂落魄，沉郁悲凉、感人肺腑。片尾，伴着十三郎被破衣覆盖的画面，出现以他所编剧目连成的一首诗：“心声泪影女儿香，雁归何处觅残塘，红绡夜渡寒江雪，痴人正是十三郎。”每看至此，就有一种露被荒野、周身寒彻的感觉。

一直觉得遗传学家赵保国的遭遇和十三郎有几分相似。赵保国，1918年出生，河北赵县人。留美七年，在印第安纳大学师从著名遗传学家索恩本(Sonneborn，T.M.)进行草履虫遗传学研究，在双小核草履虫的遗传型和卡巴数量以及遗传型、匹配型改变和卡巴数量变化之间的关系上，获得重要发现。该研究室以草履虫为材料研究遗传学，与以果蝇为研究材料的摩尔根实验室齐名。

1955年7月，赵保国获博士学位后受老师、武汉大学生物系主任高尚荫教

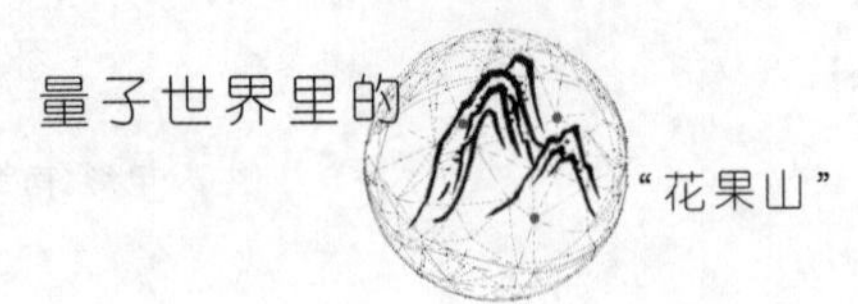

授礼聘回国。据当时居住在武大的戴克中先生回忆:"大约是1954年前后余家纯教授家搬进了一对十分神气,洋味十足的夫妻,男的高高的个子,鼻架上一副金丝眼镜,穿西式背带裤,一双皮鞋锃亮,走路很快而且昂首挺胸……"

那时,因受苏联"李森科事件"的影响,国内批判并禁止讲授和研究摩尔根学派的遗传学。本应单纯的学术之争被上升到了你死我活的两条路线和两个阶级斗争的高度,支持摩尔根学派的大批学者,如李景均、李竞雄、鲍文奎、胡先骕等受到批判和冲击。甚至导致了李景均出走美国事件,在国际上造成相当恶劣的影响。赵保国自然也在劫难逃,他所从事的研究被批为脱离实际,是为资产阶级服务的。为纠正这一偏差,1956年,在周恩来和陆定一的过问和"双百"方针的指导下,于青岛召开了"遗传学座谈会",赵保国与会并作8次发言阐述摩尔根学派遗传学观点。

青岛遗传学会议之后,"李森科事件"的影响曾一度有所弱化,但随着1958年"拔白旗运动"的开展出现反复。赵保国生性耿介、纯真善良,别人对右派分子避之唯恐不及,他却仍然尊称为某某先生;去国多年,不谙国内政治形势,加之多年的科学研究所养成的严谨态度使他注重事实、敢于质疑,曾和苏联专家发生过激烈争论。这些都给他的命运蒙上了悲剧的影子。

1958年后其受到的批判和冲击愈演愈烈,这时的他走路已低下了头,变得消沉孤僻了。在重压之下,他精神失常,和十三郎一样放逐了自己。因为打碎了很多玻璃和器皿,他被冠以"破坏生产、科研"的罪名关押。此时高尚荫已无力庇护他。在被释放后,他在黑龙江的哥哥帮他联系到了哈尔滨师范学院(哈尔滨师范大学的前身),数年后又转到黑龙江省科学院应用微生物研究所。

从珞珈山辗转到了白山黑水间,接踵而来的政治运动使他的命运向更黑暗处沉沦。在"文革"中被逼问"你说是毛主席正确还是刘少奇正确"时,他答以"毛主席不完全对,刘少奇也不完全错",这在当时当然是大逆不道之举,因此身陷囹圄数年。

"文革"过后,赵保国的身体和精神状态已非常之差。1981年5月,中国原生动物学会在武汉成立,他重新踏上这片伤心地参会,并被选举为理事。在电影中，已名满香江的唐涤生辗转寻找到业已疯癫的十三郎，二人凄然相对，共谱了一段感人至深的唱词："相见若似梦，自从别去匆匆，此刻再重逢，咫尺隔万重。我再见恩师，心中百般痛，仿似宝剑泥絮尘半封，昔日壮志与才气全告终，江中雪，泪影两朦胧……"赵保国重回珞珈山，见到他的恩师高尚荫先生，想来也会有同感吧。

赵保国教授

1981 年 7 月，哈尔滨师范大学史新柏教授受邀至华沙参加第 6 届国际原生动物学会议。听说史教授来自中国，许多代表马上围上来打听赵保国的消息，由此可以想见赵保国归国前在国外的学术影响力。1982 年，赵保国和陈阅增、史新柏受邀参加在怀俄明召开的纤毛虫分子遗传学国际会议。那时索恩本已去世，但他在会上见到了老师的夫人，劫后重逢，悲欣交集。

此后赵保国的身心已不足以支撑他做更多科研工作，1987 年 4 月 18 日，因胃癌离世。检点他归国之后的科研成就，几乎可以忽略不计，终其一生，怀抱利器，郁郁而终。

笔者为写此文曾委托黑龙江科学院微生物研究所查找赵保国先生的档案材料，但该所已无片言只语的文字记载，仅保留有一张赵保国晚年的黑白照片。照片上斯人瘦削，面颊凹陷，双鬓如雪，若有所思。

想起了《在狱咏蝉》中的两句诗："不堪玄鬓影，来对白头吟。"

（本文发表于《中国科学报》2014 年 4 月 14 日。感谢史新柏教授、戴克中教授、张介驰教授、冯永康先生对文中部分资料的帮助）

《西南联大校歌》之作者辨析

关于《西南联大校歌》歌词作者的争论，自 1980 年伊始纷纭 30 余年，或持论为罗庸，或持论为冯友兰，莫衷一是。而自 1980 年起，当事人之一的冯友兰也曾多次撰文回顾自己撰写歌词的过程。笔者读歌词和《西南联大纪念碑》碑文似有所得，连缀成文，聊备争鸣。

《西南联大校歌》歌词为依照词牌《满江红》填写的一首词，共计 93 字，全文如下：

“万里长征，辞却了五朝宫阙，暂驻足衡山湘水，又成离别。绝徼移栽桢干质，九州遍洒黎元血。尽笳吹弦诵在山城，情弥切。

千秋耻，终当雪。中兴业，须人杰。便一成三户，壮怀难折。多难殷忧新国运，动心忍性希前哲。待驱除仇寇复神京，还燕碣。”

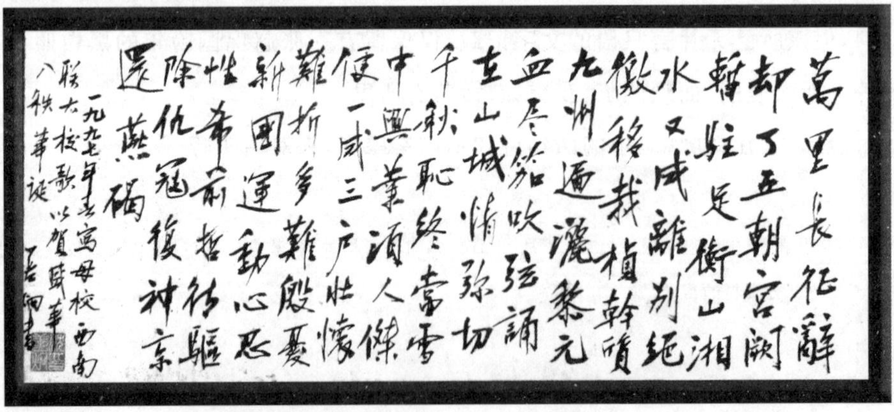

西南联大毕业生沈善炯院士手书的校歌（熊卫民摄）

《西南联大纪念碑》由冯友兰撰文、闻一多篆额、罗庸书丹，历来毫无争议。

碑文后附有三字一句的碑铭，共计 120 字：

“……爰就歌辞，勒为碑铭。铭曰：痛南渡，辞宫阙。驻衡湘，又离别。更长征，经峣嵲。望中原，遍洒血。抵绝徼，继讲说。诗书器，犹有舌。尽笳吹，情弥切。千秋耻，终已雪。见仇寇，如烟灭。起朔北，迄南越，视金瓯，已无缺。大一统，无倾折，中兴业，继往烈。维三校，兄弟列，为一体，如胶结。同艰难，共欢悦，联合竟，使命彻。神京复，还燕碣，以此石，象坚节，纪嘉庆，告来哲。”

國立西南聯合大學紀念碑

“国立西南联合大学纪念碑”碑文

校歌成文于建校伊始，碑铭则成文于撤校前夕。二者所承载的主旨有所不同，但在内容上有高度相似性和连续性，可以说是文意相通，后者为前者的改写和续写。例如，两者均“始叹南迁流难之苦辛，中颂师生不屈之壮志”。但此后两者在行文语气上有所不同，校歌中表达了对涤平仇寇、保金瓯无缺的祈愿（千秋耻，终当雪；待驱除仇寇复神京，还燕碣）；碑铭则因世易时移，叙述祈愿达成之后的欢欣（千秋耻，终已雪；神京复，还燕碣），中间还有关于三校团结如一体的记述。从二者的用字用词来看，碑铭中除了叙述校歌所不包含意项（三校一体，联合使命完成等）的 54 字，其余 66 字与校歌的含义一致。这 66 字中有 23 字与校歌完全相同，而且多是以“辞宫阙、驻衡湘、又离别”这样的三字句形式复制了校歌。

二者的这种高度相似性和连续性，可用碑文中“爰就歌辞，勒为碑铭”解释。但这两句话给人以扑朔迷离之感，对它的解读可能有助于澄清校歌作者真相。如果“歌辞”作者为罗庸，则会衍生出几个问题：

校歌成文在前，碑铭在后，在校歌已为人耳熟能详的前提下，创作于同一环境的碑铭面对的是同一读者群，并且要勒为金石，传之后世，如二者并非出自一人之手，冯氏在撰文时必当考虑另出新意，何以会在用词、用典，乃至结构上高度因袭，并且全文未置罗庸一词？冯氏身处文才渊薮，会不考虑读者非议的问题吗？这于情理不通。此为未解者一。

唐时崔颢作《黄鹤楼》一诗，据说李白为之辍笔，曾有“眼前有景道不得，崔颢题诗在上头”的慨叹。立碑一事蔚为盛典，碑铭为碑文中的点睛之笔，冯氏为何偏要“爰就歌辞”而为之？即使碑铭为命题之作，必须据校歌铺陈而成，冯氏旧学源深，学究天人，成名文人无疑会以因袭为耻，且考虑“文人相轻”的元素，如不能别出机杼，他会援笔为此碑铭吗？此为未解者二。

碑文获得的评价极高，有山斗之望的史学家何炳棣誉其为 20 世纪的一篇雄文。冯友兰也颇为自豪，晚年回忆说：“……以今观之，此文有见识，有感情，有气势，有词藻，有音节，寓六朝之俪句于唐宋之古文。余中年为古典文，以此自期，此则其选也。承百代之流，而会乎当今之变，有蕴于中，故情文相生，不能自已。今日重读，感慨系之矣。”“六朝之俪句”指的当是作为点睛之笔的碑铭。如果碑铭几乎全部因袭他人，何炳棣会如此品评，冯氏会如此自矜吗？此为未解者三。

1981 年冯氏发表于《文献》第 3 期的“冯友兰自传”中曾写道：“校歌中的信念在铭辞中成为实事”，这句话表明了两者之间的传承性。此外他还于当年 11 月 23 日在《北京晚报》刊文道：“……碑文是我写的，碑文最后的铭词大部分用校歌的词句，可谓一稿两用。”

似乎只有上述说法，才能解释上述问题。

（本文发表于《中国科学报》2015 年 1 月 2 日）

沈善炯院士的晚年心境

2009年岁末，蒙熊卫民先生惠赠他的口述科学史新作《沈善炯自述》，从中熟悉了沈先生的生平：少年求学及初登科学殿堂、负笈海外、归国早期的科研经历、在政治运动中遭受冲击、长夜过后重返科研之路。我对沈先生艰难的治学经历和在“文革”中的苦难遭遇感触颇深，有不吐不快的感觉，遂援笔为《鲜花、荆冠与舞者》评论，刊于《科学时报》。

文章刊出后不久，卫民在电话中提及沈先生很兴奋地和他联系，说是看到了一篇对书的评论文章，写得非常好，问他认不认识我，并询问我的情况。作为末学后辈，一直对沈先生怀有仰慕之忱，再加上对书中的一些问题无从索解，于是在卫民的建议下，拜访了沈先生。

沈善炯院士

沈先生时年93周岁，满头华发，在四月下旬的春日里依然穿着家居旧棉衣和棉鞋，已经不敏于行，走路时两只脚几乎拖在地面上，慢慢地挪动。他的目光平静温和，甚至有些忧郁，墙上所悬挂照片中那种威严、锐利、自信的眼神已不复存在，看起来已经是一个饱经沧桑的普通老人了。先生非常谦和，反复感谢我撰写书评，说是说出了他心里想说而又表达不出来的话，愿意把我当做一个忘年的小朋友，欢迎我随时来看他。

此后不久，卫民承担了“老科学家学术成长资料采集工程”中对沈先生的采集项目，并约请我参与进来，于是我和沈先生有了更多的接触。在不长的时间里,我们对沈先生进行了五次访谈,每次持续两小时左右。此后我又单独拜访了沈先生四五次,其中有几件事给我留下了很深的印象。

在第一次见面时,沈先生就说过这样一句话:“我不是什么科学家,我的一生一事无成。”后来在做访谈的时候,他又反复提及:你们还是去采访真正的科学家吧,不要访谈我,我不是什么科学家,我有自知之明。说这句话的时候往往还伴着深深的叹息。我仔细观察,觉得这不是沈先生在自谦,而是他的真实想法。有一次,我终于按捺不住心中的疑惑,向他问道:“沈先生,您一生成就斐然,为什么总说自己一事无成呢?”然而,沈先生的表现让我觉得问得孟浪了。

当时沈先生胸口剧烈起伏,情绪异常激动,断断续续地说了这样的话:“你们把我看得太高了,我从来没考虑过自己是什么科学家……我是一个农村出身的孩子,到了加州理工学院,到了那里以后,因为我的高中等于没有念……我的老师哈洛威士就尽量给我帮助,对我特别好,他希望我回去能为中国做点事情,他经常对我说,沈,你要注意啊,中国需要你。所以我是很运气的。后来回国,不知怎么搞的,‘文革’中我受到迫害,他知道了,结果他给我个东西,他说他非常惊奇,他说你蛮好的到美国来念书的人,怎么被人家这么迫害,他说中国是个文明古国,怎么会出现这种现象,我希望你的事情能够记在中国的历史上。到了 2005 年,我的老师去世,加州理工的很多老师都一直认为我会去送别老师,但是当时我夫人病重,我就没办法去。我一生真是运气啊,老师对我真是很好很好……当时我本来可以做更多工作的,但是后来受到太多的干扰。”说到这里,沈先生的眼睛里已满含泪水,这是一个 93 岁老人情动于衷流下的泪水。

2011 年的春天,我去拜访沈先生,先生提起了与胡适先生的三次见面:

在 1947 年,他在北京大学任助教时接到了加州理工学院的入学通知,但当时国民党政府忙于南迁,出国留学的事情无人负责,因此迟迟无法办理出国手续,沈先生为此焦虑不已,于是在一位教授的建议下,去求助校长胡适先生。胡适先生看了入学通知以后就答应由学校出面办理。此后不久,他果然接到了办理护照的通知,于是再访胡适先生表示谢意。在谈话时,胡适先生拿出一张已签名的支票对他说,此时向政府申请外汇已不可能,但他自己在银行里一直有一笔用来接济青年学生的存款，由他私人从这笔钱里拿出 90 美金给沈先生作为旅费，但是希望沈先生在拿到奖学金以后尽快把钱还到银行，供其他学生使用。

访谈沈善炯院士(从左至右依次为熊卫民、沈善炯、笔者。熊飞天摄)

在这次谈话过程中，胡适先生接到了国民政府主席、北平行辕主任李宗仁要来访的电话，但他并没有因此中断与时年 30 岁，尚默默无闻的沈先生的谈话，而是说道：您不要来了，我现在有事，稍后会去看您，然后继续娓娓而谈。

在这年 8 月份，沈先生即将离校赴美，胡适先生又在百忙中约谈沈先生，他郑重又诚恳地说到，通过几次交往，发现沈先生有几个要注意的地方：沈先生曾经说过他在加州理工的老师哈洛威士即将获得诺贝尔奖，胡适先生认为在成为事实之前，这样说是不严谨的；沈先生在表达自己的意见时经常会说某某人也是这样的想法，胡适先生认为这也是不妥当的，自己要说要做的事为什么要搬别人出来，他以此告诫沈先生要独立思考。

说到这里的时候，沈先生已经哽咽，他拭着眼泪，嘴唇颤抖，断断续续地说：

“适之先生，适之先生……我一直没有忘记他的教诲……待人要不分贵贱，要做一个普通人，要独立思考。”这是我第二次看到这位老人的泪水，先生时年94周岁。

在谈话时，沈先生有时会像孩子一般爽朗地仰头大笑，但是通过多次接触，我感觉到沈先生是寂寞的，有时甚至是忧郁，是担忧。他自己也曾多次说过，我这个人有些忧虑。沈先生当时记忆力已经减退了，有两次在我去拜访的时候，甚至记不起我是谁，还要我们一起回忆上次来干了什么事，说了什么话，才能慢慢想起我来。但有些东西他一直在固守。他写了一些回忆往事的文章，我们曾经多次提出要看看，他有时会说，我知道你们很好，你们对我很好，下次我把文章给你们看看。但是到了下次先生又犹豫了，说你们还是不要看了，我这个人喜欢说真话，不讨人喜欢。在第一次访谈的时候，我们架起了一架微型摄像机，想按照采集要求保留一些先生的影像，但是先生断然拒绝：“卫民，你们不要弄这个，不要弄，我们就是说话就好。”

2012年春天的一个上午，我接到了沈先生的电话，声音非常焦虑：“……你说过会经常来看我，说有什么事情可以找你，我现在有一件要紧的事，我已经考虑了一晚上了，没有办法，你好不好现在就到我这里来？”

我急忙赶到沈先生家里，一见面，沈先生就焦虑地说：“怎么办呢，怎么办呢，我怎么会办这种事……我一晚上就在想，没有睡着，不知道该怎么办了，又没有人可以问。”

他指着地上一盆非常美丽的兰花说到，这是昨天来的两个人送我的，他们说是云南大学的。说着还拿出来两本写着“纪念西南联大75周年校庆”字样的邮票册给我看。

先生说：“这也是昨天来人送的，他们说要搞校庆，我想这是蛮好的一件事。可是后来就不对了，他们拿出了一个盒子，里面装满了泥，让我把手印按在泥上，我当时不好拒绝，后来他们走了，我想这不对，这到底是怎么回事，他们要我的手印做什么呢……我怎么会做这么一件事，当时我不好拒绝啊，昨天晚上我一晚上都在想这件事，睡不着觉……你说他们拿走我手印做什么，要不要紧……”先生叹息连连。

我深知这种焦虑背后的原因：先生在“文革”中饱受摧残，甚至有过因为身属“牛鬼蛇神”，被认为不配用麻醉药，而被强按在手术台上开刀的遭遇。他曾几度想自杀而不得。那种被连续刑讯逼供，却坚决不肯在子虚乌有的材料上按手印的经历，已经深深积淀在他的记忆深处，删除不得。

在我尽力对先生进行了解释以后，先生还是不放心，连连追问：“真的没事吗，真的没事吗？”最后他终于露出了孩子般的笑容。这是 95 周岁的沈先生让我感到心酸的一件事。

有一年多没去拜访沈先生了，时时会想起沈先生在每次送别我时说的一句话：欢迎你经常来，来看看我。或许有更多的老人同样寂寞并怀有忧虑和恐惧？让我以《鲜花、荆冠与舞者》中的两段话作为文章的结尾，也作为祝愿吧：

“本书不仅是他个人的经历，还可看作是新中国成立前后众多海外归国学者经历的一个缩影，他们大都有着相同的际遇。窥此一斑甚至可洞见新中国科学发展的艰难步履。”

“全书正文共计 198 页，而记述漫漫长夜（‘文革’中的遭遇）的篇幅就达 53 页，我相信这不是刻意为之，而是那种苦难经历的阴霾在一个近百岁老人心灵中的真实投射。从正当壮盛的 47 岁到鬓发斑斑的 61 岁，共计 14 华年。纵然多难殷忧，纵然壮怀难折，纵然戴着荆冠舞出了一片虹霓，可这虹霓原本可以更绚烂、更多彩。时代、国家、社会的悲剧与个人的悲剧交织，让人扼腕叹息……祈愿科学的永远归科学，让科学家永远不要再戴着荆冠和镣铐而舞。”

（本文发表于《中国科学报》2015 年 11 月 13 日）

附录 读书札记

一次与心灵抗拒的阅读

——《合成一个蛋白质》读后记

一提起中华人民共和国成立以来的科学成就，人们立即会联想到“两弹一星”和“合成结晶牛胰岛素”。这两项成就可以说是家喻户晓，而后者在人们心目中的地位尤其重要。因为前者毕竟不是首创，有成功者在前，至少知道一些大致走得通的路线；而后者真正是没有先例可循，用瑞典皇家科学院诺贝尔奖评审委员会化学组主席蒂斯利尤斯的话说：“人们可以从书本中学到制造原子弹，但人们不能从书本中学到制造胰岛素。”正因为如此，人们普遍认同这是一个诺贝尔奖级的工作，如笔者一样怀有一个“胰岛素—诺贝尔奖”的情结。

作为一个有生物教育背景的读者，笔者常常惊诧于这样一个事实：在胰岛素工作完成已近40年的漫长时间里，尚无一本对这一新中国为数不多的重大科学事件的系统、严肃的研究专著，直到看到《合成一个蛋白质》这本书。然而对本书的阅读竟成了一次不期而遇的与心灵抗拒的历程。

最先看的是后记，其中一段文字深深地灼痛了我的眼：“在如释重负的同时，我们也感觉有些惶恐……然而我们所得到的研究成果却似乎对胰岛素工作以及某些当事人在人们心目中的崇高地位有所‘贬损’……那只是因为，作为历史研究者，我们必须尊重事实，必须尊重比较、分析所不得不得出的结论。”我知道这段话意味着什么，我内心几乎本能地一动：“不要动我们的蛋白质！”

然而随着阅读的深入，我逐步为书中的观点所左右，“它既没有提出理论上的重大革新，又没有带来工具、方法的革命性进展……这样的工作未能获诺贝尔奖有令人惋惜之处，却也并不值得愤愤不平、怨天尤人。”当读完“胰岛素工作与诺贝尔奖”中的最后这一段文字时，我终于放弃了徒劳的挣扎。

作者基于对众多当事人的访谈，基于对胰岛素工作及几项与之相接近的、获得了诺贝尔奖的工作逐一分析、比较，得出了胰岛素工作未必是世界级工作的结论，可能对这一结论人们会见仁见智，会引发一些后续的讨论。但是，作者在大量引用当事人对这一工作的评价、反思和质疑的基础上，所提出的一系列问题：“在我们做胰岛素合成时，国外的同行在做些什么？”“他们取得的成果如何？”“如果做的不是胰岛素合成而是别的研究，我们可不可能做出更大的成果？”“我国的生化事业是不是也能得到相当的发展或更大的发展？”这些问题，特别是最后一个问题，对我国曾经盛行的由国家直接规划、倾全国之力进行耗费巨大的大科学科研模式的利与弊所进行的反思，确实是意义深远。

读完本书的一个最明显的感受是书中展现了一个与人们的以往印象不同的蛋白质。合成胰岛素工作处于一个特定的历史时期，经历了独特的历程和特有的曲折，从立项到艰难的合成之路，无不具有鲜明的时代烙印，许多情况并不为人们广泛所知。作者的笔触不仅展示了胰岛素合成工作的艰辛历程，也展示了那种军事味道浓厚、盛行人海战术、与意识形态关系密切、极具历史特点的特定时期独有的科研方式。本书把前人很少涉足的“大兵团作战”“诺贝尔奖候选人评选”“倾全国之力搞大科学”等事件一一展示在读者面前，并对这些事件背后的原因进行了挖掘与分析。应该说，这些展示并无损于众多投身于胰岛素工作的科研工作者，恰恰展示了这些前行者身上那种戴着镣铐跳舞的悲壮，对于他们，人们所能给予的永远只有尊敬。作为一个特殊历史时期的特殊科学事件，对胰岛素工作的挖掘与分析使其有可能成为一面价值独特的镜子，有助于了解和审视我国在20世纪五六十年代这一特定时期的科研真相，这不仅能给前行中的我们一些有益的启示与心理准备，也不无警示作用。

胰岛素工作的提出距今已有40多年，其完成也近40年，在40年这样一个距离上加以审视，结论无疑会相对公允。但随着时间的流逝，获得第一手资料的可能性会越来越小。本书在两者之间找到了一个很好的结合点，重要的事件、重要的结论无不以当事人的口述为基点，而且还常常采用不同被采访者的口述加以对比或佐证。对笔者来说，掩卷而思，觉得这次40年后的审视不免令人有些悲哀，但这悲哀中又不无洞悉真相的喜悦。在笔者看来，这本书也许在某种程度上实现了对这个蛋白质“再合成”，呈现了一个更真实的蛋白质，这也许正是其价值之所在。

（本文发表于《科学时报》2005年12月22日）

鲜花、荆冠与舞者

——《沈善炯自述》读后记

我来了，我喊一声，迸着血泪，
“这不是我的中华，不对，不对！”
我来了，因为我听见你叫我；
……
我来了，不知道是一场空喜。
我会见的是噩梦，哪里是你？
……
我追问青天，逼迫八面的风，
我问，拳头擂着大地的赤胸，
总问不出消息；我哭着叫你，
呕出一颗心来，——在我心里！

这是闻一多先生的《发现》一诗中的几句。早年读这首诗，纵然是少年心性，仍然能感受到诗人那种摧肝裂胆的痛：字里面仿佛滴着泪，泪里面似乎含着血。这种痛似乎是早期曾负笈国外的学子归国后的共鸣：“在海外受的侮辱越重，对祖国的怀念和希望也就越深切……但到希望变成事实的时候，他却坠入了一个可怕的深渊，他在美国所想象的美丽祖国的形象，破灭了！他赖以支持自己的一根伟大支柱，倾折了……他痛苦，他悲伤，他愤慨，他高歌当哭……”（臧克家）被鲁迅称为“中国的济慈”的现代诗人朱湘的投湖也与此不无关系。

那个时代，积贫、积弱的中国面临五千年一大变局，百说纷出，方药杂投，学说与学说之间的争竞交迸着戈与矛般的火花。终于，一道灿烂的霞光照彻东方

的天宇。就在这时，在美国留学的沈善炯感受到了来自祖国的召唤，似乎有一条铺着鲜花的路在他面前展开。他毅然排纷扰、整归装，衔枚疾走。在归途中被美方审问、监禁达两个月后成功归国，纵身入火热的事业。从这个意义上说，沈善炯似乎要比那些早期留学归国者幸运得多。

《沈善炯自述》是《20 世纪中国科学口述史》丛书中的一种，是作者对平生经历的自况：少年求学及初登科学殿堂、负笈海外、归国后早期的科研经历、在政治运动中遭受冲击、长夜过后重返科研之路。在笔者看来，本书不仅是他个人的经历，还可看作是中华人民共和国成立前后众多海外归国学者经历的一个缩影，他们大都有着相同的际遇。窥此一斑甚至可洞见中华人民共和国科学发展的艰难步履。

中华人民共和国成立之初，全国仅有 30 多个科研机构，科研人员不足 5 万人，其中专门从事自然科学研究的人员不超过 500 人，现代科学技术几乎为空白。中华人民共和国的建立，激发了大批海外学者的殷殷报国心，掀起了回国高潮。他们历经险阻回国效力，华罗庚、钱学森等皆在此列。这些学者大都已经站在当时所从事研究的科学项目的世界最前沿。据统计，到 1957 年，归国的海外学者已经有 3000 多人。他们中的大多数人成为中华人民共和国科学技术发展的奠基人或开拓者。在中国科学院选定的第一批 233 名学部委员（后改称院士）中，有近三分之二的人是归国的海外学者。

如果他们能顺利地沿着这条铺满鲜花的路一直走下去，毫无疑问，中国后来的科技发展水平将不可限量，或许早已迈入发达国家行列，人们的物质生活水平也将极为丰富。然而，峰回路转，这条路却从铺满鲜花一变为密布荆棘，他们戴着荆冠甚至镣铐而舞，一路血痕斑斑，甚至有的人没能熬过那漫漫长夜，永远地倒在了路上。

在那漫漫长夜里，中国科技追赶世界先进水平的机遇被葬送，我们与世界发达国家之间的差距被无情拉大，科学家个人与我们的祖国同样在科学地位上面临窘境：“……我们在科学上太落后了，就我自己而言，多年没有工作，也不看书，连英语也讲不好了。”“……他们（指英国科学家）只好隔着中国人伸长脖子与自己人谈，而且谈得很热闹。中国并非无人，而是有人不用，或用者非才。我真为自己的祖国感到难过。”“勃伦纳是这个午餐的主角，他侃侃而谈，但一字不提科学，也不问我关于中国的科学工作状况。似乎他早已把我们看穿，知道我们在科学方面没有什么可谈的。”这是在1976年，沈善炯在远离科研工作十几年后第一次出访英国、法国，与同行交流时遭遇的难堪……（参见《沈善炯自述》，P.158—160），作者在为文时反复提及，其心中的愤懑和苦痛可想而知。

《沈善炯自述》全书正文共计198页，而记述漫漫长夜的篇幅就达53页，我相信这不是刻意为之，而是那种苦难经历的阴霾在一个近百岁老人心灵中的真实投射。从正当壮盛的47岁到鬓发斑斑的61岁，共计14华年。纵然多难殷忧，纵然壮怀难折，纵然戴着荆冠舞出了一片虹霓，可这虹霓原本可以更绚烂、更多彩。时代、国家、社会的悲剧与个人的悲剧交织，让人扼腕叹息。

对那个漫漫长夜中科学界和科学家的际遇有所揭示的书并不多见，相信这位近百岁老人的亲身经历能让我们有所知，有所思，有所悟。《圣经》中有这样一句话：“让上帝的归上帝，恺撒的归恺撒”。追既往，鉴来者，祈愿“科学的永远归科学”，让科学家永远不要再戴着荆冠和镣铐而舞。

（本文发表于《科学时报》2010年2月24日）

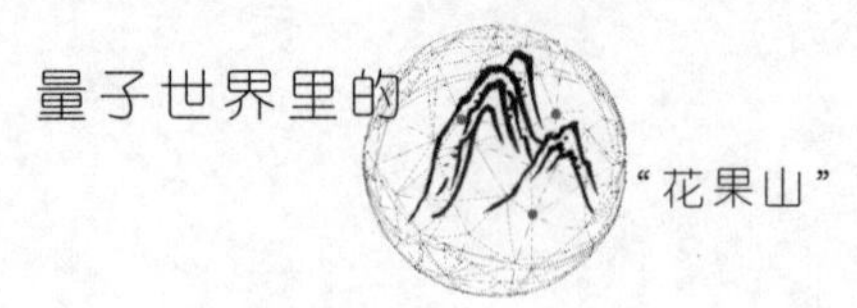

对"钱学森之问"的一种解答

——《肝胆相照——吴孟超传》读后记

2010至2012年间，笔者曾与闻"老科学家学术成长资料采集工程"，此间获悉方鸿辉先生参与吴孟超院士学术资料采集工作，并承担传记写作，遂多次就教于方先生，亲见他为此工作而激发出的悲哀、焦虑、欢欣，以及付出的辛劳，也曾几次听闻先生因而抱病卧床、辗转求医。匆匆数年，先生鬓间的几许白发换来了三十余万字书稿的付梓。

吴孟超先生一生游刃于肝胆，医术精湛、活人无数，在国内外医学界有山斗之望，有关他的报道、传记、影视作品、文学作品何止万千。虽有众多珠玉在前，但阅读后感觉本书未落前人窠臼，方鸿辉先生基于对传主和大量当事人的访谈，基于对档案材料全面而细致的搜集考证，抓住传主一生中的重大事件和学术节点一一进行钩沉，完成了对传主生平和学术生涯别开生面的解读。此外书后还附有传主年表，以及传主历年的主要学术著作、论文目录。书中全部资料经传主数次审定。可以说这是一本较全面、精准地总结吴孟超院士科学生涯的著作。

虽然对传主的摹画侧重于科学生涯方面，但这绝非意味着本书文字艰涩或因内容专业性过强而枯燥。流畅感性的文字、真实生动的案例和细节、直抵心灵最柔软处的拷问，在一定程度上完成了对"所以传记文学家系自史学家始，以文学家终。自史学家始，传记才不流于虚诞。以文学家终，传记才显现神奇"这句话的诠释。

正如"一千个人眼中有一千个哈姆雷特"，经历不同的传记写作者会对传主的特质产生侧重点不同的感受。读完本书后的最深刻感触是方鸿辉先生的写作直叩灵府最幽深处。他不仅看到吴孟超院士“高山仰止”的科学成就，更俯首心折于他的医学哲学与生命伦理：“德不近佛者不可为医，才不近仙者不可为医”“一名好医生应该眼里看的是病，心里想的是人”“凡是他亲自操刀的手术，每次结扎都坚持用手、用线……用一次缝合器械，‘咔嚓’一声一千多元就花掉了，那可是一个农村孩子几年的读书费用啊，我用手缝线可分文不要”“冬天查房时，先将手焐暖，离开时不忘将病人的被角掖好，有时顺带将病人的鞋子放整齐，便于下床时穿着”“推迟参评国家最高科技奖的考核会，只是为了不耽搁凑钱来上海求医的河南农民的手术”……这一切最终都指向了“仁爱与善良”。这一人性光辉中最温暖美丽、最让人感动的一缕，在方鸿辉先生笔下流光溢彩。“文以载道”，诚然。

有论者认为中国人的国民性一直在倒退。春秋人睿智悲悯、慷慨激昂，喜究天人之际，砥砺信义道德，“千金一诺”“易水送别”“义不帝秦”等典故流传至今；汉唐人则雄浑豪迈，倡“犯强汉者，虽远必诛”；两宋人风雅精致、富有情趣；而至元明清则有了愚蠢贪婪、懦弱无刚的印迹，至清末更演变出众多肮脏愚昧、麻木不仁的看客，是以有“崖山之后，再无中国”的说法。在这个时期，间或也有王夫之、黄宗羲、曾国藩等道德杰出人物出现。流风余韵至民国，则有胡适等堪为道德楷模者。追溯如吴孟超院士这样的老科学家，乃至各学术大家的学问养成之路，莫不始肇于这个时期，莫不始肇于对道德的敬慕感，斯人莫不心有悚惧，倡“仁义礼智信”，倡“仁爱与善良”。

“老科学家学术资料采集工程”的目标之一就是要叩问“老科学家之所以成为老科学家”这一问题，这其实和“钱学森之问”如出一辙。掩卷而思，笔者认为该书的“结语”部分也许可以看作对这个问题的一个普遍意义上的解答，那就是正视“仁爱与善良”，正视“做事与做人”的关系问题。舍此，或许“钱学森之问”无解。

当然本书也有未尽如人意之处。其一，按照通行的原则，“年表”的每个年代后似应注明作者年龄才符合惯例；其二，或许受篇幅所限，部分内容的叙述给人以未尽其意的感觉；其三，“导言”部分提到“倘若将八章起首的‘科学足迹’集成起来，应该就是吴孟超的学术简历了吧”，如果要求苛刻一点，在每章的“学术足迹”后注明这一时期的起止年代，当会有助于读者在开卷时对事件背景完成阅读准备吧。

方鸿辉先生早年有恙，不良于行，然而他在教育、科普工作方面数十年孜孜不倦，夕惕朝乾，如今成就斐然，著作等身，先后获“上海市优秀科普作家”“大众科学奖”等荣誉，2007 年被中国科普作家协会表彰为“在科普创作工作方面有突出贡献的科普作家”。这本凝聚着他心血的书必会使读者开卷有益，相信每位读者都会随着阅读进程而历经一次心灵的洗礼。

（本文发表于《中国科学报》2014 年 3 月 28 日）

一部适逢其时的进化论著作

——《99%的猿？趣味进化论！》读后记

2012年，美国网站“前沿”就“最美的科学理论”这一问题向社会征集答案，约有200名科研人员和人文学者提名了各自喜爱的理论，其中“进化论”和“相对论”所获提名数量相当。牛津大学名誉教授道金斯认为达尔文提出的进化论是最美理论，他这样说道：“在人类历史中，没有任何一种理论能够以那么点假设论证那么多事实。”

事实上，也很少有一种理论像进化论那样自诞生伊始就既受到无上褒扬，又不断经受质疑。1859年，达尔文的《论物种起源：通过自然选择的方式》出版，质疑声随之鹊起。1860年，在进化论支持方与反对方所进行的牛津大论战中，伦敦大主教威尔伯福斯以“您祖父或者您祖母，哪一方是猿猴的后代呢”这样侮辱性的一问，攻击进化论的支持者赫胥黎。在论战中表现同样出位的还有达尔文作环球航行时所乘坐的“贝格尔”号的舰长、海军上将菲茨罗伊，他愤怒地宣称达尔文背叛了自己，呼吁人们驱逐达尔文理论，自己却手捧《圣经》，高喊着“圣书啊，圣书啊”被逐下讲台。

此后百余年间，质疑的声浪并未稍歇。特别是近几十年来，报刊、书本中时时出现“达尔文的进化论已被推翻”的说法。2006年2月，一份由514名科学家联合签署的声明再次引发轩然大波，并随“500科学家质疑达尔文进化论”的报道传遍地球。这不仅让很多人产生困惑：“进化论真的错了吗？”

让我们追溯一下进化论的出现究竟解决了什么问题。有学者总结到：几千年来，人们曾一直苦苦地追问“世界上有什么”“它们是从哪儿来的”和“为什么会这样”这样的问题。在18世纪初，随着对未知世界认识的深入，特别是由于林耐所创“双名法”的问世，第一个问题已经逐步明晰。关于第二个问题，人们当时的认识是上帝创造了万物。而达尔文穷数十年的观察和研究，得出所有物种都是进化而来的、物种之间有着一定的亲缘关系的结论。他的解答无疑是在挑战上帝创造世界的理论，在当时所引发的宗教与哲学争论，远远超出了科学意义上的争论。关于第三个问题，达尔文的解答是物种进化的动力在于有利变异的保全和有害变异的清除，即自然选择。

现在看起来，由于受当时所发现的过渡型化石证据过少、分子生物学理论尚未问世等的局限，达尔文所能提供的解答第三个问题的证据偏弱。但是后续的科学研究丰富和发展了进化论。比如说越来越多的证据被发现；后续学者把突变的重要性整合入进化理论，引入孟德尔遗传机理来解释遗传与变异，从而在达尔文理论基础上发展出来综合进化论，使得进化论成为日趋成熟、越来越令绝大多数人信服的理论。对进化论不断丰富和发展的过程符合人们对事物的认识规律，恰恰表明了科学是一个开放的、不断发展的体系。

对生物进化的研究意义非凡，因为人们对物种起源的认识最终将左右世界观。从这个意义上说，在进化论仍不断受质疑和误解的今天，包括《99%的猿？趣味进化论！》在内的，每一本阐述进化论书籍的问世都可谓适逢其时。

对于支持进化论和意图质疑进化论的读者来说，阅读《99%的猿？趣味进化论！》这本书都是一个不错的选择。对于前者来说，本书提供了进化论的最新证据。书中不仅系统介绍了进化论的提出过程、基本理论，还整合了后续学者对进化论的补充研究成果，其中包括达尔文对进化论阐述得不甚完备的地方。比如说“羽毛化石”一章详细地对化石证据，特别是过渡型化石证据进行了说明；“分子决定的历史”部分列举了生物进化的分子生物学证据；其他章节则就细菌对抗生素的耐药性和昆虫对杀虫药的抗药性、食物结构的改变和鸟类的生存能力及嘴部形状的变化、非洲镰状细胞性贫血的等位基因和抗疟疾的特性、飞蛾工业黑化现象等证据进行了一一说明；“记住达尔文”等章节则介绍了进化心理学等进化论最新研究成果。

对于质疑进化论者来说，本书可谓是质疑进化论的理论和论据的集大成者。书中不仅包括对神创论、智能设计论的介绍，还列举了种种质疑进化论的经典论据。例如，英国哲学家威廉·佩里用手表做例子来质疑进化论的标准陈述，设计论者用来否认进化论的典型例子——眼睛（设计论者认为，各种结构的配合如此精细、丝丝入扣的眼睛不可能是逐步进化的，只能是高智能者设计出来的）。当然，在罗列这些内容的同时，书中也附有反驳论述和证据，质疑进化论者可进行选择性阅读。

该书的作者既包括 David Robinson、Peter Skelton 这样的进化论研究权威，又包括 Gary Slapper 这样长期研究在美国传授达尔文学说方面的法律纠纷的学者。由于本书旨在向普通读者提供进化论的最新证据，因此阅读时不需要任何科学知识背景，因为书中所介绍的都是每一个人应该知晓的东西。同时，大量精美的图片、精致的装帧和印刷，也会使得阅读经历更为轻松愉悦。

在介绍进化论知识的同时，本书也在表达这样一种理念：科学争论应重证据、应理性探讨。人类对世界的认识永无止境。进化论也处于不断发展之中，远不是已经完美无缺的理论，但是，有助于其完善的是理性论争，而绝非胡扯。曾有质疑进化论者宣称“进化也是上帝安排的”，这似乎会立于不败之地，但这样的论断无法证伪，其表述逻辑近似于“不管你信不信，反正我是说了”，因此是苍白的。

（本文发表于《中国科学报》2014 年 4 月 25 日）

科学如此多娇

——《物含妙理总堪寻——从爱因斯坦到霍金》读后记

在学者的视域里，科学是如此多娇。

二十余年前，赵峥教授开始在北京师范大学开设系列科普讲座“从爱因斯坦到霍金的宇宙”，并陆续把讲授范围扩展到了多所院校。“艳阳之下种桃李”“物换星移几度秋”，而今，这个讲座已经成了学生心目中一个美丽的传说：

“如果你来北师大听到一位白发苍苍的教授在物理课上讲起了科学家的逸闻故事，讲起了唐诗宋词，那肯定是赵先生了。”

“当翻看网上的三集公开课《赵峥：从爱因斯坦到霍金的宇宙》时，却发现这位老教授讲起课来竟如说书先生一般神采飞扬……”

这样的评价使我为之心驰神往。

无缘聆听讲座，却有幸读到了讲座内容的结集——《物含妙理总堪寻——从爱因斯坦到霍金》。这本书呈现了赵峥教授多年来讲座的基本内容。在某种程度上每一篇都是对讲座的实录，包括提问环节在内的内容均据实呈现，因此体现出了较强的现场感，时时给我一种在听讲而非阅读的感觉。

此前曾经拜读过赵峥教授的数本科普著作。读完本书后，对一般性科普图书和讲座结集的区别产生了一点感悟：前者采用文字叙述的形式，而后者则是对现场讲述的实录。这种表述方式上的差异可能会赋予后者更大的亲和力和表述空间。原因大概有两点：

其一，讲述的形式更便于讲述和议论的融合，更便于对讲述主题进行恰如其分的延展，从而使得内容少了一点严肃，多了一些包容和变化。其二，讲述会因为课堂生成而美丽——与伏于案头的科普写作不同，讲述者会因与成百上千的听众进行实时的心灵沟通和思维碰撞而迸发出智慧的火花。它如电光石火，能在一瞬间照彻听众的思维；它因此时此地此景而产生，在某种程度上具有不可复制性，因此弥足珍贵。

例如，作者在讲到门捷列夫时这样说道："门捷列夫非常杰出，我们大家看。有两位伟大的师范生：一位是最杰出的化学家门捷列夫；一位是最杰出的物理学家爱因斯坦。因为爱因斯坦上的是苏黎世工业大学的师范系……所以我们师范院校的学生，应该有信心，只要你好好干，你是可以干出最优秀的工作的。"这样的课堂生成，想来会使现场的学生为之动容吧。

虽然书中讲述的是爱因斯坦与物理学革命、相对论、霍金与黑洞、膨胀的宇宙、时空隧道、时间之谜等抽象的理论物理内容，但并不难读懂，这一方面得益于众多通俗浅显的例子和恰当比喻的引入，从而使得枯燥的理论听起来妙趣横生。另一方面，则得益于在具体呈现某一内容模块时，书中并未局限于讲述物理学知识，而是钩沉出了科学理论发现的过程，重现了科学理论在诞生时的历史背景和科学环境。例如在讲述相对论时，书中甚至活灵活现地演绎出爱因斯坦作研究时跌宕起伏的心路历程。这给人的感觉是作者意在带领听众重构科学理论发现的过程，意在进行物理学大厦的模拟解构与搭建。赵峥教授曾经说过这样一句话："带着建筑施工时的脚手架，你才能看懂它是如何建成的"。

注重科学与人文的结合、人文气息浓郁是赵峥教授一以贯之的行文风格，书中恰如其分地设置了一些美妙的诗词和历史知识来诠释物理学知识。例如"飞花两岸照船红，百里榆堤半日风。卧看满天云不动，不知云与我俱东"之于运动的相对性，"长沟流月去无声，杏花疏影里，吹笛到天明"之于时间的方向性，"年年岁岁花相似，岁岁年年人不同"之于时间周期的相似性和不断发展性……

以这种形式来呈现的科学知识无疑会既美丽又感性。聆听过讲座的学生对此深有感触："就在这重思考的不经意之缝隙中，赵峥就将你拉进了物理学的时空领域里，这或许正是赵峥讲科普的魅力所在——没有太多的公式概念，却富含着物理学的美感和历史的厚重。"而我则由此想起汪曾祺在西南联大时听闻一多先生讲课的感受:"本来是相当枯燥的课题,但听闻先生讲课让人感到一种美,思想的美,逻辑的美,才华的美。(为了来)听这样的课,(徒步横)穿一座(昆明)城,也值得。"

读赵峥教授的科普著作,我每每在内容之外品味出一种急迫感。这种感受无关于书中的文字,更多的是来源于作者自身。年逾七旬,鬓发苍苍的赵峥教授至今仍活跃在课堂上,孜孜于知识传承,他在每部科普著作的前言、后记和历次演讲中,不厌其烦地以"青年人是科学发现的主力军"来劝勉青年学子,为此他统计了众多科学家做出重大发现时的年龄,以历史上重大的科学发现大都是由年轻人做出的事例来激励青年。

本书的"前言"亦复如是。再次读到这样的文字,我仿佛看到了一个在用心来做科普的白发苍苍的老者奋力前行的身影,在身影的后面,光彩灿然。

(本文发表于《中国科学报》2014 年 7 月 25 日)

推开走进爱因斯坦的“三重门”

——《爱因斯坦与相对论——写在广义相对论创建100周年之际》读后记

2015年为广义相对论创建100周年。这无疑是一个值得纪念的日子，我们有多种理由将其设置为一次盛典，从而对烛照未知领域、探索未知规律，引领人类从黑暗中见光明的盗火者进行缅怀，对人类认识、掌握自然规律的足迹进行追溯，并从中获得激励和警示。

赵峥教授的《爱因斯坦与相对论》一书为纪念广义相对论创建100周年而作。这位毕生致力于天体物理学与引力相对论的研究与传播，两获中国图书奖的老者的笔触，超越了100年的视野，带来了对爱因斯坦与相对论在更为深远角度上的审视。

苏联诗人马雅可夫斯基在长诗《列宁》中曾这样写道：“大概在两百年前，关于列宁的最初的消息，开始在地平线上升起。”如果用之于爱因斯坦，我们大概可以这样说：“大概在两千多年前，在地中海沿岸，传来了爱因斯坦与相对论将要诞生的消息。”这是因为，包括相对论在内的爱因斯坦的研究不是独立产生的，而是对前人研究的继承、辨正和发展，它们之间并不能割裂开来。因此书中对爱因斯坦的讲述始于2500多年前，也就是说将相对论的发现过程置于更为深远的历史背景之下，上溯至公元前584年5月28日，希腊天文学家、数学家泰勒斯预言日全食的出现，以及他的学生毕达哥拉斯提出了“中心火”模型，乃至两百多年后，他们的同胞亚里士多德提出了“地心说”，再及托勒密、哥白尼、布鲁诺、伽利略……第谷、开普勒、牛顿……爱因斯坦、霍金……

作者将相对论的产生和发展置于历史发展的长河中审视，脉络清晰地展示了经典物理和现代物理的建立过程，并呈现了二者的关系及各自的发展脉络，以及包括相对论在内的物理学的重大成就和重要思想。这样的解读，可以说摹画出了物理学建立与发展的全景，明晰了相对论在其中的位置，从而推开了走进爱因斯坦的第一重门。

书中介绍了这样一个事例：牛顿所作出的众多科学发现，尤其是其划时代的巨著《自然哲学之数学原理》的出版，使得经典物理学多年所累积的，显得有些杂乱无章的大量成果系统化，物理学因而清晰起来，从此成为一门成熟的科学。因此英国著名诗人亚历山大·波普写诗称赞道："自然界和自然界的规律隐藏在黑暗中，上帝说：'让牛顿去吧！'于是一切成为光明。"但是在爱因斯坦创建了广义相对论，建立起崭新的时空观，认为万有引力是时空弯曲的表现之后，由于其理论的晦涩难懂，人们又一度陷入迷茫，又想起了这首诗，于是有人在后面续写道："但不久，魔鬼说：'让爱因斯坦去吧！'于是一切又重新回到黑暗中。"

这昭示我们，无论过去、现在，还是将来，对相对论的解读都非易事，而实际上，让每个人都单纯弄懂相对论理论既无必要也不现实。因此书中把对相对论的介绍寓于描述爱因斯坦等科学家所进行的科学发现的过程，甚至寓于探求科学家在科学发现过程中的心路历程之中。这样的设置，意在彰显人类认识并掌握自然规律的足迹，彰显前行者仰望星空并脚踏实地、烛照未知领域的信念，其目的当在于让人真正地将其汲取、消纳，从而成为一种融入脉动，与血肉相连的意识与视野。毋庸置疑，相比较于单纯汲取知识，其价值和意义更为宏大。这样的设置，可谓推开了走进爱因斯坦的第二重门。

相对论的诞生具有其时代原因。自 16 世纪以后至 20 世纪初期，各种自然科学理论的出现和前驱者的铺垫使得人类对自然规律的认识一步步突破瓶颈，因而孕育了相对论应运而生的背景。那是一个俊采星驰的时代，各种新发现、新理论如杂花生树、群莺翩飞，给人目不暇接的感觉。然而有些令人遗憾的是，无论与爱因斯坦本人，还是与相对论最初的创建与发展过程，国人都少了些缘分。据资料记载，在 1921 年，蔡元培先生曾面见爱因斯坦，运作其访华事宜，但最终未果。在 1922 年年末，爱因斯坦在访问日本的往返途中两次短暂驻足上海，并于 1923 年 1 月 1 日下午 3 时，在福州路 17 号公共租界工部局礼堂讲演相对论，但他谢绝了我国各大学和学术团体提出的在中国讲学的邀请。这或许会使我们觉得与爱因斯坦及其理论多了些距离感，少了些参与感。

令人欣喜的是，作者在书中不仅钩沉了中国学者赵忠尧在相对论创建早期做出的，推动其理论发展的重要成就——发现正负电子对的产生和湮灭，还融以作者工作团队对相对论研究的创见，如对“黑洞过程是否信息守恒”的辨识、关于“热力学第三定律会禁止奇点存在”的猜想、“钟速同步传递性”概念的提出等，并融以作为相对论研究者的作者，在初识、研读、发展相对论过程中的心路历程。这无疑会拉近读者与爱因斯坦及其理论的心理距离，使人认识到科学并不遥远，相对论并不遥远，科学不仅可以走近，原来更可以走进。这，可谓推开了走进爱因斯坦的第三重门。

赵峥教授为毕生研究相对论的学者、相对论某些发展阶段的见证者，在某种程度上也是相对论发展的众多推动者之一。他基于深厚的学养并融以不凡的科普创作功底，倾情著述此书，“希望对那些渴望不虚度此生、渴望做出科学成就的年青人能有所启发”。在本书的呈现方式上，以浅显、通俗、活泼、隽永的文字为载体，以千字左右，内容妙趣横生的小段落为基本内容单元，以相对论的诞生和发展的脉络为索贯穿之，汇集为一串闪耀的明珠。阅读时闭目涵泳，如泛舟顺流而下，两岸风光目不暇给，可几乎毫无阻滞地完成阅读历程。

薄薄的一本书，从经典物理、相对论到量子力学、霍金，让人清晰地了解物理学，尤其是现代物理学的发展脉络。考虑到物理学在现代科学发展中的重要作用，相信这会是惠及读者一生、有助于奠定科学基础的一本书。祈愿更多的人打开它，成就一次微小而又盛大的遇见。

（本文发表于《中国科学报》2015 年 7 月 16 日）

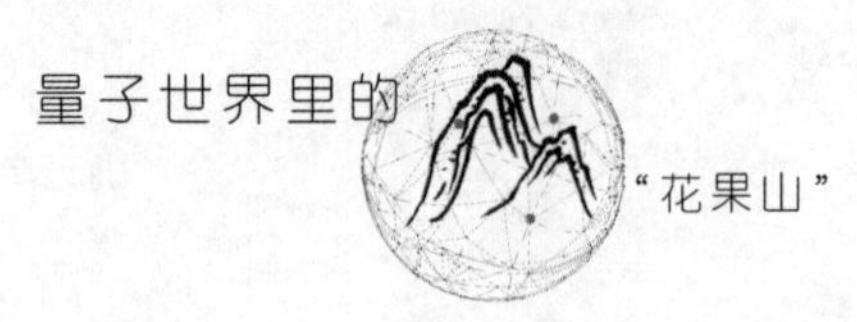

微言兴邦　文章华国

——《博学笃志　切问近思——杨福家院士的科学与人文思考》读后记

十余年前曾受益于杨福家院士的《博学笃志——知识经济与高等教育》一书，也曾关注过报道先生的诸多报章及新闻动态。其中给我留下最深印象，窃认为也是对先生做出最适切评价的，是作者署名柯宣的《杨福家：理想主义者心路历程》一文中的几句话：

“……他本来或许应该是一位诗人……充满了梦想或者幻想，激情满怀或者豪情万丈，像一名手执戈矛随时准备脱手一掷的战士。但造物主却把他塑造成了一位儒雅的学者，一位院士，一位执掌中英名牌大学的教育家。不过，我们透过他那厚厚的眼镜片，仍能从他严谨缜密的科学思维背后，看到忧国忧民的情怀和闪烁着的‘对人生、对世界、对祖国、对自己、对未来’的理想主义光彩。”

这段话概括了先生毕生求索的两件事业——谋科技兴邦和化育英才，数十年如一日，惟日孜孜，无敢逸豫，遂卓有大成。近日读方鸿辉、陈建新两位先生编纂的《博学笃志　切问近思——杨福家院士的科学与人文思考》一书，为先生播扬科学思想、科学方法、科学精神和先进的人文与教育理念的文章而心折，觉得先生一直在自觉或不自觉地鼎力于第三件事业——以文章华国，而且相较于前两者，春风化雨，惠泽四方，其意义和价值或许更为宏大。

本书无疑是一部精心之作，在内容上，两位编者从浩繁卷帙中，遴选先生有关科学与人文思考的一系列已出版或未出版的讲稿和文章，并极具匠心地化用复旦大学校训，以“博学编”“笃志编”“切问编”“近思编”“笃行编”贯穿之。在形式上，采用红色绸面精装，书名以烫金字呈现，封面中下部凸印圆形复旦校徽，在华美庄重中增添了立体感。加之典雅含蓄、意蕴深沉的编名和精当的选文，使该书既显时代气息又呈现一种新古典主义色彩。

曹丕在《典论·论文》中写道："盖文章，经国之大业，不朽之盛事"，这一推崇文章价值的名句千古传唱，并得到"文章千古事""千古文章未尽才"等诸多应和。无疑，这里说的文章并非寻章摘句或抒发性情的轻灵絮语，而是有补于世的深刻文字。读完本书，窃认为书中所载的，杨福家先生基于"博学、笃志、切问、近思、笃行"而凝结的思考成果和文化结晶，无疑应当归属于这类文章。微言大义，斯之谓也。

本书首篇选文为《知识经济》，该文部分内容于 1997 年 10 月 3 日首发于《文汇报》，此后一年多的时间里为《解放日报》《光明日报》《人民日报》《大众日报》《南风窗》等数十家重要媒体转载，其流布之广凸显了该文的价值。在十余年前，知识经济初现端倪，对这一基于最新科技和人类知识精华，已经显示出勃勃生机并表现出巨大发展潜力的全新经济形态，国人确实所知不多，甚至相当多的人闻所未闻。当时先生基于广博的视野、敏锐的洞察力和深刻的思考捕捉到了它，受盗取"天火"般的使命感驱使，他迅速撰文推介，而且为快速推动这一概念传播风尘仆仆奔走四方。在今天，知识经济已经是个耳熟能详的概念，我们国家、我们每个人都泳动于这一浪潮中，中流击水甚至挺立于潮头，重读此文，感慨良多。

本书第二篇选文为《博雅教育》。该文基于先生 6 年主持复旦大学、12 年出任英国诺丁汉大学校长，以及亲力亲为创办宁波诺丁汉大学等的经历，基于多年对国内外教育的比较研究和深刻思考而成文，意在推动国际视野下的中国高等教育的发展，及经济全球化时代的教育国际化进程。一个人在一生中能写几篇这样的文章？相信不会多，因为这样的文章，不是也不可能在短时间内成文，而只能是以毕生心血铸就。书中后续选文如《量子百年话创新》《科学与文史》《大师与英才成长》《自主创新的关键》《对中国高教发展的困惑》《质疑——培育杰出人才的关键》等，莫不如是，从中我们可以读取先生数十年孜孜献身于科研领域和呕心沥血于杏坛的非凡途程。

先生为什么能写出这种文章？这无疑和其经历有关：曾被选派到丹麦哥本

哈根大学理论物理研究所做访问学者，曾有过兼任中国科学院上海原子核研究所14年所长的经历，曾先后主持复旦大学、英国诺丁汉大学、宁波诺丁汉大学，曾当选为"防核恐怖倡议"董事会成员……足迹几乎踏遍世界一流的科研院所，活跃于国内外社会活动的舞台，从而使得视野更开阔、思考更深刻，成为一位活跃的社会活动家。

但是，这样的经历只是能写出这种文章的充分而非必要条件，不能解释先生为什么必须写这种文章的内驱力，如果探求其原因的话，笔者认为应该是先生在本书前面的题字，及书中的同名文章——《中国，是我心中世界开始的地方》，更准确地说是这句话所蕴含的拳拳报国情怀。这种情怀引领着先生的毕生信念，导引着他一生的行动。从文中可以追溯这一信念的源头，那是一种薪火相传的危机感和使命感。20世纪60年代初，先生即将到丹麦哥本哈根学习，临行前聆听了时任外交部部长陈毅元帅讲述的一次亲身经历：当年陈毅留法，在一次乘无轨电车时主动给一位老妇人让座，未想到当老妇人知道陈毅是中国人时，竟倨傲地说："中国人坐过的位子我不要坐。"这件事给先生以无比的震撼，让他铭记终生，并由此深刻认识到，在这个以实力排座次的世界，一个衰弱的民族不要说是逞强，即使表示友好都没有资格。从此先生开始了"怎样使我们的国家强盛起来"的追问和追求。

"悠悠寸草心，报得三春晖"，为实现这一信念，先生奉献了毕生心血，无论科教兴邦、化育英才，还是文章华国，其为报效一也。如今"这盛世，如你所愿"，强国梦圆的背后，是众多如先生这样把情怀安放在"心中世界开始的地方"，为了祖国发展卧薪尝胆、忍辱负重、竭忠尽智、筚路蓝缕，奔跑着度过人生的人们。

愿更多的读者能打开这本书，让我们通过它再次仰望这些伟岸的身影。

（本文发表于《中国科学报》2016年11月11日）

想对青少年读者表达的三个阅读感悟（代后记）

自2013年起，我开始较多地向《中国科学报》作品版投稿，在2014年受邀以专栏的形式写作，即把专栏命名为“格致书屋”，定位为“意在以科学与人文的视角，对中国古代文化作品进行解读。以期对青少年的阅读产生启迪，开拓其科学视野、人文视野，引发其科学兴趣、阅读兴趣，以及了解与传承中华民族优秀传统文化的热情，从而改变当前普遍存在的倦于阅读、沉溺于浅阅读，以及对中华民族优秀传统文化疏离的倾向……”数年间，共累积了五十余篇文字。今日结集付梓，对此写下一点感受。

作为70后群体里最年长者中的一员，在我渴望阅读的少年时代，阅读环境其实是不那么亲切友好的。

首先是没有多少书可读。局处一隅，对图书馆和书店类设施有耳闻而无缘亲历，直到高中二年级前往市里参加竞赛，才第一次有机会进入书店并选购了一套《唐宋八大家文选》，珍如拱璧。加之适逢洪荒过后，荆榛遍野，书业并不发达，为了读书，我辗转借阅，还摘抄过几厚本《中华活页文选》和各种诗文集。

其次是囿于认知，当时我所处的大环境和微环境均将课本以外的书籍归为“闲书”，虽然得天独厚，家里有包括《红楼梦》《三言二拍》及文学史、文学理论著作等在内的一架图书，但回想起当时的阅读过程，还是觉得有几分悲壮，除了在暗夜里用手电筒照明，阅读天地常常是在田野里、河边树荫下席地而坐。

进入大学以后阅读新天地扑面而来，我且惊且喜，开始有了较广泛的阅读经历，课业之外的大量时间穿行于图书馆中林立的书架之间，借书、读书、还书，周而复始……持续到完成博士学业为止。

因为书的原因选择了和书有关的行业，但是面对举目可及的图书已渐渐少有少年时的阅读冲动，尤为恐怖的是，随着年龄增长竟然愈发无感。曾有过整年不曾阅读一本新书的经历，也曾有过试图开辟新的阅读领域而失败的焦虑，对此曾不止一次和朋友戏谑过：“现在只读得进图文并茂的书，比如画报。”

但是就是在这种状态下，我欣喜中不无悲凉地发现，记忆中最深刻、脉络最清晰，对细节近乎俯首可拾的，仍然是少年时代读过的那些书，那些在手电筒照亮下，在河边和田野里读的，大部分来自于借阅的书，当时近乎是过目不忘。其实细究起来，目前这种阅读状态真的无关乎忙碌和生活压力，而是因为时过境迁，已经把适合阅读的时段永远甩在了身后。套用张爱玲一句名言“成名要趁早”，我想反复说“读书要趁早”，这是我迫切地要对处于青少年时代的读者表达的第一个感悟。

我想表达的第二个感悟是，在渴望阅读的时段要细细地读几本书。因为手持阅读器的普及，当前阅读的速度其实快了许多。就我个人来说，下载一本书籍后，手指滑动，页面翩飞，或许一次乘火车的旅程、一次亲友聚会前的等待都足以完成一次所谓的阅读经历，然后删除源文件。当然收获自然是可以忽略不计的。

我曾在一篇文章里假借评论来这样描述自己的焦虑：“但是由此带来的是陷入由于选项过多而产生的阅读选择障碍，以及被束缚于浅层次阅读而挣脱无能的状态。不仅如此，由此渐渐滋生的思维惰性还会将人们逐步拖入有知识无文化的尴尬境地。随着网络影响的进一步扩大，以及手持阅读媒体的普及，相信有越来越多人会因时间流逝于手指与屏幕间的盲目滑动，而产生恐慌感。”

正是由于这种状态，在定位专栏时，我选择以中国古代文化作品作为载体。非是刻意为之，而是静下心来想了想，觉得有把握谈出点感悟，甚至尝试作些解读的，都是少年时代曾经细细读过并且有过思考、产生过困惑的那几本书。

如果把读书比作种庄稼，那么几本细细读过的书可提供“基本口粮”。这样的书能嵌入记忆，融进血脉和视野，甚至整合为思维方式和问题解决工具，用时会不假思索、俯拾皆是。

我想表达的第三个感悟是遇见一本好书如同遇见一位友人，不仅需要识记，更需要付出思考和感情去经历、感悟甚至互动和融合，在此基础上实现超越。正如“一千个人眼中有一千个哈姆雷特”，不同的读者对同一本书也会有不同感悟。这取决于个人以知识结构、阅历和感受力与其发生何种程度的碰撞，碰撞程度即对这本书的占有度。推而及之，不仅是阅读，包括对未知领域甚至自然规律的认识也是如此，对其认知程度取决于拥有了怎样的视野及认知工具。这也是本书选定《量子世界里的“花果山”》作为书名的原因。

书中收录的这些文章，以中国古典文学为基底，或阐释科学理论，或弘扬科学精神，或聚焦文化元素，或钩沉历史印痕，所涉及的文化作品有《山海经》《史记》《汉书》《三国志》《红楼梦》《西游记》《水浒传》《三国演义》《封神演义》《儒林外史》《聊斋志异》《三言二拍》《镜花缘》《阅微草堂笔记》等。不敢轻言这些文章会有价值，但是本意是想表达我是这么读书的，我在阅读中以知识结构和感悟力和书发生了这样的碰撞。假如能由此带给青少年读者一点启示，于愿足矣。

这些年一路走来，给与我帮助的人太多太多。

2017 年冬日萌生了将文章结集的念头，遂请示所供职的上海教育出版社社长缪宏才先生，缪社长在了解了书稿以后一诺无辞，全力支持该书出版并提出诸多具体的宝贵建议，对此我表示衷心的谢意！

本书第一辑中较多地涉及理论物理学内容，这得益于因工作原因和北京师范大学物理系教授、中国引力与相对论学会前理事长赵峥先生有较多接触，并时时聆听教诲的缘故。在我撰文的过程中，赵先生遍览了有关物理学的篇目，一一指出错讹，并提出修改意见，此次又惠赐推荐语。感谢您多年来对我的关心、指导和帮助！

段学俭博士，上海人民出版社副社长贾立群女士，上海科普作家协会副理事长方鸿辉先生，何勇副总编，严岷学兄，匡志强博士，《中国科学报》李芸、温新红两位女士，中国科技大学熊卫民教授，复旦大学核科学与技术系陈建新教授，或多年来一直关心我的写作并给与诸多宝贵建议，或给与具体帮助。段学俭博士以其智慧和视野为本书确定了书名，并对提升书稿质量做出诸多贡献；严岷学兄是我每篇文章的第一个阅读者，贡献智慧良多；陆弦好友为本书做了精美的设计，金一哲好友帮助处理书中的图片。此书出版同样浸透着你们的心血，谨致谢忱！此外还有诸多关心与支持我的领导、师友、同事，限于篇幅不能一一列举姓名，在此一并表示谢意。

最后，让我怀着诚挚之心感谢中央文史馆馆员、中国科学院院士、宁波诺丁汉大学校长、著名科学家杨福家先生，中国科普作家协会前副理事长、中国科学院国家天文台客座研究员、著名科普作家卞毓麟教授。两位先生日理万机且均在高龄，在接到我的请求后他们欣然命笔写下辞意隽永的推荐语，诲语谆谆，体现了对后辈的期盼和垂爱。高山仰止，景行行止，对此我感激无地并将转化为继续笔耕的动力。

我自知囿于个人学力和认知水平，本书中的体悟和解读是否为确论尚有待于检验和进一步认知，恳盼指正。

隋淑光

2018年3月